南大英烈

杨金荣　顾武英　闻慧斌　著

南京大学出版社

序

1949 年的秋天，一位年轻的诗人写下了他人生最美的诗——《花》，从重庆渣滓洞铁窗里流出后，被广泛传诵，20 世纪 50 年代曾被收入小学语文课本。诗的前两段如下：

我爱花。
我爱洋溢着青春活力的花，
带着霜露，
迎接朝霞。
不怕严寒，
不怕黑暗，
最美丽的在漆黑的冬夜开放。
它是不怕暴风雨的啊！
风沙的北国，
盛开着美丽的矫健的百花。

我爱花。

我爱在苦难中成长的花，
即使花苞被摧残了，
但是更多的更多的花在新生。
一朵花凋谢了，
但是更多的花将要开放，
因为它已变成下一代的种子。
花是永生的啊！

这首热爱生命、不惧黑暗、充满乐观与希望的诗，出自一位 32 岁的才俊，一位革命烈士，国立中央大学教育系的高才生白深富。这首诗写成不久，他就牺牲在重庆渣滓洞。

在南京大学校史上，像白深富这样 1949 年年底以前为中国革命事业献出宝贵生命的烈士有 47 位[①]，这个数字或许还会增加。根据南京大学现存可以稽查的烈士档案，他们中有 1 位隶籍两江师范学堂，6 位隶籍南京高等师范学校（简称“南高”），11 位隶籍国立东南大学，5 位隶籍私立金陵大学，其中一位是金陵大学农场的工人，24 位隶籍国立中央大学，其中 1 位是旁听生；最长者 49 岁，最少者才 17 岁，牺牲时平均年龄不到 29 岁；47 位烈士分布于中国革命的各个阶段，7 人牺牲于大革命时期，16 人牺牲于土地革命时

① 包括有或有过南京大学学籍，在南京大学旁听过的学生，在南京大学任教过或工作过的教职员。

期，9 人牺牲于抗日战争时期，15 人牺牲于解放战争时期。47 位烈士来自全国 16 个省市，他们中有 35 人是中共党员，其中 3 位是中共党员兼民主党派人士，有 2 位是青年团员；有 3 位女烈士，分别为吕国英、刘惠馨和胡南。

南高-东大与北京大学双峰并峙，是那个年代中国最好的两所国立大学；金陵大学是中国最好的教会大学之一，与美国纽约大学、康奈尔大学学分互认；国立中央大学则是全亚洲最顶尖的大学。国民政府成立不久，中国公学校长胡适在国立中央大学召开的一次全国教育会议上演讲时说，“南高以稳健保守自持，北大以激烈改革为事”，这一说法影响甚广，稳健保守似成为南高-东大的文化标签。“文化保守”的大学校园又何以走出如此之多的革命烈士？胡适所说稳健保守是指学术风气，尤指反对“打倒孔家店”的学衡派，并不代表青年学子思想保守或守旧。南京大学百廿校史上从不缺少壮怀激烈的革命者，47 位烈士舍生取义的壮举，是南京大学校史最鲜红的底色。

南京大学一直有敢为天下先的求变求新文化传承。100 余年前，南高校长郭秉文在全国高校中第一个创办暑期学校，率先引入学分制、选课制，最早实行男女同校，最早创办体育专修科，最早创办商科大学；南高是中国最早传播马克思主义的高等学府。1919 年，南高教员、马克思主义教育理论家杨贤江，与李大钊、毛泽东、邓中夏、恽代英等人一起参加了“少年中国学会”，并当选为南京分会的书记。他曾说:“我的理想,在把全人类的生活,要都能够有幸福,故不满意于现代的财产制度。”一语道出了他投笔革命的思想动因。1920 年夏,南高教员、留美归来的杨杏佛在南高首届暑期学校做了题为《马克思传略》和《马克思学说与中国劳工问题》的演讲,介绍马克思的生平思想,探讨从马克思的理论中寻求解决中国劳工问题的路径与方法。杨贤江、杨杏佛既是南高传播马克思主义思想的教员,也是冲锋陷阵的革命战士,他们以言传身教在马克思主义传播史上留下了南大人最扎实的足印,在南京大学校园播下了红色文化的种子。

中国共产党是南京大学进步师生走向革命最直接最重要的思想引领者,恽代英作为中国共产党青年运动的领导人发挥了独特的影响。1921 年 7 月 1—4 日,恽代英在南高梅庵参加少年中国学会第二次年会,担任会议主席。会上围绕会议宗旨及主义等问题展开了激烈的争论,恽代英与邓中夏、高君宇、刘仁静等具有共产主义思想的知识分子主张,“少年中国学会”应成为具有共同主义的学会,这个主义就是马克思主义。这是南高校园最早信仰马克思主义的社团组织之一。1923 年 8 月 21 日,在东南大学召开了中国社会主义青年团第二次全国代表大会,邓中夏致开幕词,瞿秋白受马林委托代表共产国际、毛泽东代表中共中央分别致辞,恽代英等作为地方代表出席会议。毛泽东号召青年要与群众接近,团员要到群众中间去,要关注民众痛苦症结之所在,从事脚踏实地的工作。8月23日上午，毛泽东继续做会议报告，指出在当时的历史条件下，“中国人民处此外国资本帝国主义和国内军阀两层压迫之下。除国民革命外，无第二种方法可以解放出来”；社会主义青年团应该完全服从中国共产党的指导。大会一致通过该报告。8月25日大会闭幕，毛泽东代表中共中央发表了演说。毛泽东同志全程参加了在东南大学召开的中国社会主义青年团第二次全国代表大会。南高学生谢远定是出席社会主义青年团第二次全国代表大会的29位代表之一。毛泽东、瞿秋白、邓中夏、恽代英等多位中共领袖人物齐聚一所大学召开全国性会议，在近代中国是不多见的。国立东南大学也成为20世纪20年代初期南方革命思想活跃的重镇。在国立东南大学召开的中国社会主义青年团第二次全国代表大会产生了两项重要的决定，一是团员可以和共产党员一样，以个人身份加入国民党；二是青年团员接受中国共产党的统一战线方针，在统战政策方面与党在思想上、行动上完全一致。两项决定号召青年在组织上、思想上与中国共产党保持一致。1925年2月21日，恽代英在《中国青年》第67期上，发表《东南大学的前途》一文，指出广大学生应该将注意力从郭秉文校长去职转移到东南大学的前途问题上来，特别要关注东南大学学生以后在中国社会上，是否会发生比较好的影响。同期《中国青年》杂志有恽代英另外一篇指导青年学生思想方向的文章《纠正对于马克思学说的一种误解》，昭告青年“中国共产党引导被帝国主义压迫的中国民众，与世界先进的无产阶级合作，恰恰是适合于马克思所指示的途径”。同年 4 月 18 日，恽代英在《中国青年》第 75 期发表《再论东大问题》，号召广大学生团结联合起来，为自己的利益而斗争。1925 年 7 月 19 日晚，恽代英在东南大学礼堂做《五卅运动》演讲，指出“凡属专以政治、经济、文化、侵略压迫、欺骗中国人民的帝国主义者，我们一定要排斥他们出中国；我们要达到真正的平等自由，就只有赤化的流血革命方能成功”。演讲历时两小时半，“听者挤满礼堂”，赢得了广大青年学生热烈的掌声。

恽代英所传播的思想如野火一般燃烧了青年学子的心和血，一批从南京大学校园走出的革命青年也成为恽代英革命事业最坚定的支持者、拥护者和追随者。

南高学生谢远定在武昌中华大学附属中学读书时，恽代英既是他的学长，也是他的老师。1919 年 1 月 17 日，恽代英与谢远定等三人谈话说：“善人宜有才干，则有用于世。宜能助人，则有益于人。不然，皆所谓毫无用处也。”1919 年 10 月，谢远定在恽代英的影响下，在中华大学启智图书室成立了“健学会”，开启了迈向进步与革命的步伐；吴肃到南高后，结识邓中夏和恽代英，并在他们的影响下加入了“少年中国学会”，吴肃成为南京地区最早的马克思主义传播者之一；国立东南大学学生宛希俨早在武昌启黄中学读书时，就在恽代英的指导下，开展新文化运动，经常聆听恽代英演讲，得到过恽代英赠送的《共产主义 ABC》等进步书刊。1920 年，

17 岁的宛希俨受恽代英的影响，在启黄中学成立“人社”。宛希俨的同学，国立东南大学体育系学生吴致民与其在启黄中学时一起加入恽代英组织的“互助社”，接受社会主义思想的熏陶。国立中央大学学生曹壮父在武昌中华大学读预科时，与恽代英、萧楚女是同学，受他们的影响甚大，曹壮父也通过恽代英、萧楚女阅读了大量的进步书刊，逐步确立起革命的理想。1921 年 10 月 23 日，恽代英在重庆联立中学演讲马克思主义，白深富后来在联中读书，受到进步思想的感染，恽代英宣传革命文化对后来者产生了潜移默化的影响。国立东南大学数理系学生黄祥宾与恽代英是同乡，都是江苏武进人。恽代英在无锡开展革命活动时，黄祥宾认识了来自家乡的革命先驱。恽代英自此成为黄祥宾革命路上的领路人。邓中夏、恽代英等中共早期领导人的思想引领，激发了东南大学校园内不同思想的交锋。1922 年，杨杏佛在东南大学做题为《马克思主义和阶级斗争》以及《论马克思的剩余价值》的演讲。1925 年，孙中山先生逝世后，中共南京支部负责人宛希俨在南京秀山公园（第一公园）组织了追悼孙中山先生的万人大会，恽代英、萧楚女在会上发表演讲，国立东南大学物理系学生齐国庆、数学系学生顾衡深受感染，思想触动很大，他们最终走上革命的道路。国立中央大学航空系学生赵寿先，曾就读于扬州中学。1925 年 5 月，恽代英曾在扬州中学的前身江苏省立第八中学和江苏第五师范学校做题为《师范生与饭碗问题》的演讲，教育青年学生不应该为个人出路读书，应该为革命、为救国读书，介绍该校学生曹起溍加入中国共产党。恽代英在扬州中学播下的红色种子在赵寿先身上发芽开花，赵寿先早年在中学时代接触到的进步思潮奠定了他后来投身革命的思想基础。

以恽代英为代表的中共早期领导人通过宣传、报告、演讲、结社等形式，把马克思主义思想学说搬上讲坛，带进课堂，走向进步青年的灵魂深处，武装了一批南大青年学子，成为他们批判现实、讽刺黑暗的武器，铸就了他们的高远理想、无畏气概和牺牲“小我”成全“大我”的奉献精神。

国立东南大学学生文化震早在家乡时便参加了“少年贵州会”，接受了“以牺牲小我之观念，明合群报国之大义”的思想。国立中央大学物理系学生程履绎说：“我们所以困苦，就是把‘我’看得太重，须从‘小我’的圈子里解放出来，丢开自己来看自己，须在‘大我’‘小我’之间有所抉择，才能在生死之际非常坦然。”曾经组织四一学生游行的国立中央大学学生成贻宾烈士在其《人生之原理读书报告》中说：“人生的理想何在？人生的理想即为社会服务。”他们关注的不是个人“小我”，而是国家民族之“大我”，他们明白，个人的前途命运是和国家的前途命运紧密联系的。国家有希望，个人才有希望。为了国家“大我”，他们勇于牺牲“小我”。国立东南大学学生成律在遗言中提出“父母百年后，家产交出公管，妥为分配，每年送农科大学(东大或湖南大学)学生两名(一男一女)，以成吾志”。这种公而忘我、公而忘私的精神正是中国共产党人革命初心的写照。

从南大校园走出的革命烈士中，杨贤江是南高教职员，也是杰出的青年运动领导人，马克思主义教育理论家。他与恽代英同年生(1895)，同年死(1931)，为传播新思想、新文化和马克思主义献出了自己的生命。1918 年 5 月 29 日，恽代英致函杨贤江，介绍以“群策群力，自助助人”为宗旨的“互助社”，言助人的五种理由，其中第五点说:“自助而不助人，不肖者无从自拔而就我，顾言自助即助人者，不尽然也。又就其就业经验，可知自由研究(阅课外书报)、自由练习(作课外事业)以补学校书本教育所不及之必要，又可知学生自动庶几易与外界适应之必要，又可知学生与社会须常接触，免方底原[圆]盖之必要。”这封信对杨贤江从事青年工作产生了积极影响。1923 年 11 月，身为《学生杂志》主编的杨贤江就“关于学生参加政党问题”，邀请恽代英答学生问，引导青年学生积极参加革命政党。杨贤江后来成为恽代英革命事业的同路人。恽代英、杨贤江成为“少年中国学会”的骨干成员(1920—1924)，矢志“求中华民族独立，到青年中去”，一道与“少年中国学会”国家主义派展开争辩(1924、1925)，联合撰文反对基督教运动(1924)，一道从事中国济难会宣传工作(1925)，一道出任国民党上海市特别党部执行委员与国民党中央青年委员会顾问(1926)。

无论是求学少年,还是学校教员,恽代英之于南大革命青年的思想影响班班可考。恽代英是中国共产党领导知识青年走向革命的杰出代表。南京大学进步师生投身争取民族独立、国家富强、人民自由的革命历程,也是自觉接受中国共产党引领与指导的光辉历程。

南京大学素有修史敬贤的传统。1982 年 80 周年校庆前夕,学校在鼓楼校区大礼堂西北侧竖立了一块巍峨庄严的"革命烈士纪念碑",纪念南京大学所有为中国革命和社会主义建设事业牺牲的烈士,碑身背面有三块石板,镌刻了以下诸位烈士的英名事略,他们是谢远定、吴肃、宛希俨、吴光田、成律、梁永、钟天樾、文化震、刘重民、齐国庆、王崇典、黄祥宾、陈景星、赵寿先、石璞、李林泮、陈朝海、孙明忠、程履绎、成贻宾、陈万里。其中陈万里烈士是新中国成立以后(1952)为救火而壮烈牺牲的。1987 年 85 周年校庆时,学校在原金陵大学图书馆北侧建立了五二〇纪念亭,由无产阶级革命家、中顾委委员、中国江苏省委原书记江渭清同志题名,以纪念 1947 年中央大学学生发起的"反内战、反饥饿、反迫害"运动。纪念碑和纪念亭以建筑语言在天地之间写下了烈士的伟大与不朽,但这种集体性叙事不能尽现每一位烈士生命个体之灿烂辉煌。改革开放后,校庆逢"十"的大年,南京大学都会编纂校史,但由于校史的书写习惯和校史研究者兴奋点的关系，烈士被关注的程度仍远远不够。2002 年，南京大学百年校庆，华彬清、钱树柏两位前辈主编出版了《南京大学共产党人（1922 年 9 月—1949 年 4 月）》一书，中有一编为“南京大学革命烈士传略”，此为南大英烈整体传记之滥觞。

以“南大英烈”为题独立成书，此是首次尝试。书中收录的 47 位烈士都是有史可考的“南大人”，但有关他们的史料仍欠丰赡，基础性史料建设需要努力。烈士们通常多是意外落入敌手，又恰风华英年，留下的日记、书信、诗文不多，革命工作又常处于地下状态，新闻报道少，报刊资料稀见，学籍档案记载也极为简洁。本书综合参考了部分烈士诗文、书信，烈士家乡的文史资料，同志、难友幸存者和亲友回忆录以及已刊布传记成果和研究文章，本着有一份材料，说一分话的原则，尽可能考订史事，厘清史实。例如，孙明忠烈士的牺牲时间，一说为 1932 年 4 月，一说为 1930 年 8 月 18 日与黄祥宾一起遇难。经核查档案，与黄祥宾一道牺牲的 19 人中并无孙明忠，故暂从前说。本书以传记文学的书写形式，一人一传，材料确实不详者，或史事交叉重叠者，二人甚或三人合传，以传述烈士短暂辉煌的一生，表彰其惊天地、泣鬼神的英雄气概和大无畏精神，再现每一位先烈的人生轨迹与人格风范。

革命的时代渐渐远去，烈士的精神光芒依然在星空闪烁。当我们重温他们的革命理想和英雄事迹，宛如看见在校园漫步、在教室听课、在宿舍看书、在膳堂用餐的你我他，仿佛他们从没有离开过自己的校园一样，一如诗人所道："一朵花凋谢了，但是更多的花将要开放，因为它已变成下一代的种子。花是永生的啊！"

花是永生的。47 位南大英烈是神州大地上为祖国而盛开的绚丽血红之花！

杨金荣

2022 年 2 月 24 日

于南京大学历史学院

目　录

投身革命洪流中

铁血先锋除军阀——成律、吴光田

成律(1901—1927),男,字辛六,又名应钟,湖南宁乡人。1919年,考入湖南省长沙市长郡中学读高中。1922年,考入号称"中国耶鲁"的教会学校雅礼大学。1925年,参加反基督教运动,从雅礼大学退学,考入国立东南大学农科农艺系。1926年,加入国民党,担任国民党南京市第一区党部第二区分部执行委员,不久担任第一区党部候补执行委员兼第二区分部常委,积极支持北伐战争。1927年3月17日,在小营监狱被军阀杀害。

吴光田(1907—1927),男,号心葵,江苏松江(今上海松江)人。自幼天资聪颖,小学就读于苏州东吴小学。中学在江苏省立第三中学学习。后考入国立东南大学附属中学,参加共青团外围组织"合作社"。1925年,参加了共产主义青年团,不久当选为共青团南京地委城北支部委员。中学毕业后,考入国立东南大学政治经济系。1926 年，积极参加工运和学生运动，做好迎接北伐军的革命准备。1927 年 3 月 17 日，和成律同时被捕，关在小营监狱，一起被杀害。

一

1901 年，成律出生于湖南宁乡。他的父亲成鸣岐，在当地是一位开明士绅。成律自幼十分聪颖，很早就能识字、读书。家人非常喜爱，并让他接受西式的小学教育。1919 年，成律顺利考入长沙市长郡中学。长郡中学创建于 1904 年，刚开始叫“长沙府中学堂”，1912 年，改建为湖南长郡公立学校，是近代湖南最好的中学之一，徐特立、李维汉等著名革命家都是这所学校的毕业生。成律品学兼优，中学毕业后，顺利考上了号称“中国耶鲁”的教会学校雅礼大学。这所学校除了国文和中国文学课使用中文教学外，其他课程几乎全部都用英语教学。当时，该校的教职员有很多是美国耶鲁大学雅礼会派来的，宗教色彩浓厚，他们要求学生除了课程学习之外，还要集体在校内按照基督教雅礼会的礼仪，进行习圣经、做礼拜、唱圣歌等宗教活动，更有甚者，校方严格限制学生参加反帝爱国活动。雅礼大学的这些做法和当时风起云涌的革命形势背道而驰，激起了在校学生的极大愤慨。从 1923 年到 1927 年，雅礼大学和雅礼中学的学生们开展了反基督教运动，与校方进行了激烈的斗争。运动期间，有数百名学生因为参加反对校方的斗争而陆续退学。从小就有很强正义感的成律，也参加了这场斗争，与其他同学一起要求学校向中国政府进行宗教活动备案，反对校方不准学生参加社会活动、强迫参加宗教活动的错误做法。1925 年，成律从雅礼大学退学，不久考入了国立东南大学农科农艺系。其间，成律娶张淑钰女士为妻，张淑钰毕业于湖南长沙艺芳女校，该校是 1918 年由曾国藩的曾孙女曾宝荪及其堂弟曾约农创办的，位于曾家的“浩园”，占地约百亩。张淑钰接受了新式教育，是一个知书达礼的女性，她和成律二人举案齐眉，感情甚笃，堪称才子佳人。婚后，两人曾经有过一个孩子，可惜在很小的时候生病夭折了。

进入东南大学后，成律刻苦学习的同时，不忘关心国家的前途和命运。目睹饱受苦难的国家，他曾经感慨地说：“中国只有全民革命，才可以救亡。”当时，东南大学的进步力量在成长壮大，不少师生都积极参加革命活动，成律耳濡目染，在他们的影响和熏陶下，也积极投身革命运动，加入了国民党。国共合作时期的国民党还是一个革命性的政党。成律在斗争中很快脱颖而出，他反帝反封建的立场坚定，深受同志们的信任和爱戴。上级组织认为他是一个难得的革命人才。1926 年夏天，成律被任命为国民党南京市第一区党部第二区分部执行委员，不久又被任命为第一区党部候补执行委员兼第二区分部常委。当时，正处于第一次国共合作时期，国民革命军已经誓师北伐，而且不断取得战争的胜利。成律被委以重任后，表现出极大的革命热情，他看到革命已经胜利在望，而南京的革命工作又急需大量的人手，毅然决然地放弃了读书，专职投身于革命运动。他在熟悉的学校开展串联工作，广泛动员进步青年学生加入迎接北伐军的革命工作中去，经常在学生中开展演讲和宣传活动，带领大家一起制作宣传标语，在南京城内到处张贴。他还接受组织指派，深入工人群众中去，做好宣传发动工作。那个时候，坐镇南京的直系军阀孙传芳部，对南方势如破竹的革命形势胆战心惊，知道北伐军进军南京是迟早的事，但仍然做垂死挣扎，在南京城内到处镇压革命人士。他们发布戒严令，阻止革命群众举行游行示威活动，指使稽查队、反赤化团等反动组织，到处搜查革命者，并且煽动怂恿学校中的国民党右派、国家主义派分子，充当告密者。有一次，反动军警到东南大学逮捕革命者，抓走几十个进步学生，到成律宿舍搜查时，正好他从外面回来，看到警察，他不仅没有慌张逃跑，反而非常沉着冷静地从警察身边走过，警察见他跟没事人似的，也就让他走了。1927 年年初，北伐军分三路继续北上，北伐军总司令蒋介石亲自兼任中路军总指挥，由程潜担任江右军司令，李宗仁担任江左军司令，从长江两岸分两路向南京进发，一路高歌猛进，在南京一带驻守的直鲁联军，节节败退，程潜的江右军很快逼近南京城。南京的直系军阀在败退之前，开展了疯狂的报复行动，他们在城内大肆搜捕革命者。当时，成律的朋友都劝他离开,说处境太危险,随时都有被抓的可能。成律自己也知道形势非常凶险,可是他谢绝了朋友们的好意,并对他们说,现在眼看北伐军就要攻进南京城,正是组织需要用人的时候,“党务要紧,死不足惜”。

二

1907年,吴光田出生在江苏松江(当时的松江属于江苏管辖)一个富裕家庭,其父吴伯庚曾经担任嘉定县县长,是当地有名的士绅。吴光田是家中排行第十的男孩,他自幼聪颖,读书过目不忘,家人非常疼爱他,父亲对他尤其寄予厚望。到了上学的年龄,吴光田进入东吴小学学习,在校期间学习成绩优异。老师、同学都对这个品学兼优的学生刮目相看。小学毕业后,他以优异的成绩考入江苏省立第三中学。一年后,为了接受更好的教育,他报名参加了南京东南大学附属中学的入学考试,并以扎实的功底、优异的成绩一举考中,从此到南京读书学习。在东南大学附中读书期间,他刻苦学习之余,接受先进思想熏陶,认识到中华民族正处于深重的危机之中。在进步师生的影响下,他加入了共青团的外围组织“合作社”。这个组织在中国共产党的领导下,以互助合作的名义,号召大家团结起来,开展进步活动。吴光田积极投身其中,经常和同学们一起为困难同学募集资金。一个暑假,他和一位名叫秦坤诚的同学，一起回到家乡松江，拿着为困难学生募集助学金的启事和募捐册，到一些有钱人家里去劝捐，希望能够得到他们的理解和帮助，令他没想到的是，平日里道貌岸然的士绅们，提到钱一个个装傻充愣。一个暑假下来，吴光田他们虽然跑了不少人家，但是一无所获。初入社会就受到这样的挫折，吴光田深感不平，愤慨地对朋友说："今而始知有钱有势的人，却是冷血动物。"经历了这件事后，富有正义感和同情心的吴光田更坚定了改造社会的决心。据吴光田的中学校友张宗圻回忆，他和吴光田是初中三年级到高中二年级的同学，而且有一年半的时间同住一个宿舍。吴光田沉默寡言，但学习很勤奋，成绩也很好，老师和同学们都很喜欢他，课余时间，他喜欢拉二胡，拉得很好听。进入东南大学政治经济系读书后，他希望能够学习和掌握改造社会的知识与真理。天资聪颖的吴光田，除了认真学习专业知识之外，还有广泛的兴趣爱好，他喜欢美术，擅长作画，画的画总是栩栩如生，让同学们爱不释手。他还喜欢地理学，认真研究祖国山川形势。据他的同学秦坤诚回忆，有一个假期，吴光田去他家玩，戴了一副刚配的眼镜，显得英姿勃发，两个人一起探讨应该读哪些书，秦坤诚便试探着问吴光田有没有看过"宣言"。吴光田很直爽，明确回答他说已经看过了《共产党宣言》。秦坤诚明白了吴已经是自己的同志。当吴光田说进步书籍难买的时候，秦便向他推荐了几个地方。吴光田对秦坤诚坦言，他是中国共产主义青年团团员，早就对为革命工作的秦坤诚有所了解，两个人相知恨晚，聊了很久。

1925 年 5 月，上海爆发了五卅运动，掀起了席卷全国的反帝反封建革命风暴。离上海很近的南京，也很快开展了声势浩大的声援活动。东南大学是南京思想最活跃、进步力量最集中的地方，吴光田在很多进步师生的影响下，也积极投身反帝反封建活动。经过活动的洗礼，他深深地感受到，在帝国主义和封建主义的压迫下，中国人民的生活水深火热，只有彻底地革命才能拯救中国。他开始花更多的时间和精力阅读进步书刊，比较系统地写下了马克思主义理论读书笔记。在党组织的教育下，吴光田正式加入了中国共产主义青年团，不久担任共青团南京地委城北支部委员。在党的领导下，他开始积极投身于学生运动和工人运动，很快就在运动中获得大家的一致认可，并得到工人群众的支持。国民革命军北伐后，吴光田响应党组织的号召，积极开展宣传活动，迎接北伐军的到来。他和同志们一起在南京城内散发传单，张贴“打倒军阀”等革命标语。

1927 年年初，北伐战争不断取得胜利，吴佩孚、孙传芳等军阀的部队节节败退，形势剧变，南京城内的反动军阀实行了对革命者的高压政策，南京城山雨欲来风满楼。吴光田在松江的家中，刚和家人一起过完春节，准备择日返回南京继续投入革命斗争。他的父亲找他严肃地谈了一次话，一直慈祥和善的父亲这次变得非常严厉，久历宦海的吴伯庚深知反动军阀会狗急跳墙、垂死反扑，儿子一旦回去，就有可能是生离死别，他以“军事紧急，南京戒严，多事之秋，不宜离家”为理由，强行阻止儿子回南京。吴光田也知道，一旦回到南京城，敌人的屠刀随时都可能落下来，面对父亲，他以民族大义为重，说“国家飘摇若此，正青年奋发有为之日”。父子俩都想说服对方，不欢而散。吴光田此时也是心潮澎湃，一边是组织召唤，急需革命人手，一边是家人温语慰留，何去何从？他拉起了二胡，寄情于丝竹，在音乐中整理思绪。他的二胡从小就得名师指点，如泣如诉的音乐在庭院中悠悠响起，声调时而高亢，仿佛是饱受欺压凌辱的民众在控诉黑暗的现实，时而温婉清扬，仿佛在讲述富裕之家其乐融融的幸福生活。一曲方毕，吴光田终于下定了决心，必须回去！他刚刚起身，忽然扭头就看见了青梅竹马的未婚妻杨国香，她刚才一定是听懂了二胡的弦外之音。吴光田对妩媚动人的准新娘说：“我父母让你来的？让你劝我不要去南京？”杨国香点了点头。吴光田接着说：“我们两家门当户对，财势俱全，所以我不应该去南京冒险，而是应该留在家里陪你，做一个安逸体面的少爷？”杨国香低声说：“这样难道有什么不好吗？你就不能为了我多留几天吗？”吴光田被她饱含蜜意的柔情感动了，但他还是坚定地说：“国香，覆巢之下安有完卵，一个人如果没有和平民主的大家，怎会有舒心安宁的小家！天下兴亡，匹夫有责，现在北伐军已向上海、南京节节迫近，我怎么能够在这个时候逃避呢？”他不会想到，他和未婚妻的这一别竟然就是永别。

吴光田不辞而别，连夜赶回南京。他一回去，就不顾个人安危，投身到革命活动中去，他在学生中积极宣传形势，号召大家行动起来支持北伐，迎接胜利的到来，为宣传北伐革命做了大量的工作。他还给家人写信，告知当时学校里的情况，安慰家人不必牵挂。信中说：“刻下宁地情形似尚安静，惟市面萧条……昨日午后，校内宿舍不知由何处掷下炸弹一枚，一时殊形恐慌，幸未伤人……男在校中身体甚好，望勿悬念。”

三

1927 年 3 月 11 日，东南大学校内发生了一起炸弹爆炸事件，这个事件究竟是别有用心的反动军警蓄意制造还是其他，已经无从考证。3 月 14 日深夜，在南京的直鲁联军张宗昌所部前敌总执法处褚玉璞，借口调查炸弹爆炸事件，调集军警突然包围了东南大学。

反动军阀早就盯上了在学生运动中表现活跃的成律。他们严密地搜查了成律的宿舍，在里面搜出了不少进步书籍，以及一些和其他革命者讨论时局的来往书札，还有很多来不及散发的革命传单。敌人如获至宝，认定他是革命党人，立刻逮捕了成律，并把他关进了位于小营的监狱。据他的同学们回忆，成律平时心思缜密，做事认真，经常参加知行、协群两个进步社团的活动。他在遗书中，还专门提到知行社会费的事。成律被捕入狱后，知道反动军阀不会放过他，早就做好了牺牲的准备。入狱的第二天，他写下了感人肺腑的遗书。如今，走进雨花台烈士纪念馆，这封遗书非常醒目地陈列在成律烈士的展区。成律首先想到的是革命事业，他给组织留的遗书上说："我对党国毫无功绩，今遭一死，无足挂齿，乞勿称我为烈士，勿为我开追悼会，免辱我也。"他还用孙中山先生的遗言勉励大家，"革命尚未成功，同志仍须努力。"一个至死忠诚于革命事业的形象跃然纸上，一个谦逊的革命者形象瞬间高大起来。他也给朋友同学们留下遗言，请他们代自己安慰家中的父母和妻子，并交代了自己的后事，把自己和朋友、服装店、伙食费等来往账目一一交代清楚，所有的书籍都请妻子张淑钰赠送给朋友们作为纪念，显微镜和自制切片送给结拜姐姐任韵诚，希望她能好好读书。成律对母校东南大学充满了感情，提出"父母百年后家产交出公管，妥为分配，每年送农科大学（东大或湖南大学）学生两名（一男一女），以成吾志"。最后，成律特别嘱咐："我的尸首不要安葬，敬赠苏州博习医院医生我的盟兄李穆胜解剖，以便深研医学。"他还给爱妻张淑钰留下遗言："五年恩爱夫妻，同居仅及数月，今朝永别，痛何可言，此后求慰吾父汝母。百年后，我俩再在天堂结婚。"短短数言，成律对妻子的真挚的感情，对美满生活的眷恋，对父母的殷殷孝心，充溢字里行间。成律几次想给父亲留下遗言，都是拿起笔又放下，他深知自己作为家中独子而不久人世，白发人送黑发人，必将给父亲重大的打击。成律作为家中唯一的儿子，在中国传统的观念中，有传宗接代、光耀门楣的责任，他深深理解父亲对他的期望，但为了不给父亲和发妻张淑钰以后添麻烦，还是劝说父亲不要从别处近支过继孩子到自己名下，而是把家产用来培养人才。这种舍小家为大家的崇高境界，令人肃然起敬。

反动军警包围东南大学校园时，吴光田正在学校里，等着武汉方面的地下党组织派人来联系，由于连日的劳累，他睡得很沉，对外面突然来袭的军警毫无防备。凶恶的敌人破门而入，从他的宿舍里查抄出很多传单、标语等革命宣传品，还查到了一个活动小组的联络名单，但名单上全部都是化名，敌人一时也无法甄别，只能把吴光田抓走，用白布蒙头一直押送到小营监狱。敌人对吴光田软硬兼施，威逼他说出名单上的革命者，吴光田尽显威武不能屈的大丈夫本色，任凭敌人用尽各种酷刑，就是不开口。吴光田知道敌人不会轻易放过自己，他写信给自己的同学："不要把我的情况告诉我的父母，以免他们伤心，为革命，为国家，我死也情愿。"上级党组织在得知吴光田被捕入狱的消息后，想方设法进行营救，可惜都没有成功。3 月 17 日，残忍的敌人把成律和吴光田押到刑场，吴光田临危不惧，痛斥北洋军阀祸国殃民的种种罪行，表现出了一个革命者视死如归的英勇气概。由于成律不肯屈膝下跪，凶残的刽子手连砍了五刀，英勇的烈士倒在了血泊之中。吴光田烈士也是一样，刽子手用屠刀对着他连砍了好几刀，将他杀害，现场惨不忍睹。

吴光田英勇就义后，上级党组织非常痛心，以每针一块大洋的重金，请吴光田生前好友把吴光田烈士的头颅和尸身缝合起来，交给同乡收殓，灵柩安放在十字街口的狱庙里。

几天以后，北伐军江右军程潜部队攻入南京城，正处在国共合作时期的国民党江苏省党部和东南大学的师生，以及湖南同乡会、淞沪同乡会和南京学联等组织，为成律和吴光田两位烈士举行了非常隆重的追悼会，在东南大学校园梅庵前著名的六朝松下，给成律、吴光田两位校友建立了纪念碑，纪念两位在北伐胜利前夕倒下的英雄。一年后，吴光田烈士的兄长吴光焘和他的朋友们，把烈士的灵柩运回了故乡松江。

1936 年，松江地区举行了吴光田烈士公葬仪式，国民党元老吴稚晖为烈士题写纪念塔名，江苏省政府主席叶楚伧撰写了碑文。秦坤诚当时对在场的吴家长辈用悼词把吴光田为党工作的情况作了暗示，还反对用国民党高官写的不切实际的碑文。吴光田烈士的叔父一下子就看出来了，说："照这样看，光田是共产党！"公祭现场诵读了《吴烈士光田事略》："目击军阀之骄横，政治之日非国势之日蹙……作奋身不顾之举，其爱国之热烈，他日得国史表彰，则烈士固不死也。"中华人民共和国成立后，吴光田烈士的墓得到了当地党和政府的继续保护，他在党的领导下开展革命斗争的光辉事迹也被传播开来。

成律和吴光田两位烈士，在第一次国共合作时期接受党的领导，积极开展革命运动，牺牲在北伐胜利的前夕。如今，东南大学校园内高耸的六朝松和两位烈士的纪念碑交相辉映，烈士舍小家为大家、视死如归大义凛然的光辉事迹，永远为后人所传颂。

赴汤蹈火为革命——刘重民

刘重民(1902—1927),男,又名刘盛宝,江苏江都双沟乡人。1903 年,随父母定居南京,曾就读于南京益智小学。小学毕业后,进入南京求实中学读书,也在青年会英文夜校读过书。1922 年,以优异成绩考入金陵大学。1923 年 10 月,加入中国社会主义青年团,组织进步社团“五社”;同年,创办钟山中学。1924 年 11 月,担任南京社会主义青年团宣传委员,加入中国共产党,调任国民党上海执行部干事,在恽代英领导下工作;12 月,担任国民党江苏省党部宣传员。1925 年,担任共青团上海地委委员;五卅运动时,担任上海工商学联合会主席;8 月,担任国民党江苏省党部执行委员,省党部调查部部长兼工人部部长;10 月,担任中共上海区委军事委员会书记。1926 年,出席国民党第二次全国代表大会;同年秋,担任国民革命军团党代表。1927 年 3 月,调任国民党江苏省党部执行委员、工人部部长兼秘书长;4 月 10 日,被国民党反动派逮捕,数日后被杀害,遗体被敌人残忍地用麻袋装起,扔进了九龙桥下的秦淮河中。

一

1902年，刘重民出生于江都县双沟乡大刘庄。1岁左右，他跟随父母一起迁居南京。刘重民到了读书的年纪，进入了南京益智小学，他天资聪颖，很受老师和同学们的喜爱。小学毕业后，刘重民进入南京求实中学读书，学习成绩一直在班级名列前茅。为了学好英语，刘重民还到基督教青年会举办的英文夜校上课，英语水平得到了很大的提高。中学时期，刘重民受五四运动影响，开始接触并接受了新文化和新思想，开始阅读《共产党宣言》《资本论》等马克思主义著作。1922年秋天，刘重民以优异的成绩考入金陵大学。进入大学后，刘重民不仅继续广泛阅读各种进步书籍，还经常和一些追求进步的青年学子一起讨论社会问题，参加社会活动，在他们的影响下，很快就接受了马克思主义学说，逐步树立了共产主义理想。1923年10月，刘重民在南京第一中学黄伦秋的介绍下，加入了中国社会主义青年团，成为当时金陵大学最早的中国社会主义青年团团员，也是南京地区最早的青年团员之一。入团后，他更加积极地投身进步活动，与林丰年等同学组织了进步社团“五社”，编辑出版了进步刊物《五光旬刊》，宣传新文化运动和马克思主义学说等进步思想。这个刊物一共办了5期，在金陵大学的学生中产生了较大的影响，由于缺少经费，再加上校方的压制，最后不得不停办了。

中国社会主义青年团中央准备在南京创办一所革命学校，宣传新文化和新思想，培养革命青年，取名钟山中学。刘重民在早期共产党领导人恽代英、马克思主义教育理论家杨贤江的鼓励和支持下，为了革命事业的需要，毅然放弃了自己在金陵大学的学业，舍弃了个人的大好前途，和其他几个同志一起，成为钟山中学的主要创办者之一。1923年年底，在南京一枝园(位于今珠江路浮桥西南，东起碑亭巷，西接鸡鹅巷)的老街上，刘重民开始着手钟山中学的筹备工作。经过几个月的精心准备，1924年2月下旬，钟山中学正式开学，这所学校之所以取名钟山中学，是因为紫金山又名钟山，有金陵毓秀的美誉，以此为名不仅很有气魄还包含了高远的胸襟志向。钟山中学第一届招收了两个初中班和一个师范班，一共120名学生，刘重民先后担任了教务主任和副校长。钟山中学在课程设置上，完全根据五四运动以来传播新文化的发展需要，不仅教学内容吸收了现代教育的课程，还很注重新思想的传播。刘重民聘请了彭振刚、张霁帆等革命青年来此授课。彭振刚当时是南京团组织的负责人之一，张霁帆也是青年团员，他们不仅出身名校，学术功底深厚，而且上课深入浅出，教学方式科学，更加重要的是，他们还传播革命思想，宣传马克思主义，引导青年学生不断追求进步，深得学生们的爱戴和尊重。刘重民和钟山中学的老师们平时与学生们经常讨论中国的形势和出路，还积极给他们推荐社会主义青年团中央机关刊物《中国青年》，引导他们走革命的路。不仅如此，学校还办了《钟声》杂志，明确地提出反对帝国主义、反对封建主义的口号。1923 年年底，孙中山先生提出“联俄、联共、扶助农工”三大政策，第一次国共合作开始，刘重民在进步学生中积极发展党团员。在他的领导下，成立了钟山中学国民党分部，刘重民亲自担任常务委员，钟山中学成为当时南京党团组织活动的重要据点之一。1924 年 11 月 2 日，南京地方团执行委员会改选，张霁帆担任秘书长，刘重民担任宣传委员。1924 年年底，国民党右翼分子告密，说钟山中学是革命党人的活动场所，江苏省教育厅专门派人到学校进行调查，来人调查了一通，什么问题也没有发现，但还是以教学设备过于简陋为借口，下令关停了学校。就这样，才办了一年不到的进步学校，就被迫关闭了。

刘重民根据组织的安排，被调到上海，担任国民党中央上海执行部干事。国民党中央上海执行部是国民党中央在上海的派出机构，负责江苏、安徽、浙江、江西四个省和上海的国民党党务工作，地位十分重要。中国共产党对上海执行部的工作非常重视，派恽代英亲自担任上海执行部宣传部秘书。刘重民在恽代英的直接领导下，为党做了大量工作、经受了多重考验，光荣地加入了中国共产党。

中国共产党在《中国共产党第二次对于时局之主张》中，首先提出召开国民会议解决国是问题，实现民主与共和、反帝反军阀。

孙中山先生对中国共产党的这一主张大力支持，在国共两党的共同努力下，在全国范围内迅速开展了要求召开国民会议的群众运动。孙中山先生为召开国民会议，在 1924 年年底专程抱病北上。为了响应国民会议运动，1924 年 12 月，刘重民被委任为国民党江苏省党部宣传员，负责江苏省内国民会议运动的宣传工作。他接受任命后，马不停蹄地在江苏各地开展宣传活动，足迹遍及苏州、无锡、镇江、南京、扬州、宜兴、丹阳等地，通过当地的国民党组织召开座谈会、各界民众代表会和群众大会，在会上发表演讲，发动各界群众积极投身国民会议运动。不仅如此，刘重民还指导各地成立国民会议促进会。在他积极的宣传鼓动和组织领导下，短短两个月时间，沪宁线上的几个重要城市苏州、无锡、南京等地国民会议促进会组织纷纷成立，出色地完成了任务。1925 年 2 月，刘重民因故没有能够出席南京共青团地委的大会，专门写信说明情况。他在信中提到，他从去年 12 月起就沿沪宁铁路，用国民党的名义宣传国民会议，到扬州后本来准备北上到淮安一带，结果正好军阀臧致平和杨化昭在高邮、宝应一带备战，形势很紧张。这个时候，刘重民接到了董兴伍同志发来的信，说共青团大会 1 月 20 日在上海召开，他就回到了扬州。1 月 14 日，他被扬州国民会议促成会邀请参加会议，15 日才离开扬州。结果 15 日到镇江时，正好江浙军阀打仗，镇江的火车到不了无锡，只能在丹阳下车，又遇直奉军阀在附近打仗，所以没去成。从这封信里，我们可以看到，刘重民在全力做好国民会议运动工作的同时，始终没有忘记共产党员的忠诚，有着高度的组织纪律性。1925 年 3 月 1 日，国民会议促成会全国代表大会在北京召开，刘重民作为苏州地区的代表出席了会议，并根据安排到大会秘书处文书股工作，任职期间，他踏踏实实、兢兢业业地完成了任务。大会期间，孙中山先生在北京因病逝世，国共两党对这位中国革命先行者的逝世均深表哀悼，刘重民强忍悲痛，继续宣传孙中山先生的三大政策。

二

1925 年年初，刘重民被组织任命为共青团上海地委委员，在恽代英的领导下，参加国民党中央上海执行部《中央党务月刊》的编辑工作。五卅惨案发生后，中共中央指示中共上海地委成立反帝爱国运动的公开指挥机关——上海工商学联合会。刘重民根据组织安排，作为上海学生联合会的代表参加了工商学联合会，和李立三等共产党人一起在总务部工作。刘重民很快就展现了超强的工作能力，他为了工作，夙夜奔忙，成为工商学联合会的重要骨干。他曾和国民党员陈贵三等人，一起到苏州昆山进行宣传，召开各界群众大会，在会上进行反帝爱国的演讲，揭露帝国主义无辜屠杀群众的罪行，号召昆山人民积极参加支援五卅运动的活动，成为最早到昆山开展革命的共产党员。6 月 7 日，上海工商学联合会向帝国主义者提出了17个条件，其中包括永远撤退英日驻军、取消领事裁判权、华人在租界的言论集会结社自由、工人有组织工会和罢工的权利、严惩凶手等内容。但是上海总商会竟然删掉了其中几个重要条件，只提了13条给领事厅。刘重民对此非常愤慨。6月13日，上海工商学联合会召开会议，刘重民担任主席，讨论通过了武装自卫案，成立了武装自卫委员会，准备组织武装自卫，来对付凶残的敌人，李立三、刘重民等4人担任武装自卫委员会委员。6月15日，在工商学联合会第十次会议上，他说“本会所负责任重大，必须努力进行，丝毫不允许让步，应不负全国市民之意”，坚持用17条作为斗争纲领，还和李立三等代表一起去质问总商会代表。6月16日，刘重民和其他几名代表一起到沧州旅社，拜访蔡廷干等特派员，重申工商学联合会的立场，要求以17条为条件。不久，上海工商学联合会军事委员会成立，积极筹备学生军，刘重民担任了领导之一。

7月，南京发生了英国和记洋行事件，英军公然屠杀工人群众，激起了全国人民的愤怒。刘重民受上海工商学联合会的委派，专程到南京调查事件真相，代表联合会慰问受伤的工人。回到上海后，刘重民汇报了调查情况。他认为，根据工作协议，工厂应当向工人发放一个月工资，这是工人的正当要求，但是工厂故意只发半个月工资来达到辞退工人的目的，因此这个事情英国人应当承担全部责任。他更进一步指出，不要说英方在中国内地设立工厂是条约不允许的，英国海军陆战队更不应该上岸，中国的领土上什么时候轮得到外国军队胡作非为？他的报告详尽真实，有力地揭露了帝国主义屠杀中国工人的真相，激起了上海各界群众对帝国主义的愤恨，鼓舞了上海人民坚决支持南京和记洋行工人斗争的精神。

五卅运动后，刘重民根据五卅运动中的亲身经历，又多方搜集各种资料，精心撰写了《中国政治状况》《中国经济状况》两篇文章，发表在共青团中央刊物《中国青年》第100期上。他在文章中用大量丰富的例证，揭露了帝国主义、封建军阀互相勾结剥削、镇压中国人民的罪行，呼吁广大青年积极投身革命，并在文章的最后指出“要救中国，要救我们自己，只有革命，只有打倒帝国主义”。1925年8月23日，国民党江苏省党部在上海召开了成立大会，刘重民被选为执行委员，同时担任江苏省党部调查部部长兼工人部部长。10月，根据中共党组织的安排，刘重民担任中共上海区委军事委员会书记，成为中共早期从事军事工作的领导干部之一。同年年底，国民党中央决定停止上海执行部的职能，另外筹建上海特别市党部，恽代英、刘重民等担任筹备委员会委员。1926年1月，国民党上海特别市党部成立。国民党在广州召开了第二次全国代表大会，刘重民参加了会议。1月9日，刘重民在大会上做了《上海政治状况及党务》的报告。在当天出版的《中国国民党第二次全国代表大会日刊》第9号上，刊载了刘重民的一篇题为《进步》的文章，文章说："农工群众的组织扩大到全国的时候，便是国民政府统一全国的日子。国民政府统一全国的日子，也便是农工群众解放的一天。"同年秋，随着北伐战争的发展，刘重民调任国民革命军陈嘉佑的部队担任团党代表。

1927 年年初，刘重民跟着北伐军攻入江苏、安徽一带，3 月被调回上海，担任国民党江苏省党部执行委员、工人部部长兼秘书长，在地方上开展工作，配合北伐军行动。3 月 24 日，北伐军攻克南京，4 月初，国民党江苏省党部在党部常委、中共党团书记侯绍裘和执行委员刘重民等人带领下，从上海迁到南京，和南京市党部合署办公。根据安排，侯绍裘等人忙于筹建江苏省政府工作，国民党江苏省党部的工作主要由刘重民负责。那个时候，工作千头万绪，任务非常繁重，刘重民为了做好工作，经常从早忙到晚，有时候甚至通宵达旦。

南京群众在中共南京党组织和国民党省党部的领导下，积极开展革命活动，建立了各种革命组织，革命形势一片大好。南京高涨的革命形势引起了帝国主义的恐慌，英美军舰居然从长江向下关地区开炮，打死打伤多名无辜市民，多处房屋被击毁。南京群众对此非常愤慨，国民党江苏省党部和南京市党部专门派人对帝国主义者的暴行进行抗议与交涉。国民党右派对南京的革命形势十分恐惧，他们准备和帝国主义者勾结，共同扼杀革命。4 月 5 日，蒋介石的马前卒、南京市公安局局长温建刚发布了一个很反动的通告，要求“凡地方人民集会结社，须先呈由公安局核准立案，方得开会”，这个通告严重限制了革命群众的活动。当时，刘重民对国民党右派和帝国主义者勾结、妄图扼杀革命的情况已经有所察觉，他认为不久就会发生反动事件，因此提前准备，决心和国民党右派做坚决斗争。

三

1927 年 4 月 9 日，蒋介石所部北伐军进驻南京。下午 2 点，刘重民等国民党江苏省党部负责人，在公共体育场主持召开大会，欢迎汪精卫主席复职。当时，汪精卫还没有背叛革命，是国民党左派的领袖，主张孙中山的三大政策，与共产党联合。他自 4 月 5 日从国外回来后，任武汉国民政府主席，与共产党领导人陈独秀发表了《联合宣言》。在当时，欢迎汪精卫复职，实际上就是倡导国共合作，共同抵制以蒋介石为代表的国民党右派篡党夺权。蒋介石对此勃然大怒，趁着南京群众开会的时候，唆使国民党右派分子陈葆元、达剑锋，指挥黄色工会——劳工总会的特务和流氓打手 100 多人，手持木棒、铁棍等，捣毁了位于安徽公学里的国民党江苏省党部和南京市党部。暴徒们首先冲进南京市党部，抓走了国民党南京市党部宣传部部长郃一谷等 10 多人，然后他们又冲进国民党江苏省党部，抓捕农民部部长戴盆天、商民部部长黄竞西、宣传部部长高尔柏、妇女部秘书范志超等 20 多人，还用汽车把他们押送到了南京市公安局。江苏省党部执行委员张曙时一发现情况不对，就赶紧找了地方藏了起来，伺机打电话请求救援。结果他刚从藏身的地方走出后门的时候，就被埋伏在那里的暴徒抓走。国民党江苏省党部、南京市党部的文件资料及各种器材，都被严重破坏。南京市总工会也未能幸免，被早有准备的暴徒们捣毁。南京市总工会纠察队的一名队员亲眼看见了暴徒们的行径，立刻赶到大会现场报告，他把整个事情经过报告给工人纠察队的总指挥，然后再把消息通报到大会，大家听了义愤填膺。在刘重民的主持下，大会立刻通过了到蒋介石总司令部请愿、要求保护国民党省市党部和总工会、查封劳工总会的决议。刘重民带领群众队伍一行来到总司令部门口，要求面见国民革命军总司令蒋介石。当时，反动的南京市公安局局长温建刚前来对革命群众说："劳工总会是蒋总司令派人组织的，封闭该会，须得总司令允许。"群众不满温氏敷衍，要求蒋介石出面答复。一直过了很久，蒋介石才从里面出来，随身有上百名全副武装的卫士，还架起了四挺机关枪。蒋谓北伐军还要继续向北打，大家不要滋事。不仅拒绝了革命群众的正当要求，还向革命群众泼脏水。群众的愤怒情绪立刻达到了顶点，大家纷纷表示抗议。由于当时天已经黑了下来，刘重民等人就安排大家先回去，第二天再开展斗争。

4 月 10 日上午 9 点，南京市的各界革命群众再次来到公共体育场集合，约 10 万名群众参加了大会，表示要肃清反革命分子。为防止暴徒们前来捣乱，市总工会特地安排了工人纠察队来维持秩序。国民党江苏省党部常务委员侯绍裘发表讲话，痛斥以蒋介石为首的反革命分子唆使劳工总会捣毁国民党省市党部和总工会的行为，要求严惩肇事者。南京市党部、南京市总工会的代表随之在大会上发言，猛烈抨击捣毁国民党党部机关的反革命行为，表示要和反革命行为做誓死斗争。刘重民当场宣读了再次赴国民革命军总司令部请愿的 7 条议案草案：请总司令切实保护省市党部及南京市总工会；请总司令指令公安局，将反动分子交人民审判委员会审判；查办公安局；武装工人纠察队，工人自卫；省市党部组织武装自卫队；释放张曙时等同志，并保障其生命安全；封闭反革命的劳工总会。该草案得到大会的一致通过。会后，革命群众开展了声势浩大的游行示威活动。当游行队伍喊着口号，来到总司令部门前时，反动军警荷枪实弹，做好了镇压的准备，双方对峙了一个小时左右。蒋介石派人出来，允许派几个代表进去谈判，大家就公推了刘重民、文化震、梁永等 6 名代表去面谈，结果刘重民等人进去后，到下午 3 点左右，也没有出来。革命群众又陆续派出了第二批代表。下午 4 点左右，仍然没有得到任何答复，于是又派了第三批代表，可是这些代表进去后都被扣押了。等到派出第四批代表时，蒋介石命令不准进见。革命群众再也抑制不住了，他们在门外齐呼“要求代表出来报告交涉经过”“不达目的，誓死不离开！”喊声震天，响彻云霄。蒋介石迫于众怒难犯，不得已释放了三批扣押的代表。刘重民出来后，对大家说："交涉没有任何结果，尤其是封闭劳工总会这一条，蒋介石无论如何不答应。"游行群众对此非常气愤，连忙商量对策，准备采取下一步行动。刘重民也准备再次和其他代表一起，去面见蒋介石。这个时候，反动的南京市公安局安排了几百名打手，打着劳工总会的旗号，臂戴袖章，手持棍棒等凶器，忽然从总司令部西辕门冲了出来，对着群众挥舞棍棒乱打。市总工会工人纠察队总指挥程镛之立刻带领工人纠察队的队员，手持齐眉棍英勇还击，可是反动分子在房顶上架起了机枪，对群众疯狂扫射，当场打死革命群众王大刚等几十人，打伤、踩伤者难以计数。革命群众被迫撤退，纷纷向东辕门涌去，铁制的东辕门被众人挤坏，门边的石狮子也被推倒，甚至连门边两丈高的围墙都挤塌了一块。

当天晚上，刘重民和国民党江苏省党部组织部副部长林剑城一起到张曙时的家里，与侯绍裘共同商量办法。大家认为，国民党反动派已经公开背叛革命，把枪口对准了手无寸铁的群众，如果不讲策略，与敌人针尖对麦芒，必然造成重大损失，为了保存革命力量，要把斗争从公开转到地下。从张曙时家出来后，刘重民和侯绍裘又连夜赶到大纱帽巷 10 号，参加中共南京市委召开的紧急扩大会议，专门研究如何应对，以及做好反蒋的宣传工作。会上决定，号召包括工人、农民、学生在内的革命群众团结一致，支持革命运动，还讨论了“同胞们，起来！罢市！罢工！罢课！打倒叛党的蒋介石！”等口号。不料，反动军警发现了中共南京市委开会的事，深夜2点左右，南京市公安局侦缉队队长赵笏臣，带领50多个武装便衣，忽然把会场团团包围，参加会议的刘重民等10名同志被逮捕，只有刘少猷趁着混乱，从后门翻墙逃走。和刘重民一起被捕的，有省党部常务委员侯绍裘、中共南京地委书记谢文锦、省党部妇女部部长张应春、省党部青年部部长许金元、市总工会总务主任兼秘书主任文化震、市党部妇女部部长陈君起、市总工会执行委员钟天樾、市总工会干部梁永，南京的中共党组织遭到了严重的破坏。

刘重民等人被关押到珠宝廊的南京市公安局看守所，和其他几个同志被关押在一个很狭窄的牢房里，房间潮湿阴冷，环境非常恶劣。敌人知道刘重民是共产党要人，知道很多党的秘密，对他软硬兼施，逼他交代问题。刘重民拒不合作，表现出了共产党员大无畏的英雄气概，虽遭严刑拷打，始终威武不屈，怒斥蒋介石背叛革命的罪恶行径。惨无人道的敌人气急败坏，丧心病狂地割掉了他的舌头。过了几天，蒋介石命令南京市公安局局长温建刚，将刘重民等10名共产党员全部杀害，并把遗体装进麻袋，扔进了九龙桥下的秦淮河中。刘重民烈士就这样光荣地牺牲了。4月11日，刘重民曾托看守给他在南京的叔叔刘清泉送去一函，请他速去上海找其父亲刘祝三设法营救。刘祝三从刘清泉那里知道消息后，大惊失色，心急如焚，立刻赶到南京，到市公安局寻人。市公安局却搪塞他说，人早就放了。结果，刘祝三夫妇在家里等了很多天，始终没有等到刘重民回来。他们到处托人打听，却依然没有消息，他们哪里知道，刘重民早就被敌人残忍地杀害了。后来，老两口儿也预感不好，不敢长期生活在南京，就带着刘重民的养女杨秀英回到了老家。刘祝三回家后思儿心切，整日茶饭不思，嘴里不停地念叨“重民儿，你在哪里啊”，没过多久就精神失常了。刘重民的母亲也整日以泪洗面，哭瞎了眼睛，没几年，刘重民的父母就相继去世了。杨秀英成了孤儿，只好回到亲生父母那里去了。

国民党元老柳亚子和刘重民在国共合作时，结下了深厚的友谊。在上海中共一大纪念馆里，珍藏着六封刘重民给柳亚子的亲笔信。第一封信写于 1925 年 5 月 2 日，刘重民在信里提到，他于 1 日参加了在青浦召开的孙中山先生追思会，2 日到苏州后，由于去吴江黎里镇的轮船开了，无法参加在黎里举行的孙中山先生追悼会，幸好侯绍裘去了，请柳亚子谅解。在后面的几封信里，刘重民和柳亚子就当时的革命形势交换意见，重点是讲国民党江苏省党部的工作。柳亚子对这个老朋友满怀深情，在刘重民去世后多次追思缅怀，他在《江苏省党部(国民党)初期简史》里这样写道：“重民则谩骂不屈，先效颜杲卿之碎舌，继为严将军之断头。呜呼，惨矣！”他还写了两首诗来纪念刘重民烈士：“风雨天涯共起居，刘姜生死竟分殊。握拳已碎常山舌，橐笔犹佣沪读书。”“白首同归侣，侯张并激昂。洞胸悲宛李，割舌惨刘黄。硕果今余几，丰功忍淡忘。表扬吾辈责，青史有光芒。”范志超曾写过回忆录《历史哀荣留万年》，提到“重民烈士给人难忘的印象是：朴素、诚挚、严肃、灵敏、坚毅、果敢，他不愧为党的优秀儿子，是后来人学习的榜样”。在刘重民烈士的档案里，党组织也对他予以了高度的评价：“对党无限忠诚，立场严肃坚定，工作积极负责，善于团结群众，对同志笃实的阶级友爱，勤于学习，不断地以自我批评精神来加强工作，深得青年学生及工农群众的信仰。”

1996 年，刘重民烈士的故乡江都县双沟镇党委、政府为了纪念刘重民等革命烈士，专门出资兴建了烈士陵园，并用刘重民烈士的名字命名为“重民园”。一座雄伟高大的纪念碑矗立在陵园中央广场上，纪念碑上刻着“革命英雄永垂不朽”八个大字，碑身高 12.5 米，象征着刘重民烈士 25 岁的年轻生命。2002 年 9 月，刘重民烈士 100 周年诞辰的时候，江苏省委党史工办、南京市雨花台烈士陵园管理局、扬州市党史办及江都区的有关领导，邀请了烈士的亲属，一起举办了隆重的纪念活动，祭扫了重民园，聆听了烈士的光辉事迹，召开了座谈会。

刘重民烈士虽然牺牲了，但是他为中华民族的解放事业所做出的贡献，将永远镌刻在中国革命的史册上！

英勇无畏大丈夫——文化震

文化震（1902—1927），男，字雨龙，贵州贵阳人。1902年3月11日，出生于贵阳一个小知识分子家庭。他自幼聪明，在家塾中接受启蒙教育，后进入贵州省立模范小学读书。1918年，由于成绩优异，免试进入贵州省立模范中学读书。1922年，以优异成绩毕业，同年投考国立东南大学，被东大预科录取。入大学后，文化震开始接触进步思想。1924年，由准备“科学救国”转为立志改造社会，改入政治经济学系就读。在校期间，文化震积极参加学生爱国运动，先后参加过党领导的反对“学阀”的斗争、召开国民会议运动、声援五卅运动等。1925年年底，加入共青团，不久加入了中国共产党。1926年4月，担任共青团南京地委经济斗争委员会委员；7月，担任共青团南京地委书记，同时被中共上海区委指定为中共南京地委通讯员；12月，国民党（左派）南京市党部改组，文化震担任工人部部长。1927年3月，南京市总工会成立后，文化震担任总务主任兼秘书主任；同年4月10日，在参加中共南京地委紧急扩大会议时被捕，几天后被敌人秘密杀害。

一

1902 年 3 月 11 日是农历“二月二”，是民间传说中龙抬头的日子，中国传统二十四节气的惊蛰刚过，贵阳市弯弓街文家诞生了一个小男孩，他就是文化震。父亲文云章是传统私塾老师，对文家刚出生的第二个儿子寄予厚望，认为既然儿子是春天出生，正是春雷阵阵万物生长的时节，希望他将来能够像一条呼风唤雨、朝气勃勃的春龙，成为名震一时的人物，因此取名叫“文化震”，字“雨龙”。文家的家境算不上富裕，一大家人只靠家里仅有的几亩田和为数不多的教书收入为生，幸好文化震的母亲勤俭持家，把家里管理得井井有条，文化震从小在艰苦的环境里养成了不怕吃苦、坚毅不屈的性格。文化震的母亲信佛，遇有乞丐来家门口讨要饭，文化震等兄弟总是按照母亲的嘱咐，尽可能施舍一些食物，母亲以慈悲为怀，言传身教，文化震耳濡目染，他对底层人民的疾苦深有感触，养成了悲天悯人的情怀。

文云章在贵阳城武胜门文昌阁附近开了一家“志强私塾”，主要讲授《三字经》《百家姓》《千家诗》等一些传统的启蒙读本。文化震还是一个牙牙学语的小孩子时，就经常能在家里听到私塾里传来的读书声，忍不住有样学样，用稚嫩的童声一起跟读，家里人都忍俊不禁，邻居知道了都纷纷说文家出了一个能读书的“神童”。

文云章见文化震天资聪颖，适合读书，在他很小的时候，就对他进行启蒙教育，教他诵读经典，描红、临摹大字，文化震因此练得了一手好字。明朝大儒王阳明年轻时，曾被贬在贵阳附近的龙场担任驿丞，文化震小时候经常听父亲讲述王阳明的轶事，对立德、立功、立言的“三全圣人”王阳明深深钦佩，立志要成为王阳明那样的人，成就一番事业。文云章虽然是传统的私塾先生，思想却并不保守，他的大女儿被送入新式女校，儿子文化福和文化震在上学年龄时也被送进新式学堂——官立两等小学堂。贵阳两等小学堂由贵州著名教育家周恭寿创立，按照近代小学教育的模式，建立了比较完备的学制、课程、教材体系，下属1所高等小学堂、9所初等小学堂，教师50多人，学生1000多人，是当时贵州开办最早、规模最大、条件最好的公立小学。进入小学后，年幼的文化震课业知识越来越丰富，现实认知视野越来越宽广。辛亥革命爆发后不久，贵阳城宣告光复，城内革命烽烟四起，剪辫子运动一时兴起。文化震和文化福从学堂回来，也拿起剪刀，咔嚓咔嚓，互相把彼此的辫子剪了，还说服父亲也把辫子剪了。辛亥革命后，官立两等小学堂改名为贵州省立模范小学，学校除了书本教育外，也很重视实验课程，特地加设了工艺科，学习日用化学品制造。文化震在老师的指导下，和同学们一起亲手制作牙粉、肥皂、雪花膏、油漆等家常日化用品，学校还给同学们制造的产品申请了注册商标“牡丹牌”，面向社会出售。文化震被科学知识的魅力深深地吸引，立下了“科学报国”的志向。

文化震聪明好学，小学成绩十分优异，1918年夏天，他免试进入了贵州省立模范中学。这所学校环境优美，校园内有一个鱼池，里面不仅养着金鱼，还种着莲花，鱼池边上是花坛，里面种着芙蓉，花开的时候十分漂亮。学校的老师很多都是留学回来的有为青年，他们对国际国内形势有着较为清醒的认识，很重视对学生的教育。学校有一个藏书丰富的图书馆，藏有很多西方的文史哲及自然科学书籍，其中不乏介绍马克思主义的著作。文化震在学校里如鱼得水，忘我地汲取现代科学文化知识。他的英文成绩尤其出色，能够熟练地背诵英文读本《莎士比亚戏剧故事集》和《泰西三十轶事》。学校为了鼓励学生好好学习，专门设立了一些奖励措施，对学习成绩在班级名列前茅的学生，给予学费减免优惠，文化震为了减轻家庭负担，学习十分刻苦，成绩一直位居班级前列，理化成绩也很突出。教科书上的习题，不管老师有没有布置为作业，文化震都会把题目抄下来，并进行习作，日积月累竟然有几十本之多，久而久之，他不看书就可以把数理化的公式默写出来。不仅如此，文化震还在父亲的熏陶下，写得一手好文章，中学一年级时，他就写下古体散文《登扶风山谒阳明先生画像记》，被商务印书馆《学生杂志》刊用，他的同窗好友高昌隆就夸赞他："当年文字众人上……开口直令溜决河，下笔不休驹解鞅。"贵州省立模范中学的校训是"自强不息"，和清华大学的校训"自强不息，厚德载物"同出一源，都取自《易经》中的“天行健，君子以自强不息”，这个校训对文化震产生了深刻的影响，一直伴随他走过短暂的人生岁月。

随着新文化运动的深入开展，《新青年》《每周评论》等新文化刊物也开始走进贵阳。在民主思潮的影响下，贵州省立模范中学在1918年设立了学生自治会，规定由四年级、操行甲等、学业成绩第一名的学生担任自治会主席，文化震积极参加自治会活动，和许多追求进步的学生一起接受新思想熏陶。1918年10月，当时的“新派”代表人物贵州讲武学堂校长何应钦和法政学校校长刘敬吾发起成立了“少年贵州会”，宗旨是“适应世界进化的趋势”，“以牺牲‘小我’之观念，明合群报国之大义，造成少年贵州”，并创办了《少年贵州日报》，以宣传新思想。贵州模范中学的不少老师也加入了“少年贵州会”，在他们的影响下，文化震在学生中率先加入了“少年贵州会”。五四运动爆发后，《贵州公报》《少年贵州日报》大量报道全国各地声援五四运动的消息，文化震和进步同学一起，对此非常关注。贵州各界代表组成了贵州国民大会筹备处，和全国人民一起积极声援五四运动。5月31日，国民大会筹备处决定第二天在梦草公园举行成立大会，并发出《紧急通告》，文化震和大家一起连夜把这份通告到处张贴，广为宣传。6月1日一大早，文化震和少年贵州会的朋友们，拿着“力争主权，发扬民气”“声讨卖国贼”“还我青岛”等小三角旗，赶到梦草公园。主席台挂着山东青岛的地图，文化震指着地图对大家说：“山东是我国南北交通要道……山东丢失，中国危亡！同胞们，不得山东，毋宁死！”6 月 18 日，留日归国学生救国团代表闵季蹇来到贵阳，他向贵州各界代表介绍了贵州留日归国学生的爱国活动。不久，全国学生联合会的代表也来到贵阳，介绍了全国各地学生们的爱国运动，文化震亲耳聆听了他们的演讲。贵阳学生代表决定成立全国学联贵州支会，文化震被推选为贵州省立模范中学的代表参加了贵州省学联支会的筹备工作。7 月 16 日，全国学联贵州支会成立大会在梦草公园举行，省立模范中学的进步学生在文化震的带领下，统一穿着灰白色的学生制服，戴着遮阳的帽子，帽徽领章上都标有“贵州省立模范中学”的字样，整齐地扎着绑腿，热情洋溢地来到了公园草地上。成立大会开始后，全体学生举行了庄严的宣誓仪式：“从今后，我愿为国家牺牲性命及种种权利！从今后，我愿为国家牺牲性命及种种权利！从今后，我愿为国家牺牲性命及种种权利！”文化震大声宣誓后，忍不住热泪盈眶。历史证明，他用一生践行了自己的誓言。随后，学联举行了声势浩大的游行示威，文化震和同学们一起高呼“还我青岛！”“还我主权！”全国学联贵州支会的成立，进一步激发了贵阳各界群众反帝爱国的热情。然而，贵阳地方军阀和守旧势力担心学联贵州支会对自己产生威胁，百般阻挠学联的活动，学生活动一时陷入低潮。文化震失望之余，只能回归校园，在老师们的感召下，继续他的“科学救国”之梦。

二

1922年6月，文化震以优异的成绩从中学毕业。当时，由于贵州省没有高校，省教育厅为了鼓励本地人进一步深造，曾经专门发布了一个章程，大意是只要贵州人考到外地的国立大学，并且在校平均成绩达到70分以上的，给予每人每年200元助学金，报考和毕业回籍时均发给50元旅费。当时，中国只有北京大学和东南大学两所国立综合性大学，北京大学以新文化运动著称于世，而东南大学则以全国首屈一指的科学教育闻名一时，文化震毅然决然地选择报考东南大学。东南大学考试内容有国文、英语、数学、常识等内容，文化震进行了精心的备考，搜集了往年的试题，寻找试题的规律，明确复习备考的重点。不久，文化震和几个要好的同学经过长途跋涉，来到南京参加考试。当时，东南大学预科生招考十分严格，当年在全国只招录120名学生，却有1000多名学生报考，能考上的都是全国各地来的精英。文化震凭借扎实的文化课功底，不负众望，顺利考取。他见榜上有名后，十分激动，第一时间写信回家，告诉父母亲朋。考上后还有一段时间才开学，文化震和几个好友畅游南京古城，他们一起去风光旖旎的莫愁湖畔寻迹访古，品尝新式蛋糕，可谓“春风得意马蹄疾”。他把这段时间的游历生活写成一篇题为《暑假中》的白话散文，发表在了商务印书馆创办的《小说月报》上。

开学后，文化震非常珍惜宝贵的学习机会，在短短一年的时间里，选修了甲级英语、德语、日语、西洋史、政治概论、社会思想等多门课程，得到了 40 个学分，而根据学校要求，两个学期只要得到 30 分就可以升学了。文化震一直在校园里埋头苦读，国内一流的东南大学孟芳图书馆建成后，他经常去那里翻阅中国科学社主办的《科学》《科学画报》等杂志，聆听各种科学演讲和报告会。文化震不仅热爱学习自然科学知识，而且重视研读国外的历史，他认为要让中国的科技强大起来，就必须认真研究英国、德国等先进国家的历史，因此翻阅了很多国别史。一学期下来，他的西洋史成绩得了 94 分，西洋上古史成绩得了 92 分，名列班级前茅。

文化震从贵阳到南京后，由于水土不服，经常生病，他的同学告诉他贵州的学生很适应北京的气候，因此预科毕业后，他一度想报考北京大学，还曾经写信给东南大学郭秉文校长，请求及时发给他预科证书，郭校长理解这个年轻人水土不服的情况，立刻让教务处给他发证。这时他的同学告诉他，北京大学有严格的体格检查，要是文化震带病前往，万一前功尽弃就不值得了。文化震听从了同学的劝告，继续留在东南大学读书。

东南大学是一个非常民主的学校，成立了评议会、教授会和行政会来处理学校事务，同时，学校也很早成立了学生自治会。学生自治会除了有维护学生权利的职责，还经常举办各种学术活动，文

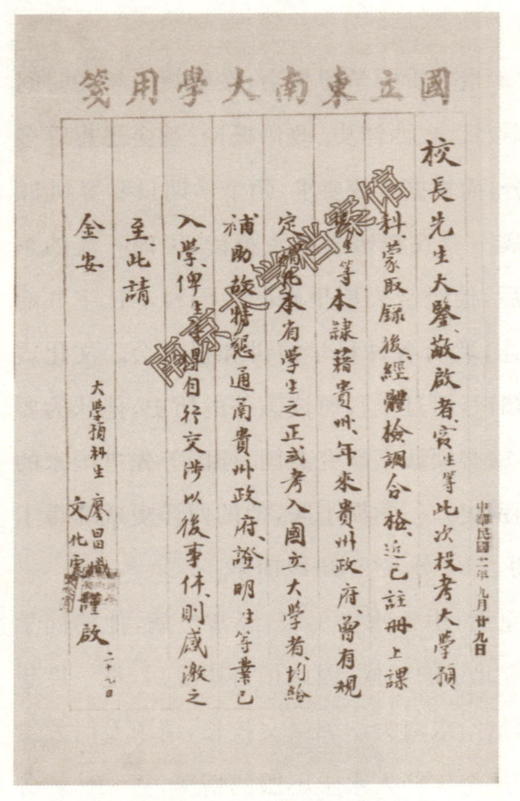

國立東南大學用箋

校長先生大鑒，敬啟者，震生等此次投考大學預科，蒙取錄後，經體檢調合格，近已註冊上課。震生等本隸籍貴州，年來貴州政府曾有規定，謂凡本省學生之正式考入國立大學者，均給補助，故特懇通函貴州政府，證明生等業已入學，俾生等得自行交涉，以後事件，則感激之至，此請

金安

大學預科生　廖昌鐵　文化震　謹啟

二十九日

中華民國十一年九月廿九日

文化震烈士致国立东南大学校长信

化震是各项学术活动的常客。此外，他还积极参加学生自治会的活动。学生自治会既训练同学们提高自治能力，又帮助他们关注社会。在师生们的共同努力下，东南大学的学子养成了诚朴求实的作风，“既没有上海学生的浮华气，也没有北京学生的官僚气”。文化震在这种氛围的影响下，养成了自己勤勉朴素的作风。他的师友们回忆时，都说他为人勤勉，“生活极端朴素，经常穿蓝布衣衫”。东南大学也是进步思想的传播园地，学校图书馆已经有《共产党宣言》《唯物主义和经验批判主义》《1844年经济学哲学手稿》《社会主义从空想到科学的发展》等经典马列主义著作，年轻的文化震开始初步接受马克思主义的启蒙。1922年8月，东南大学爆发了江亢虎和杨杏佛的一次激烈的

论战，他们关于新社会主义和新民主主义的论战极大地激发了文化震对未来社会制度的思考和进一步研究的兴趣。杨杏佛教授关于《马克思主义和阶级斗争》《论马克思的剩余价值》等演说和文章，使文化震第一次了解到马克思主义学说。东南大学学生还组成了马克思学说研究会，公开在校园内讨论社会改造的问题。1923 年 8 月下旬，中国社会主义青年团第二次全国代表大会在东南大学召开，中国共产党的早期领导人毛泽东、邓中夏等前来参会致辞。1923 年 8 月 21 日，毛泽东代表中共中央亲临大会致辞，号召青年要与群众接近，团员要到群众中间去，要关注民众痛苦症结之所在，从事脚踏实地的工作。8 月 23 日上午，毛泽东继续做会议报告，指出在当时的历史条件下，“中国人民处此外国帝国资本主义和国内军阀两层压迫之下。除国民革命外，无第二种方法可以解放出来”；社会主义青年团应该完全服从中国共产党的指导。大会一致通过该报告。8 月 25 日大会闭幕，毛泽东代表中共中央发表了演说。不久，南京城内的共产党小组成立，党员多数是东南大学的学生。在进步师生的影响下，文化震开始关注社会科学，选修了政治学原理、经济学概论等课程，希望从政治经济学的角度了解社会改造。1924 年 1 月 13 日，由南京东南大学、河海工程学校等学校的进步学生，在梅庵发起成立了南京社会科学研究会，文化震也加入其中，研究会以研究马克思学说为重点，经常举办讲演和辩论。在《中国青年》编辑、进步人士袁玉冰的帮助下，南京社会科学研究会罗列了二十多种国内出版的马列主义书籍，包括陈望道翻译的《共产党宣言》、施存统翻译的《马克思学说概要》、李达翻译的《唯物史观解说》《陈独秀先生讲演录》等。文化震和研究会的同学们经常按照书目去乐天书局和启明书局购买，互相交流讨论阅读后的感受，对马列主义学说有了更加深入的理解，渐渐形成了他的革命思想。面对深重的民族危机，意气风发的文化震放弃了“科学救国”的理想，决心走改造社会之路，他在给好友的信中谈到了自己的思想变化，“目前我们国家备受外国人欺凌、蹂躏，自然科学救不了国，我经过长期考虑，决定改读社会科学，把社会治理好，促使人类进步”。理工科成绩一向很好的他，决定改学政治经济学专业。

1924 年，文化震如愿进入政治经济学系学习。当时的东南大学，恰逢多事之秋，1923 年年底的一场大火，把凝聚学校学术精华所在的口字房烧了个精光，东南大学多年收集的图书、仪器设备、研究资料和 7 万多件动植物标本，在这场大火中都被付之一炬，全校师生悲恸不已。学校教授会、学生自治会决定发起全校师生募捐，重修馆舍。经济本来就捉襟见肘的文化震，却省下 20 块银圆，捐献给了学校。一波方平一波又起，由于当时军阀混战，各自为政，东南大学办学经费一直都是依靠江苏一省拨付。1924 年 9 月，直系军阀和反直系军阀之间爆发了江浙战争，江苏督军齐燮元将江苏的税收大部分用于战事，东南大学再受波及，办学经费严重不足。校长郭秉文无奈之下，下令停办工科，杨杏佛教授被迫离校。

杨杏佛对马克思主义理论的宣传使文化震获益匪浅，他对杨杏佛的离去非常痛惜和倍感失落。不久文化震听说杨杏佛去广州，担任了孙中山先生的秘书，不由得对革命事业产生了无限的向往。1924 年年底，中国共产党领导发动国民会议运动，上海、南京等地的群众纷纷拥护。文化震作为贵州旅宁学生会的领导之一，积极参加了这次运动。1925 年 1 月，在东南大学宿舍接待室，文化震以贵州旅宁学生会代表的身份参加了南京国民会议促成会筹备会。筹备会确定了组建南京国民会议促成会筹备委员会，下设总务、文书、交际、宣传和庶务股，文化震担任庶务股委员。庶务股主要负责经费收支、会务安排等，事情繁杂琐碎，文化震对此毫无怨言，尽心尽力做好每项工作，把每一个细节考虑得都很周到。不久，南京国民会议促成会筹备会又成了宣传委员会，下设传单、新闻、演讲等组，文化震又担任了传单组的工作。他和同志们精心制作了很多标语，诸如："全国先觉的同胞们，我们要努力宣传国民会议得到一般民众的拥护！""全国被压迫的同胞们，我们要一致为自己的利益来争得国民会议的实现！"这些标语一目了然，非常具有感染力。在文化震等同志的精心准备下，南京国民会议促成会顺利召开。

1925 年 3 月 12 日，孙中山先生去世后，南京学生联合会和国民会议促成会等团体决定在南京举办孙中山先生追悼活动，专门成立了追悼大会筹备处。因为文化震在国民会议促成会筹备过程中的卓越表现，此次追悼大会文化震也是筹备处的负责人之一。

在他和同志们周密的安排下，追悼大会顺利举行。中国共产党早期领导人恽代英发表了慷慨激昂的演说，文化震听了以后触动很大。追悼大会后，恽代英、萧楚女又应邀来到东南大学演讲，他们所做的《中国青年的前途问题》《关税问题》《孙中山主义与戴季陶主义》等报告，使很多青年学子萌发了革命思想，文化震也不例外。文化震逐渐认清了国民党右派假革命的真面目，思想日益向共产主义倾斜。

1925 年 5 月，上海爆发了震惊中外的五卅惨案，南京学联积极投入声援。6 月 2 日，东南大学在中国共产党南京支部的领导下，宣布全校罢课，声援五卅运动。南京各个学校的代表一起到东南大学体育馆召开联席会议，筹划下一步的活动，文化震也参加了这次会议。次日一早，文化震和同学们前往公共体育场，参加南京各界声援五卅运动大会。大会由东南大学学生、中共南京支部领导宛希俨主持，三万多名学生和各界群众参加。宛希俨慷慨激昂地讲述了五卅惨案的真相，揭露了上海租界巡捕房打伤学生和市民的暴行，文化震听了以后义愤填膺。6 月 4 日，南京各校学生和各界群众一起到下关的英商和记洋行举行示威活动，号召工人罢工。当天参加游行的有来自各个学校的 1 万多名学生，文化震和同学们走在了队伍的前列，手持小旗，大呼口号，沿途的群众听后无不深受感染。和记洋行的工友们在他们的感召下，开始了声势浩大的反对英国帝国主义者剥削的大罢工。不久，南京学界后援会成立了罢工救济委员会，文化震和救济委员会的同学们到处为工人募捐，还亲自负责筹办粥厂，把自己准备用于暑假回家的路费全部捐献了出来。在长达一个多月的时间里，文化震来回奔走于学校和工厂之间，为了能让罢工的工人们吃饱饭，自己却经常错过饭点，本来身体就不好的他，因此得了严重的胃病。这次活动中，文化震接触了很多的工人群众，对他们饱受帝国主义者剥削的惨状深有了解，也更加坚定了革命的决心。在活动中，他也充分认识到了中国共产党组织的先进性，进一步加强了向党组织靠拢的愿望。

三

1925 年 10 月，中国共产主义青年团南京地委改组，新任书记大大加强了对组织的发展力度，大量吸收南京各个学校的有志青年加入团组织。文化震的好友严绍彭担任了共青团南京地委学委书记，他第一个想到的就是介绍文化震加入共产主义青年团。他找到文化震，向他详细地介绍了中国共产党和共青团，介绍马列主义思想。文化震早就对共产党心生向往，他的很多同学也是南京地区党团组织的负责人，因此，他非常乐于接受严绍彭的建议，加入了共青团。文化震从此在党的领导下，积极参加革命活动，不久就带领进步同学和东南大学的反动势力进行了多次论战。

当时，国家主义派（后来的中国青年党）夺取了南京学生会的领导权，文化震曾经专门写过一篇《南京之反动势力》的文章，他在文章中揭露，现在“国家主义派在南京，无处不是应用其破坏学生运动的方法，他们同国民党左派完全处于对立的状态，对共产党更不用说。而且他们恐吓学生群众，动不动就诬赖某人是共产党”。在文化震和同志们强有力的辩驳下，越来越多的学生认清了国家主义派的面目，划清了和他们的界限。不久，南京学生联合会在中国共产主义青年团南京地委的领导下进行了改组，学联的领导权回到了党组织的手中。由于文化震在各项活动中的卓越表现，党组织对他予以高度认可。1925 年年底，文化震被光荣地吸收为中国共产党党员。在党的安排下，文化震结束了在东南大学的学习生活，专职从事革命活动。

1926 年，文化震接受党组织安排，担任共青团南京地委的通讯员。当时，中共南京党组织为了充分发动进步学生参加革命活动，专门派人到南京的各大学校收集信息，文化震也积极投身其中。通过活动，文化震对南京的学校有了较为深入的了解，他发现教会学校很多，在 46 所大中院校中，教会学校就有 17 所。他据此认为基督教是帝国主义侵略中国、麻痹民众的主要工具之一，“基督教处处都有，但在势力上说，别处没有在南京这样的大”，“基督教是帝国主义者用以麻痹民众之工具，自与各地的相同，第一是学校，第二是教堂，第三是医院。教会学校在南京各学校占三分之一有奇，教堂则随处都是，医院虽不多，但生意比一切中国医院的好”。为此，在党的领导下，文化震积极参加了江苏非基督教大同盟的活动，开展反基督教运动，并迅速扩展到江苏全省。一些进步学生从教会学校退学，在党组织的领导下，开办了光夏中学让这些学生继续上学，文化震参加了学校的筹建工作，并在该校担任教员。从此，他就以教员的身份作为掩护，为中共南京地委开展工作。文化震一方面利用闲暇时间，刻苦阅读马列主义书籍；另一方面，在学生中积极宣传共产主义，在他和同志们的努力下，光夏中学的学生们增加了对革命的了解，向往革命、追求革命者越来越多，校内很快就建立了党团组织。不久，国民党江苏省党部创办了广州中山大学南京附属中学，共产党员曹壮父担任校长，文化震和其他几个共产党员都在该校担任教员，有了更好的掩护身份。

1926 年 4 月，中国济难会南京市总会正式成立，文化震担任了委员之一。济难会成立后，积极营救历年来被反动当局逮捕的从事工人运动的革命同志，文化震对此项工作极为重视，花了大量的时间和精力投身其中，渐渐成为济难会的主要负责人之一。在文化震离开济难会从事更重要的工作后，济难会的工作曾短期陷入停顿状态。由于文化震在各项工作中的出色表现，党组织决定让他辞去光夏中学的教员职务，集中精力到南京各个工厂开展工人运动。五卅运动期间，文化震和工人们有过深入的接触，因此他很快就进入了角色，对南京工人运动情况有了总体的把握和了解，并形成了工作思路。当月，共青团南京地委改选，文化震再次被赋予重任，担任了经济斗争委员会委员。南京木业工人领袖郑仲海千方百计找到文化震，原来，南京木业工人们在4月17日举行纪念木业始祖鲁班的祭祀活动时，说起工资微薄，生活日益艰难，连基本的生活都难以维持，大家都非常愤慨。这时，郑仲海告诉大家，前不久英商和记洋行工人罢工取得了胜利，英国商人被迫给工人们增加工资，因此，提议举行木业工人罢工，要求增加工资，得到大家的一致赞成。次日，全市木业工人开始罢工，由于缺乏谈判经验，就委托郑仲海找到在经济斗争委员会工作的文化震寻求支持。文化震立刻向中共南京地委进行了汇报，南京党组织高度重视，组成了由职工运动与经济斗争委员会联合的罢工委员会，文化震负责组织工作。在党组织的领导和支持下，文化震立刻开展工作，在36名工人代表中选出11人负责总务、宣传、事务等工作。在他们的精心组织下，文化震和同志们在北门桥一个茶社，向700多名木业工人做了演讲，宣传组织工会的必要性。文化震认真分析了面临的形势，他认为，南京全市木业工人散布在全市，要分片区对工人进行组织活动，他和何大彦等同志负责城北片区，另一组同志负责城南片区，他还根据工人的特点采取了他们易于接受的宣传方式，专门拟定了对工友们的宣传大纲，工作做得非常细致。在文化震和罢工委员会其他同志的指导下，工人代表向南京木业工会提出了每天的工资增加五分钱的条件。南京木业工会迫于强大的压力，4 月 23 日被迫和工人代表一起召开会议，并在会上答应了工人们增加工资的要求，而且纷纷盖上本店的店戳作为凭证。至此，南京市木业工人罢工在文化震等人的指导下，取得了完全的胜利。

1926 年 6 月，南京市五卅工人教育委员会成立，文化震担任书记。他经常采用多种方式对工人群众开展宣传教育，例如，他曾带领工人们一起唱《五卅周年纪念歌》："莫思量生生死死，莫计较有有无无，趁如今先烈之血尚热，趁如今先烈之骨未枯，愿为先烈复仇雠。去去去，去拼掷，这一副，好颈颅！"这首歌至今读起来都觉得荡气回肠，而文化震正是用自己的生命践行了为了革命理想抛头颅、洒热血的宏伟壮志。在他的领导下，南京行李工人、轮船工人、人力车夫、农场工人、医院工人罢工，并在全市建立了多个工人组织，南京的工人运动在他的领导下开展得如火如荼。

文化震出色的工作得到中共南京党组织高度认可，不久，他就担任了南京地委的候补委员，到组织部工作，专门负责吸收进步青年加入党团组织。他在工作中发现，党团组织发展存在比较严重的不均衡现象，有些行业或领域党组织发展迅猛，而有些行业则连一个党团员都没有，他为此专门写了一份《关于成立部委及扩大组织问题的建议》的报告，代表南京地委组织部建议中共江浙区委组织部，扩大新的发展领域和行业。同时，他还指出，组织发展通常是同学、朋友或亲戚，相对比较狭窄，为此，他建议设置调查表，让每个党团员把认识的人都写上，由组织来统筹考虑，从中挑选出可以进一步发展的对象，这样一来，组织发展就可以迅速开展。他又提出，党中央和地方、上级和下级之间应当建立灵敏的通讯机制，使上级的意图能及时传达到下级，而下级则可以及时地把所掌握的情况向上级汇报，从而更好地发挥组织的作用。文化震对组织发展工作的建议得到了采纳，中共上海区委（南京地委的上级组织）高度重视，任命他为中共南京地委的通讯员，直接和上海区委联系工作。

1926 年 7 月，备受组织器重的文化震，出任共青团南京地委书记和新一届南京地委的青运委员，负责全市青年学生运动以及共青团组织的发展工作，成为党在南京地区的核心领导成员之一。文化震担任团委书记后，身上的担子更重了，他和同志们一起积极开展青年学生的宣传教育活动，做好团员的发展工作。九三学社的创始人之一笪移今教授曾回忆起文化震当年发展他入团时的情景。文化震对他说，“共青团是党领导的青年的战斗组织，它所担任的任务同样是为中国革命，专为革命而坚决奋斗到底的”，“共青团的任务是在党的领导下，对内打倒军阀，对外打倒帝国主义，在中国实现共产主义”，“团员达到一定年龄又为革命做出一定贡献的，就可以转为党员”，“共青团员要为革命事业献身，甚至自己的生命，要绝对遵守团的纪律，执行团的政策，完成团所指定的工作”。时隔多年，笪教授还清楚地记得，文化震非常关心青年同志阅读进步书籍的情况，见面时经常问他们有没有看团的机关刊物

《中国青年》，他还要向往革命的青年团员们做好进步青年的思想发动工作，关注落后学生的动向，及时向组织报告。笪教授说，文化震为了活跃气氛，增强组织凝聚力，经常在开会时带领团员青年们高唱《国际歌》和《团歌》，如今一听到国际歌的声音，就会回想起文化震带领他们唱歌的情景。文化震还在《中国青年》上发表了多篇文章，比如《江苏学阀之过去及将来》，要广大青年学子认清学阀的本质是买办阶级的教育，是一种奴化教育，他在文中充满激情地宣告，虽然学阀势力强大，但他们的末日快要到来了。《请看国家主义者在南京的活动》一文揭露了国家主义者和北洋军阀勾结，破坏革命的反动行径。1926 年 12 月，因国共合作需要，文化震根据党组织的安排，在国民党南京市党部中担任了工人部部长。文化震上任后，积极推动工人组织的发展，他派人进入金陵机器制造局等工人较为集中的工厂，积极开展宣传教育，发展工人组织，成立共青团组织。经过他和大家的一起努力，南京各行业的工会组织建立了起来，比较大的有浦镇车辆厂工会、津浦铁路浦口工会、和记洋行工会、大美烟草工会等。

1927 年 2 月，随着北伐军的节节胜利，中国共产党开始着手加强对南京地区工人运动的领导，为此准备成立南京市总工会，由文化震负责具体筹备工作。文化震深入工人群众，在全市各个工厂之间奔波，全力做好筹建工作。不幸的是，3 月初，文化震和钟天樾等共产党员被军阀逮捕，关进了老虎桥监狱。文化震本来身体就不太好,入狱后更因饱受摧残患上了较为严重的肺结核。幸运的是,3 月底,北伐军攻进南京城,军阀部队逃走,文化震顺利出狱。不久,文化震就在夫子庙旁的学宫,主持召开了南京市工人代表大会,会上成立了南京市总工会,文化震、梁永、钟天樾等 25 人任执行委员会委员,文化震担任总务主任兼秘书主任。在他的主持下,南京市总工会还成立了工人纠察队,队员从全市各个基层工会的纠察队员中挑选。在文化震的领导下,南京市总工会的工作蓬勃开展,各行各业的工会组织如雨后春笋般纷纷涌现,南京邮政工会、教育工会、造币厂工会、银行工会、车业工会等组织纷纷成立,工会组织为工人群众争取待遇改善、维护劳动权益做了很多工作,深得广大工人拥护。总工会的工作很忙,文化震每天都要忙到很晚,超负荷工作。何正泉同志回忆说:"文化震、钟天樾被捕后关在老虎桥监狱,北伐军进城那天出狱,被分配主持南京市总工会工作。他(文化震)态度和蔼,平易近人,生活简单朴素,工作认真负责,年龄不大,主持全市工作有条不紊,全市各行各业的工作基本上都被组织起来了。由于他们在监狱时,身体健康受到极大摧残,浑身是病(肺结核、贫血、关节炎),他们每天带病坚持工作到深夜,别人吃饭时,他俩正忙于工作,别人吃完饭了,他俩去吃一点残菜剩饭,夜深了别人早已睡了,他俩正在伏案工作,或者在研究问题,到下半夜的时候,倒在纠察队员的脚下躺会儿,别人还没起床,他们已经出外奔走工作了。"

1927 年 3 月 24 日，停在下关长江江面的帝国主义军舰炮轰南京城区，很多无辜市民被打死打伤，造成了“南京惨案”。中共南京地委和国民党南京市党部商量后，委派文化震和刘少猷等人分别调查处理。文化震多方走访，了解到事件发生的原因，是一帮被打败的直系军队士兵趁乱抢劫了南京的外国领事馆和外国人聚集区，几名外国人在混乱中被杀，英美军舰以保护侨民为由野蛮炮击南京城，造成 12 名市民无辜身亡，多人受伤，多所房屋损坏。为此，文化震代表南京市总工会，向国民党党部和北伐军的江右军政治部如实提交了调查结果，要求为老百姓讨回公道。以蒋介石为代表的国民党右派为了攫取革命胜利果实，诬陷说：“南京事件是共产党为了打倒蒋介石一派而制造的苦肉计。”右派的反动言论得到英美帝国主义的支持，他们立刻怂恿蒋介石分裂国共合作，另起炉灶。得到帝国主义者的支持后，蒋介石加快了反共分裂的阴谋。4 月初，国民党右派召开秘密会议，准备用暴力手段“清党”，发动对共产党人的突然袭击。当时，蒋介石的阴谋已经露出了蛛丝马迹，南京城“山雨欲来风满楼”。文化震对此有足够清醒的认识，他加强了工人纠察队的工作，经常勉励纠察队员们要奋不顾身地保卫革命成果。4 月 9 日，在蒋介石的授意下，一群流氓打手捣毁了南京市总工会，袭击了国共合作中的国民党江苏省党部和南京市党部。在中共南京地委的领导下，4 月 10 日，近 10 万群众齐集公共体育场，愤怒声讨反动派的暴行。文化震和几名代表到总司令部面见蒋介石，提出惩办凶手等要求。当晚，文化震等同志一起被反动派逮捕。他们在狱中受尽酷刑，宁死不屈。几天后，凶残的敌人无情杀害了文化震等 10 位同志，烈士遗体被扔进了九龙桥下的秦淮河中。

文化震同志牺牲的时候，年仅 25 岁，他在短暂的人生中，积极投身青年运动和工人运动，为了共产主义事业大义凛然、舍生取义，真正为革命事业的“大我”，牺牲了“小我”，践行了共产党员的崇高理想信念，永远值得人民铭记。

长留青史耀南都——钟天樾

钟天樾(1905—1927),男,曾用名正无,字尧弼,四川永川人。8岁丧母,由祖母养大成人。1914年,就读于永川县立高等小学,毕业后进入县立中学。1924年,考入国立东南大学,在校期间,受恽代英、萧楚女的影响,接受共产主义思想。1925年五卅惨案后,参加南京声援五卅惨案后援会,声援和记洋行工人示威游行。五卅运动后,加入中国共产党,任共青团南京地委城北支部书记。1926年10月,因参加响应北伐战争反对军阀孙传芳的进步活动,被北洋军阀逮捕,被判刑5年。1927年3月24日,北伐军光复南京时出狱,担任南京市总工会执行委员兼宣传部部长;同年4月10日晚,在参加中共南京地委各团体负责人紧急会议时,与文化震等人同时被捕,不久被杀害。

一

1905 年 9 月 5 日，钟天樾出生于四川省永川县永昌镇侯溪巷一个贫苦人家。他的母亲在他 8 岁时就去世了，父亲外出不归，全靠祖母一个人含辛茹苦地把他抚养成人。虽然家境困难，但他的祖母靠在街头卖小吃维持生活，坚持供他上学。1914 年，钟天樾就读于永川县立高等小学，后来以优异的成绩考入永川县立中学。为了补贴家用，他经常和弟弟两个人到永川城外的三岔河边捡煤核。上高中的时候，学校规定必须住校，夏天的时候，钟天樾没有蚊帐，就穿着衣服，用床单蒙在头上睡觉。五四运动后，永川县中成立了学生联合会，学生联合会组织师生罢课，3000 多名师生上街示威游行，钟天樾积极参加爱国运动。钟天樾作为学生代表，查学生伙食账目，一旦发现校长有贪污的行为，就当众予以公布。结果校长恼羞成怒，以他带头挑起学潮为借口，把他开除了。他在表哥刘璞的帮助下来到南京，通过半工半读的方式完成了学业。

1924 年，钟天樾考入国立东南大学。进入大学后，他非常珍惜来之不易的学习机会，刻苦学习现代科学文化知识。在恽代英、萧楚女等进步师生的影响下，他逐渐接受了共产主义思想，认为要改变中国落后挨打的状态，让老百姓过上好日子，只有通过革命的方式，改变现有秩序。他在家信中说："我正在做我应该做的事，你们千万别为我担心。”阐述“国将不国，何以家为”的道理。五卅惨案后，南京地下党组织了全市各界声援五卅惨案后援会，钟天樾积极投身其中，和进步同学一起上街演讲，散发革命传单，发起抵制日货的运动。下关和记洋行工人罢工，钟天樾也积极参加示威游行，做了很多工作。有一天，东南大学的英国籍教师给学生们放映幻灯片，有长江江面英国军舰的特写，钟天樾看到后十分气愤，立刻站起来高喊：“打！打！”在场的同学们马上纷纷响应：“打倒英帝国主义！”“外国军舰滚出去！”英籍教师吓得赶紧逃离。他给弟弟回信，用英语作业本写了《五卅惨案的前前后后》的文章，宣传革命思想，讲述南京工人罢工、商人罢市、学生罢课的情况，还附信寄了一张全身照片，身上穿着祖母给他缝制的长袍。

五卅运动后，钟天樾由于表现出色，被吸收为中国共产党党员，不久担任共青团南京地委城北支部书记。

1926 年 10 月，北伐军节节胜利，钟天樾积极响应，在南京城开展反对军阀孙传芳的进步活动，起草了打倒军阀的宣言，号召南京人民起来进行反抗斗争。由于钟天樾的激烈言行，军阀视他为眼中钉、肉中刺，随即将他逮捕。钟天樾在监狱里受到了非人的折磨，左胳膊被打断。最后，反动当局判处他 5 年有期徒刑。

1927 年 3 月 24 日，北伐军攻克南京，党组织接钟天樾出狱。第二天，南京市总工会成立，钟天樾担任南京市总工会执行委员兼宣传部部长。他倍加珍惜总工会的工作机会，全身心地投入工作，在他和同志们的共同努力下，南京各行业工会纷纷建立。据由他介绍入团的工人何正泉回忆，有一天钟天樾问他，家里有几个人，爸爸是干什么的，在厂里拿多少钱，然后对他说："我们共青团也是没有钱的，是爱国的，你愿意参加吗？"何正泉回答说愿意，正好文化震走进来，钟天樾就说："老文，我介绍他入团。"文化震笑着说："欢迎啊！"4月初，以蒋介石为首的国民党右派不断制造反革命事件，甚至捣毁了总工会，钟天樾在党组织的带领下组织群众集会予以抗议。10日晚，钟天樾在参加中共南京地委各团体负责人紧急会议时，与文化震等人被捕，不久被杀害。

钟天樾被杀害后，家人多方打听，始终不知道他的消息。1980年下半年，钟天樾的弟弟写信给中共南京市委，打听他的下落。不久，南京市雨花台烈士陵园管理处回信证实了钟天樾为烈士，直到此时，他的亲人才知道他的光辉事迹。钟天樾的弟弟在他冥寿80岁的时候，专门写了一首诗纪念他：

书生救国究何事？
宁丧其元不作奴。
百战将军今尚健，
一击勇士已成枯。
独夫党羽遭殊罚，
烈士同袍成壮图。
自古英雄谁不死，
长留青史耀南都。

秦淮呜咽悼英魂——梁永

梁永(1904—1927),男,原名永坤,字精邦,山东东平人。1922年,进入江苏省立第九师范附属小学高小。后在镇江江淮中学、崇德中学读书。五卅惨案后,积极参加反帝爱国运动,同年年底加入了中国共产主义青年团。1925年,到南京读五卅公学。1926年春,加入中国共产党,受组织委派,先后到浦口、金陵制造局等处从事工人运动,在工人中威信很高。1927年,因从事革命活动,被北洋军阀逮捕;3月24日,南京光复后被解救,在南京市总工会从事革命工作;4月10日晚,在中共南京地委召开各团体负责人紧急会议时,被反动军警便衣逮捕,数日后被秘密杀害,遗体被凶残的敌人用麻袋包裹,扔进了九龙桥下的秦淮河中。

一

1904年10月16日(农历九月初八),梁永出生在山东东平一个船民家庭。他家数代都是船民,祖父梁万益和父亲梁春泉均在运河运粮、运货,祖上遗有木帆船一艘。常年的水上生活,使梁永无法读书,转眼间梁永16岁了,还没有学上,他多么渴望和其他孩子一样,能够去读书。父母"望子成龙",也希望梁永能读书识字,不再像他们那样吃苦。家中经过反复商量,决定请私塾先生到船上教他读书。梁永十分珍惜父母给他的读书机会,从小就有远大抱负,曾表示:"好男儿应怀安邦定国之志。"

1922年,梁永已经18岁了,父亲将他送往江苏省立第九师范附属小学高小插班住读。该校有一位思想进步的老师,在讲课中经常宣传国民革命、孙中山的三民主义思想,梁永受到了革命启蒙教育。毕业后,他进入镇江江淮中学读书,不久转入美国教会学校崇德中学。

1925年3月12日,孙中山先生逝世。4月,中国共产党青年运动领导人恽代英代表中国国民党上海执行部,到镇江参加追悼孙中山先生的大会并在会上发表演说,号召镇江人民化悲痛为力量,继承孙中山先生遗志,为振兴中华而继续奋斗。梁永参加了追悼大会,亲耳聆听恽代英的演说,深受教育。他又怀着崇敬的心情,到江苏省立第九师范学校、镇江第六中学听取恽代英所做的“救国问题”“吃饭问题”的革命演说，其主题是如何拯救半殖民地半封建的中国。讲演中，恽代英情绪激昂，号召大家团结起来，向帝国主义和封建军阀开战！听者无不动容，梁永听了也是热血沸腾。

五卅惨案发生后，梁永立即投入镇江人民声援五卅惨案的反帝爱国运动。他手执小旗，积极参加游行示威、演讲和抵制日货等各种活动，愤怒声讨帝国主义的暴行。

9 月，上海《申报》刊载了南京五卅公学成立通告及招生启事。通告宣称：“五卅惨祸，国体蒙羞，雪耻图强必先教养同人，因本先觉觉人之义，创办五卅公学。”“一以纪念五卅之奇耻，一以发扬民族之精神。”这一宗旨，深深吸引着具有强烈爱国思想的梁永。他决定到南京就读五卅公学。

二

1925 年秋，梁永来到南京，进入五卅公学学习，住在双龙巷 2 号。在五卅公学除了努力读书外，他还热心于政治活动。他结识了文化震、钟天樾等很多志同道合的革命青年，在他们的影响下，梁永思想进步很快。这一时期，他不仅研究国民党和孙中山，还认真学习了《共产党宣言》《共产主义 ABC》等著作，并经常阅读《中国青年》《通讯》等刊物，通过学习和对国内外形势进行分析，他得出结论：国共合作好，新三民主义好，共产主义比三民主义更好，列宁比孙中山更伟大，共产党比国民党更革命，反帝反军阀更坚决彻底。他还进一步认识到："要革命，必须参加革命组织，为工农利益、为共产主义奋斗到底！"1925年年底，梁永加入了中国共产主义青年团。1926年春，他加入了中国共产党，是山东东平在外地最早入党的共产党员。

国民革命军出师北伐后，北洋军阀节节败退，为配合北伐军光复南京，中共南京地委决定调梁永到两浦地区从事工人运动。梁永愉快地接受了任务，经常穿着码头工人的服装，往返于南京市区与两浦之间，每次去两浦，他都是步行到下关码头渡江，饿了就以大饼充饥，生活虽辛苦，他却甘之如饴。在文化震、赵文秀同志的领导下，梁永同钟天樾等同志积极筹建浦口码头各基层工会和工人纠察队，发展工会会员和党团员，为建立南京市总工会做准备。

1926年年底，随着北伐战争的节节胜利，南京的工人运动日趋高涨。但是，南京最大的兵工厂金陵制造局只有一名团员，名叫梁义国，为加强该厂的工作，梁永按照南京地委的指示，派浦镇机厂共产党员、共青团支部书记梁文志进入金陵制造局。不久，梁永又将浦镇机厂共青团员杜瑞调入该厂，并建立了党团组织，由梁文志任党支部书记兼团支部书记。

1927年，梁永和文化震、钟天樾等一起被北洋军阀逮捕入狱。他在狱中英勇斗争，决不屈服。3月24日，北伐军光复南京，梁永和文化震等人被解救出来，随后根据组织安排，到位于明远楼的南京市总工会工作。

三

3月底的一天，梁文志气喘吁吁地跑到南京市总工会，向文化震、梁永报告说："李局长（金陵制造局局长李焕章）逃命时，想将用于发放工人工资的一万三千元大洋偷偷带走。这件事被总工头钱文富和工头程绍文知道后，又偷偷地把这笔钱截了下来，私自分了。"文化震听后，立即派梁永到金陵制造局去处理。

于是，梁永带着梁文志等疾步跑到设在安徽公学的国民党（左派）南京市党部，向该部干部李昌汾报告了这一情况，李昌汾派两名武装警察协助他们，直奔中华门外宝塔山程绍文的家，逼他交出了私吞的工人工资。自发前来要钱的工友们看到梁永带着警察来后，精神倍加振奋。程绍文吓得腿直打战，哆哆嗦嗦地对梁永说："我这里只有三千元，那一万元被钱文富拿走了。"说完，乖乖地拿出了三千元钱。

当天晚上，梁永在老君庙召开了全局工人大会。他慷慨陈词："为了打倒列强、消除军阀、打倒工贼，工人阶级必须团结起来，建立工会。有了工会组织，工人阶级就有了力量。"梁永的一席话，让工友们心头一亮，工人们兴高采烈，当场一致决定成立工会，并选举姜金生、芦炳奎、王明生、卢松涛、王金铭、梁永为金陵制造局工会领导成员，姜金生为会长，梁永为秘书，工会办公室设在金正小学。为了保卫工会，梁永还领导建立了两个工人纠察队，挑选了80名身强力壮的小伙子担任队员，由鲁智亮、梁义国分任队长。

金陵制造局工会成立后，首要的任务是追回巨款。第二天，梁永便带领工人纠察队员奔赴膺府街钱文富的住宅，捉拿总工头钱文富，但是狡猾的钱文富逃匿了。

正在这时，江右军第六军党代表、共产党员林祖涵（伯渠）到金陵制造局视察，并委派共产党员成桄为该局局长。4月3日，成桄到局接事。梁永同局工会负责人随即向他汇报了总工头贪污巨款的问题，商讨了办法，决定以局长名义发聘书“请”钱文富回厂任事。聘书发出去没几天，钱文富果然来到厂里，他一进厂门，就被埋伏好的工人纠察队员抓获，被扭送至第六军军法处审问，终于交出了这笔巨款。

梁永根据南京市总工会指示，与成桄等领导商量，把追回的工资款按照工人原工资的比例分给了大家，工人犹如久旱逢甘露，个个喜笑颜开，对梁永等工会领导感激不尽。

当时，金陵制造局工人的工资很低，童工的工资尤其低，他们终日忙碌，却依然过着饥寒交迫的日子。梁永等带着工人斗倒钱文富、程绍文之后，工人的情绪普遍高涨，“提高工资”“改善待遇”的呼声更强烈了。他们纷纷找工会，找梁永，请求工会与厂方交涉,提高工人待遇。

面对工人的迫切需求和强烈愿望,梁永与工会成员多次研究改善工人待遇的问题。经过慎重考虑,他们以金陵制造局工会的名义,向厂方提出了五项要求:一是增加工资。工资在10元以下的加60%,10元以上的加50%,20元以上的加40%。二是减少工作时间。每天工作不超过8小时,要增加工作时间,就要增加工资。三是减少工作量。必须减少2/9的工作量。四是改善工人待遇。对待童工不得打骂,工人因公受伤,必须得到永远抚恤,工人有病,除了工资照发外,还要给医药费。五是工人人数,工厂要增加或减少工人人数,必须经过工会同意才行。在梁永的领导下,以上各条,均得到厂方同意,工人的工资都得到不同程度的提高,工人的待遇也得到了一定程度的改善,工头也不敢明目张胆地欺压工人了。

在火热的革命斗争中,梁永与金陵制造局的工友们建立了深厚的友谊,工人遇事都愿意找这位既有文化,又有正义感的工会领导。为发动工人团结战斗,鼓舞斗志,梁永还亲自写了一首《工人团结歌》,教给工人们唱,号召大家团结起来争取自身的权利。

四

正当南京人民的革命运动迅猛发展之时,以蒋介石为首的国民党右派异常恐惧，为扑灭革命的烈火，蒋介石加紧了镇压革命运动的部署。他指派心腹掌握了南京的财政、邮政、电信等要害部门，控制了水陆交通命脉，并任命其亲信温建刚为南京市公安局局长，公开支持国民党右派市党部的活动，还纠集反革命分子、流氓打手组织反革命的劳工总会，与南京市总工会对抗。

面对蒋介石的反动行径，以共产党员为主的国民党江苏省党部和南京市党部进行了坚决的斗争。4 月 5 日，国民党江苏省党部和南京市党部在金陵大学礼堂联合召开了南京市国民党员大会，贯彻国民党第三次中央执行委员会精神，动员国民党员和人民群众反对新右派。省市党部负责人和第六军代表都讲了话，革命空气十分浓厚。当一军军长何应钦上台讲话时，他的两个卫兵跟着上台，站在他的左右两边，顿时全场气氛紧张起来。在何应钦讲话快要结束时，梁永站起来振臂高呼："反对新英雄主义！打倒新军阀！"一时会场内口号声此起彼伏，何应钦狼狈地走下讲台。

4 月 6 日，南京市公安局局长温建刚颁布了禁止人民集会、结社、游行的法令。这是国民党右派势力要向革命群众下黑手的信号。梁永组织金陵制造局工人，立即向公安局请愿，要求取消反动通告，遭到温建刚的拒绝。

对此，南京市总工会针锋相对，立即召开紧急会议，会上文化震做了报告，号召大家"提高警惕，做好准备"。根据文化震的指示，梁永领导金陵制造局工人纠察队，用齐眉棍武装起来。

4 月 9 日，青帮头子、特务陈葆元，国民党右派市党部头子达剑峰等，指挥劳工总会的百余名打手，捣毁了国民党江苏省党部、南京市党部和南京市总工会。梁永在党组织的带领下，进行了有力还击。4 月 10 日上午，南京党组织领导 10 万名革命群众在公共体育场集会，并组织了向总司令部的请愿。梁永作为 6 名代表之一，到总司令部面见蒋介石，结果被无理扣押。迫于示威群众的强大压力，到下午 5 点多，代表们才被放回。

当晚，梁永在参加中共南京地委召开的各团体负责人紧急会议时，和其他 9 名同志被国民党特务逮捕。被捕后，梁永在狱中大骂蒋介石背叛中国革命，是“新军阀、反革命”，受到严刑拷打，但他宁死不屈。几天后，他和其他几位同志被残忍杀害，敌人将他们的遗体装入麻袋，丢入九龙桥下的秦淮河中，当时梁永年仅 23 岁。

壮士头颅为党落——程镛之

程镛之(?—1927),男,河南汜水人,中国共产党党员。1926年,考入国立东南大学体育系。1927年3月25日,南京市总工会成立,程镛之被任命为工人纠察队总指挥,和国民党右派的劳工总会展开英勇的斗争;4月,被国民党当局逮捕,数日后牺牲。

程镛之，河南汜水人，出生年月不详，父亲程广运，含辛茹苦供其读书，希望他能光宗耀祖。程镛之也没有辜负家人的期望，于1926年考入国立东南大学体育系。在进步同学的影响下，他积极投身爱国学生运动，学习马克思主义理论，很快通过了党组织的考验，同年加入了中国共产党。

1927年3月25日，中共南京地委书记谢文锦亲自组织召开了南京市工人代表大会，来自南京全市的200多名基层工会代表参加会议。这次大会成立了南京市总工会，中共南京地委委员、共青团地委书记文化震担任市总工会总务主任兼秘书主任，程镛之被选举为执行委员会委员。这是南京历史上的第一个总工会，办公机关设在夫子庙的明远楼，还编辑出版了《南京工人》刊物。大会还决定成立南京市总工会工人纠察队，程镛之被推举为总指挥。成立大会结束后，南京总工会举行了游行活动，程镛之带领工人纠察队的队员们走在队伍的最前面，沿途高呼“打倒帝国主义!”“打倒资本家!”等革命口号。

以蒋介石为首的国民党右派对革命派十分恐惧，他抓紧夺权，任命其亲信温建刚为南京市公安局局长，公开支持国民党右派市党部的活动，还纠集反革命分子、流氓打手组织反革命的劳工总会，与南京市总工会对抗。

4月9日上午，青帮头子、特务陈葆元，国民党右派市党部头子达剑峰等，指挥劳工总会的百余名打手，气焰嚣张地捣毁国民党江苏省党部、南京市党部和南京市总工会，把文件和财物洗劫一空，还逮捕了国民党左派人士和共产党员30多人。当时，国民党江苏省党部负责人侯绍裘等正在公共体育场召开“欢迎汪精卫主席复职大会”，一个工人纠察队员急急忙忙到现场告诉程镛之刚才发生的事，程镛之立刻向文化震报告。文化震及时中断了大会，愤慨地向大家说明了情况，一时间群情激愤。根据大会安排，决定把群众组织起来，由梁永和程镛之带队到总司令部门前请愿。请愿群众直到下午很晚才见到蒋介石，蒋只是随口敷衍了几句。由于天色已晚，请愿群众决定第二天再说。同时，根据党组织的安排，程镛之带领工人纠察队和劳工总会开展了针锋相对的斗争，他带领队员们查封了四象桥、淮清桥、保泰街等地的劳工总会，还带人查封了国民党右派南京市党部、下关特别区党部。

4月10日，在党组织的领导下，10多万群众到公共体育场集会，抗议劳工总会的反革命行径，程镛之带领工人纠察队在现场维持秩序。下午1时，3万多群众到蒋介石所在的国民革命军总司令部门前请愿。为了保护请愿群众的安全，程镛之带领队员们一同前往。下午5时左右，几百名手持铁条、木棒的劳工总会队员，从西辕门冲进来，毒打手无寸铁的无辜群众，程镛之立刻带领纠察队员们拿着棍棒冲上去英勇抵抗。忽然，有暴徒开枪，几十名群众被当场打死，受伤者达数百名，现场一片混乱。在场的共产党员曹冷泉（原名曹赞卿）曾在《雨花台慨歌》中描述了当时的场景：“蒋匪乘机开屠刀，血流如注尸横陈，东西辕门人堆人，鲜血模糊难辨死活身。我虽躯伤犹脱险，同志鲜血染我身，腥风血雨暗白门，人们相见不敢语，青天白日天地昏。”为了保存革命力量，根据党组织的安排，程镛之带领工人纠察队保护革命群众先撤退了。

不久，国民党反动派开启了血腥的屠杀，程镛之被国民党逮捕杀害。事后，程镛之的父亲收到一封匿名信，告诉他程镛之“病故”。悲愤之下，他给东南大学校长写了一封信：

校长先生道鉴：

去年考入贵校体育系学生程镛之阳历三月十四日由南京三道高井欣上园4号来一信，三月廿二日由丹凤街双龙巷十三号来信，内称学校未开课，入红十字会充救济队长。自此以后已两月矣未曾来信。今日忽接到一函，不书发信地点及发信人姓名与月日，且内中称呼有欠通处，但云镛之已病故，舍下不胜悲悼，请先生饬人照上所闻各地点问询镛之下落，究竟如何？如果物故属实，并请速赐一函，书明死时月日及所埋地点，则舍下感激无量矣。

如所传属子虚，亦速赐一函为盼。

来信寄河南省汜水县后白杨村交

此上

即颂安

程广运

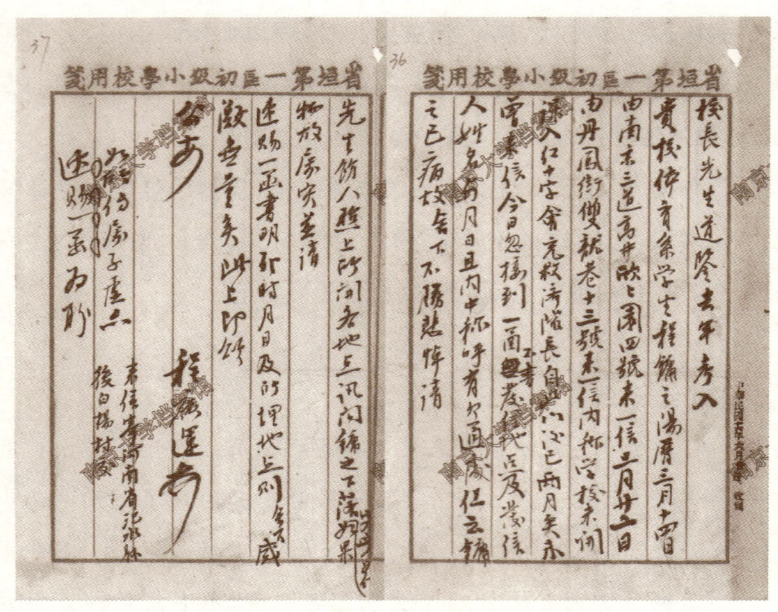

省垣第一區初級小學校用箋

程镛之烈士父亲致国立东南大学校长信

此函发出后，如石沉大海，程镛之究竟何时牺牲，就像他何时出生一样，也许永远无人知晓了。但是他短暂的一生，在南京党史上留下了浓墨重彩的一笔！

前仆后继洒热血

赤胆忠魂先驱者——宛希俨

宛希俨(1903—1928),男,字畏如,湖北黄梅人。自幼随父读书。1917年,考入武昌启黄中学,担任校学生会主席。1919年五四运动时期,发起成立黄梅学生联合会,积极开展反帝爱国运动。1920年,参加林育南、谢远定发起的健学会,发起成立武昌"人社"。1921年,考入国立东南大学。1922年5月,加入社会主义青年团。1923年7月,加入中国共产党;随后担任南京团地方执行委员会委员。1925年,担任中共南京支部书记;组织发起五卅惨案南京后援会;受组织委派,担任国民党江苏省党部执行委员兼青年部部长;不久,调任中共武汉地委宣传部部长,主编中共最早的报纸之一《楚光日报》。1926年,任汉口《民国日报》总编辑。1927年4月,担任武汉国民政府军事委员会机要科长;7月,任中共江西省委常委兼宣传部部长。1928年1月,任中共赣南特委书记;3月,被捕,不久就义。

一

1903年2月10日，宛希俨出生在湖北黄梅一个叫宛大屋的地方。其父宛瑶峰是一个思想开明的小地主，曾经是晚清的廪生，一直以教书为生。宛瑶峰很重视儿子的教育，把宛希俨带在身边，跟着自己读书。宛希俨8岁的时候，正赶上辛亥革命，清王朝被推翻，他也学大人，一起高兴地燃放鞭炮，庆祝中华民国的诞生。宛希俨天资聪明，善读书，小学时在县立高小读书，每次考试都名列前茅。为了让他能够接受更好的教育，父亲在宛希俨14岁的时候，把他送到武昌启黄中学读书。在那里，宛希俨如鸟飞天空，畅怀读书，品学兼优，得到老师和同学们的一致赞赏，被推选为校学生会主席。

武昌作为辛亥革命的发源地，革命的思想一直很活跃，受其影响，宛希俨家事、国事、天下事，事事关心。他发现，辛亥革命后，虽然皇帝被推翻了，但中国并没有太大的变化，老百姓依旧生活在水深火热之中，农民依旧吃不饱饭，工人依旧衣不蔽体。他经常和吴致民、梅电龙、李子芬等进步同学，讨论国事、寻求真理。他们结伴倾听恽代英等革命者的演讲，并阅读《新青年》等进步书刊。不久，俄国社会主义革命取得胜利，宛希俨得良师诤友恽代英送的一本《共产主义ABC》，如获至宝，把这本书反复读了好几遍，从此进入一个全新的精神时空。他和恽代英等人进行深入的探讨,依稀觉得找到了奋斗的方向,逐步接受了共产主义思想。

1919 年五四运动爆发,恽代英、陈潭秋等人在武汉积极领导爱国学生和群众响应伟大的爱国运动。在他们的领导下,宛希俨和许多进步同学一起走上街头,散发反帝传单,呼喊爱国口号。武汉学生联合会成立后,宛希俨又积极参加学联组织的 6 月 1 日总罢课。湖北军阀对声势浩大的学生运动非常恐惧,调集军警镇压学生运动,打死打伤参加游行示威的学生多名,并逮捕了不少学生,造成"六一惨案"。宛希俨十分愤慨,和同学们一起反抗军警的暴行,他们在恽代英等人的领导下,联合工人和商贩等举行工人罢工、商人罢市等活动,反动政府被迫释放被捕学生。宛希俨在这次活动中,充分认识到了学生和无产阶级的力量,更加坚定了对共产主义的信仰。暑假中,他以旅鄂黄梅学生代表的身份回到故乡,号召暑假回家的在外黄梅籍学生成立黄梅学生联合会,组织大家积极开展各种反帝爱国运动,在当地产生了较大的影响。1920 年,宛希俨加入了林育南等人组织的健学会。不久与陈学渭等发起成立武昌"人社",定期开会,报告读书心得,讨论如何做人。

1921 年,宛希俨以优异的成绩考入国立东南大学。他身在书斋,心怀天下,关心国事,结识一批江南革命青年,共同研读马克思主义著作。1922 年 5 月,他加入了南京社会主义青年团,参加马克思学说研究会。有一次,学校举行辩论会,讨论社会主义和国家主义哪一种更适合中国国情。宛希俨上台发言，说理透彻，词锋尖利，批驳国家主义派，力赞社会主义派。

1923 年 7 月，宛希俨加入了中国共产党，并担任社会主义青年团南京地方执行委员会委员。东南大学是南京地区进步思想最为活跃的中心，也是共产党和青年团活动的中心，追求进步的师生很多。为了进一步加强党对南京革命力量的领导，10 月，中共上海地委兼上海区执行委员会决定成立南京共产党小组，把包括宛希俨在内的 5 名共产党员编为第 6 小组，由谢远定担任组长。此后，在党小组的领导下，东大学生文化震、齐国庆、王崇典、钟天樾等人陆续加入中国共产党。10 月 21 日，在南京团地委召开的第二届大会上，宛希俨继续当选委员，负责宣传工作，不久又担任秘书兼会计工作，从此担任了南京团地委的领导工作，积极组织南京团员青年进行革命活动。1924 年年初，东南大学等校学生代表在梅庵成立南京社会科学研究会，组织会员研究马克思主义学说，宛希俨作为东南大学的代表参加了会议。3 月 12 日，东南大学学生自治会改选，宛希俨被推选为学生会代表。不久，他作为发行人，化名阮继先，创办了《南京评论》，还特邀东南大学地学系学生袁孟超作为撰稿人，可惜的是，这个刊物仅发行了一期，就被反动当局下令查封了。5 月，国民党南京第一区党部成立，宛希俨被选为常务委员。宛希俨利用寒暑假回家的机会，和在上海、南京求学的黄梅同学吴致民与李子芬等人，发起成立了黄梅县平民教育促进会、少年黄梅学会等进步组织，创办了《黄梅》月刊，抨击当地的腐朽黑暗，在全县各乡推广平民教育活动，开办暑期补习学校。他在传授文化知识的同时，宣传革命理论，还积极筹建党团组织，开展群众运动。1924 年 5 月，中共黄梅县委正式成立，宛希俨兼任黄梅县委宣传部部长，在家乡黄梅领导发动农民运动和青年运动。在黄梅县党组织的领导下，开展了支持烟农反对烟庄期条运动，以及批斗劣绅地主等活动，在当地产生了较大的影响。

1925 年 1 月，按照新党章成立了中共南京支部，宛希俨当选为支部书记。此时的宛希俨，不仅是东南大学最活跃的进步学生领袖，还是中共在南京地区的负责人，为南京地区早期的学生运动、工人运动做了大量的工作。曾经担任共青团南京市委书记的贺瑞麟，对大名鼎鼎的宛希俨倾慕已久，刚从徐州老家到南京东南大学附中读书时，在姐姐家一放下行李，就请老乡帮忙引荐，拜会这位南京地区的青年学生领袖。宛希俨对这位追求进步的青年学生非常欣赏，勉励他在好好读书之余，多阅读进步书刊，积极参加学生运动。在宛希俨的关心下，贺瑞麟很快就加入了共青团组织，并成为团的重要骨干。

这年的 3 月 12 日，孙中山在北京逝世。22 日，南京全市举行追悼中山先生筹备会，宛希俨担任主席。4 月 21 日、22 日，全市共 10 万人参加追悼中山先生的活动，筹备会特别邀请恽代英、何香凝、杨杏佛等到南京演讲。由于宣传工作做得好，追悼会结束后，要求参加国共合作的国民党员络绎不绝，第一区党部入党地点就在东南大学宛希俨处。

二

上海五卅惨案发生后，宛希俨根据上级党组织的指示，组织南京学界及其他各界的爱国者，成立南京后援会，积极声援五卅运动。东南大学附属中学的进步学生顾衡和汪楚宝等人，刚刚听过恽代英、萧楚女的演讲，一个叫翟凤阳的进步学生从宛希俨那里拿来了一摞五卅运动的传单，说上海发生了枪杀工人领袖顾正红的事件，英国巡捕又枪杀了上街游行的爱国学生，顾衡等人听了义愤填膺，就希望翟凤阳讲得详细一点，翟凤阳说他对具体情况不是很了解，宛希俨当时正好在上海，亲历了整个事件。顾衡和其他进步同学来到东南大学找宛希俨，宛希俨正准备给东大学生会的同学们讲述五卅惨案的情况，见到顾衡他们后说："既然你们来了，正好一起听听。"在介绍了五卅惨案的详细经过后，宛希俨告诉大家，中共中央已经决定成立由瞿秋白、蔡和森、李立三、刘少奇等人领导的行动委员会，具体领导反对帝国主义的斗争，上海已经从 6 月 1 日起发动了规模巨大的反帝总罢工、总罢课和总罢市运动。帝国主义非常恐惧，英国、美国、法国等国家驻扎在上海的士兵已经全部上岸，准备镇压反帝运动，但英勇无畏的上海人民毫不惧怕，已经有 20 多万工人罢工，5 万多学生罢课，公共租界的商人全部罢市。他号召大家，到南京各个学校去串联，组织南京各界发动罢工、罢课、罢市活动，声援上海的爱国运动，得到在场学生的支持。

宛希俨烈士与国民外交协会救济罢工委员会
于 1925 年 5 月 30 日全国工人大罢工日摄影纪念

6 月 3 日，五卅惨案南京后援会在公共体育场召开群众大会，来自东南大学、河海工程学校、各个工厂、商会的学生和群众代表三万多人，举行了隆重的集会。宛希俨担任大会主席，他在大会上详细报告了上海爱国学生及群众被租界巡捕无辜打死打伤的情况，号召大家团结一致，反对帝国主义的暴行，声援被害同胞。他的报告感人肺腑、催人泪下，打动了无数在场群众。会后，在宛希俨和同志们的精心安排下，与会群众举行了规模甚大的游行示威活动。群众游行队伍一直从公共体育场走到下关英商和记洋行，恰逢工人下班的时间，宛希俨抓住机会，派学生拦住工厂大门，宣传发动工人，号召大家组织起来罢工。

第二天，和记洋行工人举行罢工。不久，在党组织的领导下，南京救济罢工工人委员会成立，宛希俨担任委员，他带领全市爱国学生群众，声援和记洋行工人罢工。宛希俨和曹壮父等人，用东南大学学生会的名义常驻在下关，指导工人罢工。他们经过认真研究，决定把提高工人待遇和罢工结合起来，向资本家提出了增加工资待遇等 13 项复工条件。在他们的周密组织下，工会正式成立，全市 30 万工人参加了大罢工活动。宛希俨在演讲中对工人群众说："大家看到我们工会的力量了吧？一个工人没有参加工会之前，好像一滴水很容易被烈日晒干，参加了工会，组织起来，就像无数的水珠汇成了大河，永远不会干涸。什么走狗流氓，什么封建军阀，什么帝国主义，都挡不住我们工人运动的滚滚洪流。"9 月，上海《民国日报》发表宛希俨领衔署名的《南京和记案调查报告》，公布和记洋行斗争过程中，反动当局和英国不法商人勾结，打死打伤工人群众的事件真相，揭露和控诉了英帝国主义者的不法行为。最终，和记洋行罢工取得了胜利。

在宛希俨的精心组织下，南京市的公立学校和私立学校都开展了罢课活动，然而教会学校禁止本校师生参加罢课活动。宛希俨对此很着急，这时顾衡跟胡风等同学商量，说金陵大学号称“中国最好的教会大学”，如果把它拿下，其他教会学校就好办了。胡风问：“怎么下手?”顾衡回答：“对那些掌权的洋鬼子我说不上话，也没有什么好办法，但是我有最笨的方法。”胡风急着问：“有什么好办法就说，别卖关子。”顾衡说：“我的办法很简单，天天到他们学校游行，高喊口号，见到他们的人就围上去宣讲，让他们不能安心教课和听课，直到他们罢课为止。”就这样，顾衡和其他同学带领游行队伍来到了金陵大学，不仅在学校门口进行演讲，还向学生们散发传单，顾衡甚至借来该校校徽，混进学校里进行宣传活动。在他们的努力下，金陵大学、金陵女子大学等教会学校也开展了罢课活动，令宛希俨头疼的问题解决了，他对顾衡等人大加赞赏。

1925 年上半年，中共上海地委决定成立“特别指导委员会”，由任弼时同志负责，专门研究国民党上海市党部和江苏省党部工作，特别指导委员会决定成立国民党江苏省党部，并研究了相关人选，宛希俨和柳亚子等人被确定为党部委员。8 月 23 日，国民党江苏省党部在上海举行了成立大会，宛希俨被选为执行委员兼青年部部长。这是一个中国共产党和国民党左派领导的组织，自从成立那天起，就旗帜鲜明地反对戴季陶主义，反对西山会议派，反对被右派把持的上海国民党中央执行委员会。

8 月，共青团南京地委改组，王觉新担任书记，宛希俨担任宣传委员。11月，全国学生总会在北京召开全国临时代表大会，会议的宗旨是开展反帝爱国运动。宛希俨作为南京地区的学生代表，参加了大会，在大会上还被选举为审查委员会委员。他在大会上，和大家一起通过了反对关税特别会议、反对北洋军阀政府的决议。1925年年底，宛希俨根据组织安排，到广州参加了国民党第二次全国代表大会。1926年年初，直系军阀吴佩孚的军队进攻湖南唐生智部队，并率军南下攻击国民革命军。宛希俨和其他共产党人立刻组织学生开展宣传演讲，谴责北洋军阀的罪行。东南大学等学校的学生群情激奋，开展了讨伐吴佩孚和声援革命军的活动。不久之后，因宛希俨是湖北人，又曾经在武汉上过学，党组织便安排他去汉口从事革命工作，具体任务是协助董必武筹办《楚光日报》。

三

宛希俨到了武汉后，担任中共武汉地委宣传部部长，兼任《楚光日报》主编。《楚光日报》是中共领导人之一董必武用郭炯堂的化名创办，名义上是国民党湖北省党部的机关报，由于主编宛希俨及工作人员都是共产党员，所以这份报纸实际上是湖北共产党创办的第一份日报，也是中国共产党创办的最早的报纸之一。1926年3月24日正式创刊，报社地址设在锦春里2号。北伐军进入武汉后，这份报纸成为国民党中央党部管辖的报纸，虽然是“国民党汉口特别市党部的大型日报，实际上是共产党的喉舌”。董必武对宛希俨非常赏识和信任，把报纸的日常编辑和管理工作都交给他，而且大事小事都和他商量着办。报纸创办之初，湖北还在北洋军阀的统治之下，不能公开宣传马克思主义，董必武告诉宛希俨，刚开始不要办得太红，先立住脚，再一步步发展。宛希俨对此非常理解，在创刊之初，以“灰色”的面目出现，果然没有引起反动军阀的注意，等到立足已稳，《楚光日报》开始大量报道工人、农民运动的新闻，不断抨击北洋军阀的腐朽黑暗统治，宣传马克思主义。6月9日，《楚光日报》在头版头条刊登了汉口各界纪念“六一汉口惨案”一周年纪念文章，明确提出“收回租界”“撤销领事裁判权”“废除不平等条约”等反帝爱国口号，还在《再论复验红契与民间疾苦》的社论中，猛烈地批判北洋军阀荼毒湖北人民的种种暴行。武汉革命青年和群众对该报纸十分欢迎，报纸的日销量最高峰时曾经达到7000多份，成为武汉最有影响力的报纸之一。反动的汉口警察厅终于嗅到了浓烈的革命味道，曾经在7、8月份两次查封了报纸，并且逮捕了主编宛希俨及编辑夏筠等人。在组织的营救下，宛希俨等人出狱。同年10月，北伐军占领武昌，停刊的《楚光日报》再度复刊。

10月下旬，国民党中央宣传部创办汉口《民国日报》，仍由董必武任经理，宛希俨任总编辑。沈雁冰曾经回忆说，汉口《民国日报》“实际上直接受党中央宣传部领导，是党中央的机关报”。该报纸于 1926 年 11 月 26 日正式公开发行，日常版面是对开的 3 大张，发行之后很受革命者欢迎，发行量很快就由最初的 3000 份猛增到 9000 多份。宛希俨是首任主编，担任主编的时间从 1926 年 10 月筹办起到 1927 年 4 月止。在宛希俨主持下的汉口《民国日报》，不仅办报形式新颖，而且站位很高，没有专职的记者，来自上海、北京、广州等全国各地的消息，以及纽约、伦敦、巴黎等地的消息，都由兼职通讯员采写；同时，工人运动的消息由中华全国总工会和湖北省总工会提供，农民运动的消息由全国临时农民协会和湖北省农民协会供给，军事政治方面的消息由武汉国民政府直接提供，该报的消息非常具有权威性。由于工作人员少，工作量又很大，既编又撰，宛希俨废寝忘食地为报纸撰写社论，并亲自撰写《一周国内大事述评》，十分辛苦。宛希俨的妻子黄慕兰是文艺副刊的编辑，据她回忆，宛希俨对党忠心耿耿，对工作严肃认真，充分表现出了一个共产党人对革命事业无限忠诚的高贵品质。宛希俨每天工作长达十几个小时，从傍晚到凌晨，他还经常帮助刚参加革命不久的青年学生黄慕兰修改稿件，黄慕兰说两人“是情谊兼师友的亲密战友”。宛希俨在担任汉口特别市党部宣传部部长时，黄慕兰担任了妇女部部长，两人朝夕相处，友情升华为爱情，双双坠入爱河，成为志同道合的革命爱侣。3 月 8 日，两个人在武汉正式结婚，由于条件所限，没有举办任何仪式，只是在报纸上刊登了一则结婚启事。

董必武作为报社的领导，经常用自己在国民政府中的身份为报社组织稿件和信息。1927 年 1 月，武汉各界群众召开庆祝北伐胜利大会时，英国水兵故意打死打伤参会群众，造成了惨案。宛希俨一方面在党组织的安排下，凭借国民党汉口特别市党部代表的身份和英国方面交涉；另一方面，在《民国日报》上及时报道惨案真相，对英帝国主义者的罪行口诛笔伐，产生了很大的影响。他在社论《收回租界问题》中提到，“租界是帝国主义利用不平等条约所取得的一个对华侵略的根据地，是一切反革命势力发源的地方，也是一切反革命势力潜伏的所在”，“现在的租界，完全是帝国主义者勾结反动军阀，帮助一切反革命势力，以压迫中国的革命势力，摧残中国民族独立运动的大本营”，“我们要用革命手段收回租界——尤其是英租界”，“要保护我们中国人民以及一般普通外国侨民的生命财产，也非立即采取革命手段实行收回英租界的管理权不可”。在中国工人阶级和各界群众的强大力量面前，英帝国主义者不得已于 2 月底与武汉国民政府签订了汉（汉口）案、浔（九江）案协定，正式承认把汉口、九江英租界归还中国，这一斗争取得完全胜利。

1927 年年初，国民党中央和国民政府迁到武汉，武汉成为指挥革命的中心，中共中央大部分领导人和共产国际的代表都来到了武汉。经过中央多次开会讨论，决定成立一个中共中央常务委员会，中国共产党领导人瞿秋白、谭平山、张国焘担任常务委员。2 月 13 日，国民党湖北省党部、汉口特别市党部举行临时联席会议，讨论党的危机和挽救方法。徐谦、孙科、董必武等 40 余人出席，公推宛希俨担任主席。听完各位委员发言后，宛希俨归纳了四项宣传要点：（一）解释民主集中制及本党总章与中央党部之地位；（二）要求速开中央执行委员会；（三）欢迎汪精卫同志从速复职；（四）恢复党的权威，统一党的指导机关。全场一致通过这四个要点。3 月 20 日，宛希俨和邓瘦秋、陈启修等发起成立武汉新闻记者联合会，通过了《拥护中央全体会议恢复党权》《质问蒋介石摧残革命舆论》等决议案，宛希俨被选为执行委员会负责人。4 月，宛希俨走上了更重要的工作岗位，被调到武汉国民政府军事委员会任机要科长，在秘书长林祖涵（伯渠）的直接领导下工作，汉口《民国日报》的编辑工作由沈雁冰接替。

四

1927 年 4 月 12 日，蒋介石悍然发动反革命政变，大肆搜捕和屠杀中国共产党人与爱国志士，第一次国共合作宣告破裂。武汉七一五反革命政变前不久，时任国民革命军第二十四师师长的叶挺率军随张发奎开赴九江。根据党组织的安排，宛希俨去九江和叶挺就革命斗争的形势进行了交流，他们都认为以汪精卫为首的武汉国民政府不久也会步蒋介石后尘，排挤、屠杀共产党人。宛希俨回到武汉后，指示各级党团工作人员立即转入地下，继续开展革命活动，同时整理和销毁党的文件。这些善后工作都做好后，宛希俨根据周恩来的指示，搭乘轮船去了九江。这时武汉已经开始了血腥的“清党”活动，大批共产党员和进步的工人群众被反动当局逮捕屠杀。宛希俨悲痛万分，连日劳累加上心情沉重，终于病倒了，在组织的安排下去庐山休养了几天，又去江西南昌继续开展革命工作。

7 月 27 日，宛希俨马不停蹄地抵达南昌，刚一下车，时任中共江西省委书记陈潭秋就向他传达了中共中央的工作部署。宛希俨被任命为江西省委常委兼宣传部部长，和陈潭秋一起，带领江西省委的同志，配合开展武装起义。7 月 28 日，陈潭秋、宛希俨等江西省委领导人和南昌起义前敌委员会的领导刘伯承、聂荣臻，在小校场三益巷召开了秘密会议，具体商讨武装起义的工作。刘伯承、聂荣臻向江西省委的同志们传达了前敌委员会武装起义的行动计划，希望江西省委能积极组织发动群众，完成配合起义的任务。宛希俨等人庄重地向前敌委员会表态，江西省委将全力以赴，充分发动群众，坚决支持起义部队，配合做好相关工作，确保起义取得胜利。为此，中共江西省委在松柏巷女子中学专门召开了动员会，南昌党团员的骨干力量都参加了这个会议。宛希俨代表江西省委讲话，他说：“蒋介石、汪精卫先后背叛革命，大革命失败了，我们共产党人和革命群众到处惨遭屠杀。但是，革命者是杀不绝的，这次贺龙、叶挺的部队集中到南昌，要在南昌举行武装起义，这是党中央决定的，前委具体布置的。我们党员和革命团体要做好配合起义的准备，保证起义胜利。”为了保证起义的消息不泄露出去，宛希俨要参会的同志们在做好发动工作的同时，务必严格保守起义的秘密，务必防止敌人提前得知消息加以破坏。在宛希俨和其他中共江西省委领导的精心组织下，江西各级革命力量都被充分发动了起来，八一武装起义取得了胜利，完成打响武装反抗国民党反动派第一枪的历史使命。

起义军撤离南昌后，敌人疯狂反扑，反动军队重新占领了南昌城，在城内大肆搜捕。中共江西省委转入地下活动，省委机关设在一家徐姓酱园店里，徐老板的儿子媳妇都是中共党员。陈潭秋化名徐国栋，身份是徐老板的侄儿，扮成二老板，宛希俨化名徐国梁，也是徐老板的侄儿，扮成小店员，街坊邻居都以为他们是从乡下逃进城里的地主。宛希俨为了进一步恢复江西各地的党组织，经常化装下乡开展工作，有时装作收账的，有时装作卖货的，机智灵活地开展工作。

1928 年 1 月，宛希俨受中共江西省委委派，前往赣州担任赣南特委书记，负责领导农民武装起义。当时，黄慕兰刚刚生下孩子仅三天，她清楚地记得，在南昌医院的病房里，宛希俨看着分娩不久的爱妻，睡在襁褓中的婴儿，眼睛里充满了无限的柔情，然而他的声音低沉有力：“我奉党中央指示，到赣南特委工作，如果此行顺利，就来接你们母子上山，如有万一，你要服从党的安排，把孩子送回黄梅老家，交给祖父祖母抚养，长大成人后好继续革命……我们是革命的伴侣，党叫做啥就做啥，千万保重！”让黄慕兰没有想到的是，这一别竟是永诀！3月下旬，中共赣南特委被敌人严重破坏，宛希俨等主要负责同志全部被捕入狱。宛希俨严守党的秘密，忍受住敌人的残酷拷打，坚贞不屈，丧心病狂的敌人以屠刀相向，宛希俨同志在赣州壮烈牺牲。3个月之后，黄慕兰才得到消息，她说："这是我生平遭受到的最严重的打击，在我的心底留下了永远难以平复的创伤。”后来，在中共中央的安排下，她前往上海工作，按照宛希俨的遗嘱，临行前请母亲把自己刚刚断奶的儿子送到了宛希俨的老家抚养。

宛希俨牺牲时年仅25岁，他的一生光辉而短暂，他是为共产主义崇高理想而英勇献身的典范！

志向高远浩气存——谢远定

谢远定(1899—1928),男,字一之,号伯平,湖北枣阳人,出生于塾师家庭。1916年,考入湖北省立中学,后转入私立武昌中华大学附属中学,受老师恽代英的影响,接受新思想。1920年夏,考入南京高等师范学校(后并入东南大学),先学工科,后改学农科。入校不久后,加入马克思主义研究会。1922年年底,加入中国共产党。1923年10月11日,中共上海地委决定在南京成立党小组,谢远定担任组长,成为南京地区党团组织的最早领导人。1924年,谢远定组织鄂北旅宁学友会,创办《襄军》季刊,大学毕业回武昌私立共进中学教书。1925年夏,受组织派遣到襄阳湖北省立第十中学担任教务主任兼襄阳第二师范学校教员;11月担任中共襄阳特别支部书记。1926年3月,担任国民革命军第四军第十二师政治部秘书长,后任第四军政治部宣传科长;10月,担任国民党汉口特别市党部宣传部秘书,主编《汉声周报》。1927年,受党组织派遣担任中共鄂北特委的领导,兼任随县县委书记。1928年8月被捕,不久被杀害。

一

1899年，谢远定出生在湖北省枣阳县随阳店太平村的一个普通家庭。父亲谢履德是一个乡村私塾教师，家里仅有早年分家得到的几亩田，谢远定是家中长子，还有一个弟弟、一个妹妹，母亲廖氏勤俭持家，勉强维持生计。家中生活虽然艰辛，但父母仍然坚持供他读书。谢远定小时候就被父亲送到了本乡的小学读书，他非常懂事，珍惜难得的学习机会，读书勤奋，成绩优异。不仅如此，他作为长子经常带头做一些农活，关心爱护弟弟妹妹，很得家人的喜爱。1916年，谢远定小学毕业后，听说省城武昌可以接受更好的教育，在家人的支持下，他带着母亲省吃俭用积攒的一点钱，从老家枣阳，步行数百里到武汉求学，以优异的成绩考入湖北省立中学，后又考入私立武昌中华大学附属中学。中华大学是由进步士绅自发捐款成立的学校，是中国第一所不靠政府和外国人而独立创办的私立学校，地址在原来的粮道衙门。这所学校不仅引进了近代欧美、日本的教育体制，还汲取了中国传统教育的精华。学校设立大学、师范、中学部、小学部，并且首次向全社会招考女生，开了湖北高校招收女生的先河。当时的中华大学和著名的天津南开大学齐名，建校比南开大学还早了7年，社会上有北张（张伯苓）南陈（陈时）的美誉。1913年，中国共产党早期的著名领导人恽代英，考入中华大学预科，1915 年考入中华大学文科攻读中国哲学，毕业后担任中华大学附属中学教务主任。

既是学长又是老师的恽代英，是武汉地区新文化运动的领袖人物，对谢远定产生了深刻的影响。

1915 年，陈独秀、李大钊等人创办《青年杂志》，连续发表文章，反对孔教、儒学等封建文化，提倡民主与科学的新文化，在全国掀起了新文化运动，十月革命后，大力宣传马列主义。追求进步的恽代英对陈独秀、李大钊、胡适、鲁迅等人的进步思想非常推崇，积极参加新文化运动，多次在《东方杂志》《新青年》上发表文章，成为武汉地区新文化运动的代表人物之一。谢远定进入中华大学附属中学读书后，在学习之余，自觉地接受新思想，他在老师恽代英的强烈感召下，很快就成为一个积极追求进步的青年。1917 年 10 月 8 日，恽代英和梁绍文、冼震、黄负生等创办了互助社，社员都是来自武汉各个学校的进步青年，早期中国共产党人林育南、刘仁静等都曾是互助社的社员。互助社是武汉地区诞生的第一个进步团体，也是中国最早的进步社团之一，在当地影响很大。互助社的宗旨是“群策群力，自助助人”，入社章程要求社员注重个人品德修养，发扬互助精神，同时鼓吹新文化运动。十月革命胜利后，恽代英和互助社的成员看到了新的曙光，在武汉大力宣传马克思主义学说，信奉和推崇共产主义。谢远定也参加了互助社，在恽代英等人的影响下，接受了民主、科学的进步思想，接受了马克思主义学说，成为反封建思想的积极分子。1919 年，五四运动爆发，恽代英和谢远定等互助社的成员组织发动武汉的进步学生和革命群众，声援五四运动，恽代英成为五四运动武汉地区的领导人，谢远定积极参与其中，他历经运动的洗礼，更加坚定了共产主义信仰。同年 10 月 28 日，湖北健学会在武昌成立，宗旨是“改造自身、改造环境”，提倡读书、互助、改良家庭和社会。谢远定参加了健学会，并且在恽代英的支持下，成为领导之一。1920 年 2 月 1 日，恽代英等人把互助社、辅仁社、黄社、仁社、日新社、健学会等武汉地区追求进步的社团，联合起来组成一个新的社团，这就是利群书社，谢远定是恽代英坚定的追随者和支持者，是该书社最早的成员之一。利群书社成立后，致力于马克思主义的传播，主要经销《共产党宣言》《资本论》《社会主义史》《新青年》等一些市面上买不到的进步书刊，受到进步人士的欢迎，影响不断扩大。谢远定加入书社后，按照书社的规章制度，和其他成员在书社干活，不拿工资，共同在书社吃住，通过半工半读的方式，既维持自己的学业生计，也达到宣传进步思想的目的。恽代英带领谢远定等社员，经常一起召开生活会，互相探讨学习马列主义思想的心得体会，有时学习讨论到很晚，大家就挤在一起睡觉，床铺不够的时候，就睡在几张长条凳拼起来的简易床上。利群书社很快就在社会上产生了巨大的影响，俨然是南方马克思主义的传播中心，李汉俊、董必武、陈潭秋等人成为利群书社的常客，大名鼎鼎的记者萧楚女也加入了利群书社，书社的面貌焕然一新。1920 年 7 月，毛泽东曾专门到访书社，和恽代英秉烛夜谈，畅谈革命理想。

二

1920 年夏天，谢远定以优异的成绩考入了南京高等师范学校。当年，湖北省到南京报考南京高等师范学校的人数有 300 余人，最终只有 3 人被录取，谢远定能够考取足见他平时学习功底之扎实。谢远定到了南京后，仍然很关心利群书社的朋友们，经常和他们书信交流，有一次他在信中说："朋友们倘若照着互助社的法子，每个星期开会一次，专为关于修养的事，可好吗？""我们总应该好好做人的。"南京高等师范学校不久与国立东南大学合并，更名为东南大学。谢远定起初选择学习工科，过了一段时间，他感到自己家在农村，如果学习农业，帮助乡亲们增加收成，会更有意义，于是又改学农科。他在大学的生活是很艰难的，家里面根本没有办法给他提供足够的生活费，几乎全靠学校里发的每个月四个银圆的伙食费，勉强维持生活。他只能靠写文章投稿得到一些微薄的稿费，但仍是杯水车薪，常常捉襟见肘，有时不得不向经济稍微宽裕点的同学借钱。他只有一件稍微像样的旧蓝布长衫，穿脏了晚上脱下来洗，第二天不管晾干了没有，都得穿上继续上学。南京的冬天很冷，谢远定没有钱买帽子，一年到头都穿着一双鞋底磨破了的白色帆布球鞋，说是衣衫褴褛也不为过。平时他只能买些最便宜的饭菜，维持身体的能量需要，就是在这样窘迫的情况下，他还是把钱省下来买书、订杂志，在他的床头和书桌上堆满了各种书籍报刊，他博览群书，从而了解校园以外的世界。

五四运动后，包括马克思主义在内的新思想迅速在南京高等师范学校和东南大学传播开来，东南大学成为南京一批进步青年学子成长壮大的摇篮。东南大学很早就成立了马克思主义研究会，以信奉共产主义为宗旨，谢远定参加了研究会。谢远定在利群书社的经历，很快让他在研究会脱颖而出，1921 年 5 月，谢远定和中学教师曹佾加入了社会主义青年团，后来吴肃、李国琛、邓光禹等进步学生，以及王光林、祝其亲、金太常等进步工人也加入社会主义青年团。当时的社会主义青年团属于秘密组织，因此他们对外宣称是马克思主义研究会，经常组织读书会、研讨会等活动，互相交流讨论学习马克思主义的心得体会。1922 年 5 月 5 日，南京社会主义青年团在国立东南大学梅庵召开成立大会，共有 24 名团员参加。会上通过了《南京社会主义青年团简章》，并通过两项决议：一是组织马克思学说研究会，由易克檀、吴肃主持；二是组建“平民戏剧社”，由侯曜主持。会后，与会团员到玄武湖畔举行马克思诞辰纪念活动，并邀请杨杏佛给大家讲马克思的生平，杨杏佛鼓励大家要像马克思说的那样，为崇高的理想而献身，为全人类谋幸福。谢远定作为青年团的活跃分子和骨干参加了大会，被杨杏佛先生的演讲所深深感动，在心底立下了为共产主义理想献身的志向。同年 10 月，南京社会主义青年团发起成立民权运动大同盟，提出集会、结社、言论和出版自由，举行普遍选举，实行劳动立法，实现男女平等、教育平等等主张，还举行了有 1 万多人参加的民权运动大游行，谢远定积极参与其中。1922 年年底，谢远定、吴肃等第一批加入了中国共产党。10 月 11 日，中共上海地委经过研究决定，在南京成立党小组，把南京的五名中共党员编为上海地委下属的第六小组，谢远定担任组长。当时，浦口的浦镇车辆厂建立了中共浦口小组，组长是王荷波，编为第七小组。1923 年 8 月，中国社会主义青年团第二次全国代表大会在东南大学召开，谢远定作为青年团南京地区的代表，代表南京 20 多名团员参加了大会。同年 10 月 21 日，南京地区召开了社会主义青年团第二次团员大会，成立了中国社会主义青年团南京地方执行委员会，归属团中央直接领导，谢远定、宛希俨等 3 名中共党员担任南京团地委执行委员会委员，谢远定担任执行委员会委员长，成为南京地区团的主要领导人。到了 1923 年年底，南京团地委共有团员 32 人。中共上海地委对南京和浦口两个党小组之间的联系十分重视，认为“浦口与南京仅一水之隔，往返便利”，要“时常开联席会，共商一切”。1923 年 12 月，根据中共上海地委的指示，南京的第六、第七党小组合并组建中共南京地方执行委员会，共有党员 20 名，谢远定被任命为负责人。至此，谢远定正式成为南京地区党的主要负责人。南京地委成立后，不久建立了南京社会科学研究会等多个社会团体，经常组织学习马克思主义理论。1924 年 4 月，中共南京地方执行委员会从原本由上海地委领导，变为隶属于中共中央直接领导，谢远定报请中共中央同意后，把南京地方执行委员会机关设在了东南大学。谢远定担任中共南京地委的负责人后，团南京地方执行委员会委员长的职务交由彭振纲继续担任。作为南京地区最早的党团组织的负责人，谢远定深知自己身上所肩负的重要使命，他把更多的时间和精力投入革命工作中去。谢远定经常带领党团员们，到南京的各个学校、工厂宣传马克思主义，他在《觉悟》等进步刊物上发表多篇文章，号召青年积极投身革命。在他的领导下，党团工作很快开展得有声有色。他经常到南京学生联合会、文化界、妇女团体中宣传马克思主义学说，号召大家起来革命，并参与成立了妇女问题研究会，还参加了浦口铁路工人的运动。1923 年，中国共产党在南京的党组织准备筹建南京妇女问题研究会，推动南京地区妇女运动的开展。在谢远定的领导和精心组织下，1924 年 5 月，妇女问题研究会在北极阁正式成立，全市的会员有 30 多人，陈君起担任主任委员，谢远定的妻子王文萱担任宣传委员。妇女问题研究会成立后，发行了《妇女旬刊》，公开宣传妇女解放等革命思想。谢远定十分重视妇女工作，他经常和陈君起、王文萱等人共同研究中国妇女受压迫的原因，以及今后妇女工作该如何开展等问题。在谢远定的领导下，妇女问题研究会积极落实党组织的指示，帮助女工争取更多的权益，解救受苦的女学生，发动妇女同胞参加游行示威等革命活动，开展了大量的工作。当时，在东南大学有一股维护封建文化的守旧思潮，他们标榜传统的封建文化，反对新文化运动。谢远定在东南大学校刊上发表文章，与之展开针锋相对的论战，批判他们故步自封。此外，东南大学校园有国家主义派认为，在民族危亡的时候，只有把以往的“文化主义”转化为“民族主义”，唤醒大多数民众参与救亡，国家才可能生存发展。谢远定带领同学们和国家主义派勇敢地论战。有一次，他们在学校举办辩论会，专门讨论国际主义和国家主义哪种更适合中国的国情。谢远定和宛希俨等同志寥寥数人，对方却有数十人之多，谢远定毫不畏惧，援引马克思主义理论，句句入木三分，对方很快败下阵来，理屈词穷，只好休战。

第一次国共合作开始后，谢远定积极参加国民党南京市党部的筹建工作。1924 年年初，根据上级党组织的指示，谢远定率领南京全体党团员以个人名义加入国民党，为南京地区的国共合作打下了良好基础。1924 年，谢远定组织鄂北旅宁学友会，创办《襄军》季刊，揭露和批判反动的军阀统治，宣传马克思主义思想，号召大家起来参加反帝反封建的革命活动。他曾经写过一篇叫《我们的愿望》的文章，发表在该杂志第三期上，号召青年团结起来到民间去改造社会，“改造社会非根本上从全民族性质、风俗、习惯等上下手不可，做这步改造的非有血性的青年莫属”，“想改造社会只图小规模的团结是不成功的”，“我们深信我们学友会和襄军的组成与办法，至少也可作青年们到民间去的动作之模式之一种”，“倘若各地青年们都起来有同样和更好的举动，大家都到民间去实际活动，那么，改造中国不难”。

三

1924年秋天，谢远定从东南大学农科生物系毕业，根据党的指示，暂时留在南京从事革命活动。后来又到武昌共进中学谋得教师职位，并以此为掩护，从事党的工作。为了便于工作开展，1925年年初，谢远定在上级党组织的安排下，担任共青团武汉市第十二支部书记，并担任《江汉报》的主编。由于刊登的稿件多系宣传革命的内容，有很鲜明的进步色彩，谢远定和办报人意见不合，不久就离开了报社。

当时，谢远定薪俸比较微薄，只能勉强维持生活，尽管如此，他还经常从有限的收入中挤出一部分用于党的事业。有一次，他不满一岁的独女，患了重病，谢远定拿不出钱来为女儿医治，只能眼睁睁看着她在怀中死去。女儿不幸夭折后，谢远定更加坚定了革命的决心，他认识到个人不幸绝不是孤立的、个别的，像他这样的遭遇何止千千万万，唯有推翻黑暗的统治，这样的悲剧才能避免，老百姓才能过上幸福的生活。五卅运动开始后，党组织为了加强在鄂北地区的革命工作，派谢远定到襄阳继续从事革命活动。谢远定到襄阳鹿门中学（不久改为湖北省立第十中学）担任教务主任，同时兼任襄阳第二师范学校教员。他利用教师身份作为掩护，在老师、学生中大力宣传革命思想，培养积极分子。经过一段时间的努力，9 月，国民党小组的几名进步青年被他发展加入共青团，10 月，又发展董振、李金铭等 10 多人加入共青团，一些表现比较突出的共青团员被发展成为共产党员。在谢远定的辛勤努力下，很快就发展了一批党团员，建立起鄂北地区最早的党团组织。谢远定还积极为革命青年寻求出路。他曾经通过共青团武昌地委写信给团中央，介绍方复生、崔舒、焦如松 3 名青年，到上海报考军校。11 月，上级党组织决定成立中共襄阳特别支部，由谢远定担任特支书记，中共襄阳特支直属中共武汉地委领导，共青团工作也由武汉团地委领导，党团机关设在湖北省立第十中学里。中共襄阳特支成立后，谢远定选派了共产党员深入商业、交通运输和手工业工人群众中去，开展以识字为主要内容的业余教育，借机宣传革命思想。不久，又成立了随县总工会，帮助工人们学习文化，开展各项斗争。谢远定很重视农村的革命工作，襄樊地区先后共开办农民夜校 50 多所，平民学校 20 多所，共有学员 6700 多人，先后参加过学习的农民达 2 万多人。其中，襄阳县前后开办农民夜校 9 所，学员 330 多人。一方面教授农民学习文化知识，另一方面向农民宣传革命道理。鄂北的农村广泛建立了农民组织，开展了大规模的农民运动。

为了便于群众理解和接受，谢远定亲自编写了话剧《农夫李二之死》，讲述一个辛勤老实的农民不幸的人生遭遇，控诉社会的种种不合理。他组织 20 多名学生在襄樊城乡巡回演出，得到广大群众的热烈欢迎，大家看完话剧后，感同身受，宣传效果非常好。在谢远定的领导下，襄阳的学生运动也蓬勃开展起来，以襄阳第二师范学校和第十中学进步学生为主力，襄阳开展了大规模的学生运动。当时省立十中的校长陆云龙企图非法侵占学联对商会的罚款，无理开除了 18 名学生。谢远定得知此事后，带领十中师生发动反对陆云龙的抗议活动，陆云龙知道谢远定是这次活动的领导者，向省教育厅控告谢远定是“过激党”。1926 年年初，党组织为了保护谢远定的安全，把他从襄阳调回武汉。临走前，谢远定安排好手头的工作，把党团特支分开设立，把团组织改为临时地委，由李实同志担任中共襄阳特支书记，高如松担任共青团襄阳临时地委书记。这时候，襄阳地区已经有党员 20 多人，团员 40 多人。3 月，党组织又安排谢远定到广州参加国民革命军，先是担任国民革命军第四军第十二师政治部秘书长，北伐开始后，又担任了第四军政治部宣传科长。他在北伐军中用笔做武器，写了大量的战斗檄文，深入士兵中宣传革命思想。第四军里中国共产党的力量很强，在谢远定等共产党员的共同努力下，第四军是北伐军里精神面貌最佳、战斗力最强的部队，成了战无不胜、攻无不克、令北洋军阀部队闻风丧胆的“铁军”。1926 年 10 月，北伐军胜利打败直系军阀吴佩孚的部队，攻克武汉。根据上级党组织的安排，谢远定到国民党汉口特别市党部担任宣传部秘书，并主编党部的理论刊物——《汉声周报》。他先后主编了33期，用各种笔名发表文章50多篇，揭露北洋军阀的反动统治，宣传革命思想，产生了很大的影响。1927年4月12日，蒋介石在上海发动所谓的“清党”运动，将屠刀挥向共产党人，谢远定在《汉声周报》第26期上发表了《为惩蒋宣言》的檄文，公开谴责蒋介石背叛国共合作，走向反革命的罪行，不久又写了《告有志的武装同志们》，号召大家武装起来和敌人战斗。

继蒋介石之后，汪精卫等发动了七一五反革命政变，大肆逮捕和屠杀共产党人与革命群众，革命进入低潮。为了更好地开展革命工作，上级党组织再次派谢远定到鄂北从事革命活动。他担任了中共鄂北特委的负责人之一兼随县县委书记。作为鄂北中共党组织的创始人，谢远定很快就进入了角色，深入发动群众，主持成立了随北游击大队等农民武装，打击土豪劣绅。根据中共中央八七会议的精神，鄂北准备举行以枣阳为中心的秋收暴动，谢远定为使暴动能够顺利进行，经常改名换姓，化装成农民、小贩、教书先生等不同身份的人，在鄂北地区奔走联络革命力量。在他的组织动员下，越来越多的群众加入了武装反抗国民党反动统治的队伍中来，为后来鄂豫边苏区的建立做出了卓越的贡献。10月，谢远定和中共鄂北特委的其他同志一起领导发动了鄂北秋收起义，枣阳、襄阳、随县等地的农民武装相继举行起义，成立了工农革命军第九鄂北纵队，沉重地打击了当地地主武装和土豪劣绅的嚣张气焰。1927年年底，中共湖北省委成立了中共鄂北特委，谢远定担任宣传部部长。1928年上半年，国民党反动派对鄂北地区的革命事业进行了血腥的镇压，鄂北的革命力量受到严重的破坏，中共鄂北特委甚至失去了和中共湖北省委的联系，农民运动和武装斗争遭遇困难。作为中共鄂北特委的负责人之一，考虑到对武汉比较熟悉，谢远定不顾个人安危，主动请缨到武汉寻找上级党组织。那时的武汉，政治气氛异常凶险，环境十分险恶，同志们都很关心地说："你的牌子太红了，千万去不得，还是派别的同志去稳当些。"但是谢远定认为，他对武汉情况熟悉，而且找到湖北省委汇报工作、接受指示都比较方便，不顾劝留，毅然决然去了武汉。

谢远定到了武汉以后，找到了中共党员李抱一，通过他的介绍，终于和中共湖北省委重新联系上了。当时，中共湖北省委的领导只知道鄂北的革命形势非常严峻，但对具体情况不很了解，一直非常焦急，谢远定及时向党组织报告了鄂北地区的斗争情况。中共湖北省委对鄂北特委的工作高度肯定，并对下一步如何继续开展斗争做出了指示安排。当时，谢远定住在汉口的甲子旅社，就在他准备离开武汉回到鄂北的前一天晚上，叛徒林家靖发现了他，湖北"清乡"督办署稽查队立刻抓捕了他。

凶残的敌人用尽各种酷罚对付这个共产党"要犯"，给他鼻子里灌辣椒水，用香火烧脊背，谢远定大义凛然，坚贞不屈，始终不肯说出党组织的名单。敌人对这个有钢铁意志的青年黔驴技穷、无计可施，最后只能悻悻地把谢远定送进了监牢。在法庭上，谢远定口若悬河，痛斥国民党反动派背叛革命的罪行，怒斥叛徒的丑恶嘴脸，尽显一个共产党员英勇无畏的英雄本色。敌人无奈之下，把谢远定押赴刑场。年仅 29 岁的谢远定，在汉口大智门车站外被杀害了。

谢远定是中共党组织的早期地方领导人，是南京地区、鄂北地区中共党团组织的创始人和领导者，是中华民族的优秀儿女，是南京大学引以为豪的杰出校友。他的英雄事迹与日月同辉，与山河同在。

热血台城两才俊——王崇典、齐国庆

王崇典(1903—1928),男,字逸文,安徽涡阳人。小学就读于涡阳县立高等小学,后考入芜湖市芜关中学,曾担任芜关中学学生自治会会长、芜湖市学生联合会代表,多次领导芜湖学生运动。中学毕业后,考入上海大夏大学预科。1926年,考入国立东南大学法学院。1927年,加入中国共产党,担任国立东南大学中共党支部书记;同年12月,被选为中共南京市委委员,领导国立第四中山大学学生,积极组织武装起义的宣传发动工作。1928年年初,又成功发起减免学费的运动;1928年济南惨案后,组织国立中央大学学生发起请愿活动;5月,由于参加中共组织的台城会议被捕;9月27日,在雨花台英勇就义。

齐国庆(1903—1928),男,安徽太和人。1918年,考入阜阳市的安徽省第六中学,在校期间接受进步思想,参加了进步组织“读书会”。1923年,考入南京河海工程专门学校。1924年,考入国立东南大学物理系。1927

年，加入中国共产党，继王崇典之后担任国立第四中山大学党支部书记；同年 12 月，参加中共南京市委第一次党员代表大会，和王崇典一起组织了武装起义的宣传发动工作、国立第四中山大学学生减免学费的运动、济南惨案后的请愿活动等。1928 年 5 月，由于参加中共组织的台城会议被捕；9 月 27 日，和王崇典一起在雨花台英勇就义。

一

1903 年 6 月 18 日，在安徽省亳州市涡阳县城华祖庙街的一栋民宅里，有一个男婴呱呱落地，他就是王崇典。王崇典很小的时候，母亲就因病去世了，父亲重新组建了家庭，他和弟弟与祖母相依为命。王崇典从小就懂得生活不易，帮着祖母一起干活，艰辛的生活让他对底层民众的疾苦感同身受，也使他养成了坚毅的品格。10 岁时，王崇典进入公立学堂读书，开始接受学校教育。13 岁时，他进入了涡阳县立高等小学，写得一手好字，还写得一手好文章，深得老师们器重。王崇典的侄女王瑞萱回忆说："伯父的作文经常被当作范文传诵，书法作品更是被同学们当作字帖去临摹。" 16 岁时，王崇典小学毕业，就在这一年，他失去了相依为命的祖母，很是悲痛。在芜湖市警察局供职的父亲，看到王崇典孺子可教，是一个读书上进的好苗子，就支持他继续读书。王崇典考进了芜湖市芜关中学，中学读书期间，他成绩很好，经常是第一名。

五四运动以后，芜湖也受到了新文化运动的影响，学生运动风起云涌。王崇典在认真学习功课之余，开始接触马克思主义学说，接受五四运动的感召和影响。他博览各种进步书刊，关注反帝反封建的活动，渐渐形成了对革命的系统见解。王崇典还借鉴话剧艺术的表现方式，宣传革命思想。他亲自进行话剧创作，主要作品《春思》《李家庄》《烈焰》等以社会生活为题材，揭示民间生活的疾苦，抨击了当时的社会弊端，充分展示了一个青年忧国忧民的情怀。每次节假日回到涡阳，王崇典都会组织一批同学自编自导自演这些剧作，话剧在师生中演出后，引起了巨大的反响，收到了很好的效果。除进行话剧创作之外，王崇典还经常在报刊上写一些政论文章针砭时事。随着芜湖学生运动的不断深入，各个学校陆续成立了学生自治会，王崇典被选为芜关中学学生自治会会长，并成为芜湖市学生联合会代表。加入芜湖市学联后，王崇典多次参加领导全市学生的革命活动，组织各个学校开展请愿、罢课等活动，支持工人大罢工，成为芜湖学生运动的领袖之一。王崇典是一个儒雅的革命斗士，他有着颀长的身材，通常穿着一身简朴的衣服，待人接物温文尔雅，举止端庄大方。《芜湖学生运动纪略》中说："他平易待人，不苟言笑，性情沉静，不轻发言，但言必有中。"学生运动中每次遇到重大问题时，王崇典必定要发表自己的意见，不怕和其他人争论，直到大家达成共识。

王崇典中学毕业后，虽然成绩很好，但是由于家境贫寒，没有继续接受高等教育。1923 年秋天，他回到家乡涡阳县，接受县立第一高等小学的聘请，担任国文教师。王崇典担任教师时，凭借深厚的国文功底，上课时引经据典，内容非常精彩，学生们非常喜欢他。他的书法受到很多人的喜爱，1923 年，亳州人李少三在涡阳开设了第一家西医医院——慈安医院，就请王崇典为他题写院名，王崇典用清代书法家张廉卿的字体写的院名笔力苍劲雄浑，还用英文作了副题，在涡阳县城被传诵一时。他写的扇面、条幅，被人争相收藏。位卑未敢忘忧国，王崇典虽只是一名小学教员，但胸怀天下初心不改，继续关心国家大事。在教书期间，王崇典耳闻目睹了很多老百姓被残酷剥削的事情，对那些鱼肉乡里的官吏豪绅非常愤慨，曾经说："这些虎狼终有一日要被人民打倒!"1925 年五卅惨案后，王崇典对帝国主义残酷镇压工人运动的暴行怒火中烧，组织涡阳县的进步师生上街游行示威，并到处演讲，揭露和声讨帝国主义的罪行，号召社会各界联合起来，一起援助和支持上海工人的爱国运动。在他的领导下，涡阳县的社会各界进步人士很快就成立了"沪汉惨案外交后援会"。7 月 10 日，王崇典在涡阳县孔庙，召开了追悼顾正红烈士的大会，发表了慷慨激昂的演说。这次大会共有 200 多人参加，会后还举行了游行示威，并查抄了县城里"和合""天成""华美"等商号销售的产自日本和英国的布匹、药品与日用品，予以公开烧毁，以示抵制洋货的决心，吓得英美烟草公司自行关闭。王崇典领导涡阳人民支持五卅运动，产生了较大的影响，王崇典本人也成为涡阳地区最早的革命者之一。

在家乡执教两年后，得益于亲友的帮助，王崇典考进了上海大夏大学预科班，1926 年，又转入了国立东南大学。王崇典进入东南大学后，比较系统地接受了马克思主义思想，并在 1927 年加入了中国共产党。

齐国庆，字仲嘉，1903 年出生于安徽省太和县双和区齐桥村的一个进步士绅家庭。父亲齐辅宸是山东枣庄人，早年由于生活所迫，逃荒到太和县，刚开始在药铺当学徒，出师后自己经营，积累了一些家产。齐辅宸信仰孙中山的三民主义，对实业救国的主张非常赞同，他为了在当地培养蚕桑人才振兴丝绸工业，曾经参与创办了太和蚕桑学堂，是当地有名的开明士绅。十月革命胜利后，马克思主义开始在中国传播，齐辅宸不仅成为当地第一个宣传马克思主义的人，还支持党组织在太和开展革命活动。齐国庆在家排行老二，也是子女中最聪明的一个。7 岁的时候，他进入学堂读书，后来进入太和第一高等小学上学。袁世凯称帝复辟时，齐国庆在进步老师的带领下，和同学们一起走上街头散发传单，坚决抵制复辟，在当地产生了强烈的反响。

15 岁的时候，齐国庆考进了安徽省第六中学（阜阳一中的前身）。中学期间，齐国庆勤奋好学，各门功课的成绩在班上都位居前列。课业之余，他大量阅读进步书刊，还在学校参加了进步组织“读书会”，开始接触马克思主义学说。在革命思想的影响下，齐国庆关心各种反帝反封建运动，开始追求和向往革命。五四运动爆发后，阜阳地区学生游行、罢课，声援北京学生运动。齐国庆在阜阳和太和两地积极奔走，多次参加演讲和散发传单等活动。他在日记中这样写道："国家兴亡，匹夫有责。救国只有把全国民众联合起来，才能形成强大的力量，我要为此而奋斗。"

1923年，齐国庆以优异的成绩考取了南京河海工程专门学校（河海大学的前身），他的中学同学曹赞卿也考上了同一所学校。第二年，齐国庆和曹赞卿两人又同时以高分考入了国立东南大学物理系。据曹赞卿回忆，齐国庆在校期间学习成绩很优秀。齐国庆在专业学习之余，开始比较深入地学习马克思主义学说，并且积极参加爱国学生运动，逐渐成为共产主义积极分子。他对家乡太和的革命运动非常关心，经常买一些进步书籍寄给太和"读书会"的同学，宣传革命思想。孙中山逝世后，中共南京支部的负责人宛希俨在南京第一公园组织了大规模的追悼会。会上，中国共产党早期领导人恽代英、萧楚女等人发表了慷慨激昂的演讲，抨击帝国主义和封建军阀相勾结残酷镇压与剥削中国人民的罪行。齐国庆听了演讲后，义愤填膺，更加坚定了革命的决心。五卅运动爆发后，安徽省第六中学的师生们积极开展学生运动，声援上海的爱国工人运动，反动的校长却开除了学生运动领袖陈尹珍等人。齐国庆回到阜阳，联合进步同学一起开展抵制反动校长的斗争，鼓励陈尹珍等被开除的学生，在马列主义思想理论的指导下开展反帝反封建的革命活动。1927 年 3 月，经曹赞卿介绍，齐国庆光荣地加入了中国共产党。

二

王崇典进入东南大学后，有了更多的机会接触进步人士，他深受进步思想熏陶，很快成为活跃的革命分子。他在业余时间，积极参加和组织学生爱国运动。有一次，东南大学的同学组织了一次大规模的罢课，一个政府委派的校方管理者对举行集会的同学们说："你们青年人应该好好读书，闹风潮不好，国家花了好多钱来培养你们，你们应该为政府效力！"作为组织者之一的王崇典横眉怒对，当场站出来反驳说："你们这些院长和地方政府哪里是什么花钱培养我们？明明是索要我们的高额学费，以此来养活你们这些老爷！"王崇典在学生运动中的积极表现得到了党组织的高度认可，他进校后时间不长，就被中共东南大学支部吸纳进党组织，成为涡阳历史上第一位中共党员。王崇典加入党组织后，很快展现出他在宣传和组织上的才能。不久，他就担任了国立东南大学党支部书记。魏季高、王伯衡等涡阳籍学生，于 1926 年年底成立了中共涡阳党支部，是亳州地区最早的党组织。王崇典作为涡阳人，对涡阳党支部的工作非常支持，曾经多次回到涡阳支持和帮助党组织开展活动。

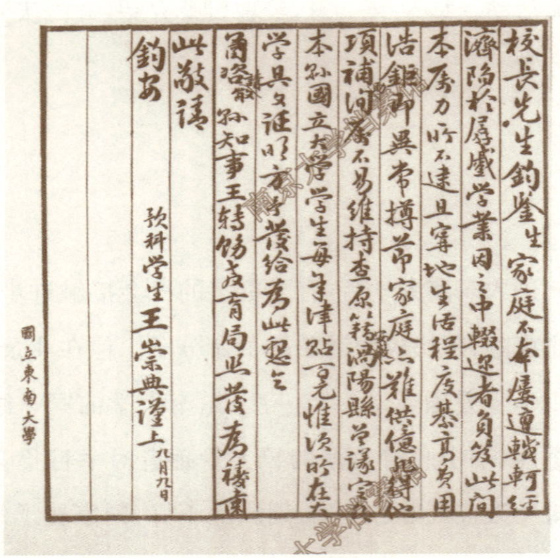

校長先生鈞鑒：生家庭不幸，屢遭轗軻，經濟陷於窘蹙，學業因之中輟。迩者負笈此間，本爲力所不逮，且寧地生活程度甚高，費用浩鉅，即異常撙節，家庭亦難供億。關於此項補助，實不易維持。查原籍濮陽縣學議定本縣國立大學學生每年津貼一百元，惟須所在大學具文證明，方得發給。爲此懇乞函咨濮陽縣知事王轉飭教育局照發，爲禱。肅此敬請

鈞安

預科學生王崇典謹上 九月九日

國立東南大學

王崇典烈士致国立东南大学校长信

1927 年 3 月底，北伐军打败北洋军阀孙传芳，占领了南京。根据中共南京地委的安排，齐国庆和东南大学的一些进步同学一起走上街头，进行革命宣传，号召广大市民支持北伐，拥护国民革命军。他们散发传单，进行演讲，揭露北洋军阀的罪行，宣传国民革命的主张，得到了市民的积极响应。齐国庆和同学孙青士等人一起到南京郊区调研走访，在那里，他和同学们看到郊区群众非常支持北伐军，积极拥护国民革命，深受鼓舞。回到学校后，他立刻挥毫泼墨，给远在家乡的同学、亲友写信，介绍南京大好的革命形势，动员大家积极投身到革命斗争中去。

1927年4月10日，蒋介石在南京发动了镇压共产党人的事件，不久又悍然发动四一二反革命政变。南京的中共党组织被迫转入地下斗争。根据上级党组织的安排，东南大学党支部分散回到家乡或到外地开展革命活动。王崇典作为东南大学党支部书记，接受组织指派到江苏如皋等地开展工作，齐国庆则回到家乡开展工作。面对国民党反动派白色恐怖的威胁，王崇典毫不畏惧，在如皋等地，积极发展壮大党的组织和革命力量。国民党安徽省党部负责人方沼、陈访先、邵华等人和王崇典都是同学，他们都知道王崇典是一个难得的人才，想把他拉拢到国民党的队伍中去，开出优厚的条件，邀请他到安徽省城工作。王崇典委婉谢绝了这些昔日同窗好友的美意，说自己还没有完成大学学业，继续在党的领导下开展革命工作。齐国庆回到故乡太和后，在父亲的支持下，积极投身革命活动。一方面，他向大家揭露国民党反动派背叛革命，残酷镇压中国共产党人的罪行；另一方面，他鼓励大家一定要坚定革命必胜的信心，坚决支持中国共产党领导的斗争。1927年秋天，杨虎城将军接受中共党员魏野畴的建议，带领国民革命军第十军到太和休整。齐国庆要父亲和“读书会”的同学都支持国民革命军。共产党员赵琴丰是齐国庆的同学，当时在杨虎城部队任职，他带着齐国庆的亲笔信来到太和双浮的齐家，齐国庆的父亲齐辅宸热情接待，并表示积极支持国民革命事业。在齐国庆的动员下，齐国庆的哥哥齐华久，与革命青年傅焕之、陈尹珍、刘志一、徐象三、王升堂等前往杨虎城的部队开展军民联欢活动，得到杨虎城的热情欢迎。这些青年还参加了十军的军校，成为太和革命斗争的骨干。

对于中共南京党组织来说，1927 年是经历严峻考验的一年。4 月 10 日，中共南京地委遭到国民党破坏，4 月中旬重建，到了 7 月又遭到破坏，9 月再次恢复。外地的中共党员响应党组织号召，陆续回到南京继续从事革命活动。王崇典、齐国庆也相继回到了东南大学，继续开展革命斗争。为了同国民党反动派更好地开展斗争，10 月，中共南京市委组建。1927 年 11 月，在“左倾”路线的影响下，中共中央确定了以城市为中心的全国武装起义计划。根据中央、省委整顿党的组织的指示精神，中共南京市委决定“自下而上全面改组党的组织”，规定市委以下各支部必须在 11 月 28 日至 12 月 3 日完成改组，12 月 4 日为“改组市委日”。12 月 4 日，中共南京市委召开了第一次党员代表大会，全市共有 25 名党员代表出席，王崇典和齐国庆作为国立第四中山大学（1927 年 6 月，东南大学和其他九所学校合并组成）代表出席。这次会议选举吴雨铭担任中共南京市委书记，国立第四中山大学党支部书记王崇典当选为市委委员，齐国庆随即继任第四中山大学党支部书记。这次会议的中心内容，就是改组后的市委如何落实中央指示精神，在国民党统治的心脏南京发动武装起义。会议进行了热烈的讨论，有人提出在南京发动武装起义困难重重，因为国民党在南京有重兵把守，而中共在南京的力量，相比之下实在是显得太过薄弱，无异于以卵击石。王崇典满怀着对革命的信心和热情，慷慨地说："国民党像一摊污泥浊水，怎么搞也不行。旧的不去，新的不来，我们要鼓足勇气搞暴动，夺取政权才有幸福可言！"他的话，也得到了齐国庆的赞同。

王崇典和齐国庆按照中共南京市委的指示，在第四中山大学积极开展起义的准备工作。齐国庆担任了党支部书记后，进一步加强了马克思列宁主义的学习，重视支部党员思想建设。他经常召开讨论会，组织支部党员和进步学生们一起，交流探讨学习马列主义的心得。在讨论会上，齐国庆向大家通报当前的政治局势，宣传党中央的指示精神，畅谈自己的认识。在王崇典、齐国庆的领导下，国立第四中山大学党支部成员和积极分子，在北极阁、台城、玄武湖、鸡鸣寺、灵谷寺等多处都留下了身影。他们在台城的城墙等地方，写下了"打倒蒋介石""打倒腐败的国民党""国民党反动派是帝国主义的走狗"等醒目的标语；在南京市区散发革命传单，号召开展武装暴动；慰问国民党的伤兵，在伤兵中做革命策反工作。1928 年年初，王崇典、齐国庆领导了国立第四中山大学学生减免学费的斗争，他们动员和组织同学开展向教育部请愿减免学费的运动，在他们的坚决斗争下，请愿活动取得了胜利，教育部被迫答应减免学生学费。在王崇典、齐国庆个人魅力的感召下和革命精神的影响下，很多进步同学纷纷向他们靠拢，胡恺臣、孙青士等一批同学还光荣地加入了中国共产党。

三

1928 年 5 月，中共南京市委确定了“红五月”行动大纲，制订了行动计划。5 月 1 日，王崇典、齐国庆带领中央大学(1928 年 4 月，由国立第四中山大学更名)的学生们，在国民政府门前，举行“国际劳动节”纪念活动，发表了支持工人运动、反对帝国主义的演讲。5 月 3 日，震惊中外的济南惨案发生，中国军民死伤两万多人，激起了全国人民的极大愤慨。中共南京市委积极响应上级号召，组织全市学生发动斗争，齐国庆参加了学生斗争行动的预备会议，是主席团的成员之一。5 月 5 日，南京市大中学校学生组织罢课和游行示威活动，王崇典、齐国庆带领中央大学的党团员和倾向进步的学生积极参与，他们走上街头，组织宣传队，散发抗议书、请愿书，反对日本帝国主义的暴行。来自全市的 1000 多名学生步行来到南京国民政府门前请愿，高呼“对日绝交”“恢复民众运动”等口号，在广大市民中产生了很大的影响。

当天晚上，共青团江苏省委巡视员史砚芬在台城，召集中央大学和安徽公学的团员们开会，秘密筹划“红五月”行动的具体计划，齐国庆也参加了会议。南京特别市公安局局长孙伯文，早就对中央大学的地下党组织进行了秘密监视，史砚芬他们的会议被国民党暗探龙俊生发觉，他立刻向南京特别市公安局告发。机警的齐国庆发现周围有可疑的人，知道形势十分严峻，立刻让大家分散转移。史砚芬等三人返回中央大学时，被跟踪而来的国民党警察立刻逮捕。因叛徒的出卖，南京的党团组织被供出，孙伯文立刻组织了全城范围的大搜捕。齐国庆在危急关头将生死置之度外，通过陶行知先生通知孙青士等党员马上转移，他自己却选择留下来继续斗争。7日夜间，孙伯文带领一帮警察，包围了位于成贤街的中央大学第二宿舍，王崇典、齐国庆等8名党员和40多名进步青年被捕。

四

王崇典、齐国庆被捕后，南京特别市公安局将他们移交给江苏省特种刑事法庭审判。国民党反动派给这些年轻的政治犯安上“煽惑伤兵、军事谋乱”的罪名，由首都卫戍司令部军法处审理。王崇典、齐国庆在狱中严守党的秘密，无惧敌人的淫威，不为利诱，始终咬紧牙关，表现出共产党人的铮铮铁骨。

王崇典和其他十几个同志被关押在一间阴冷潮湿的牢房里。在残酷的摧残和恶劣的条件下，王崇典很快就染上了伤寒，足足两个月的时间，他都只能躺倒在地上无法起身。他的父亲来监狱探望他，看到儿子的惨状，不禁痛哭流涕，在警界到处求人，希望他能向国民党当局悔过反省，早日出狱。王崇典却对父亲说：“哪里人都不要找了，回家备个棺材等着罢！”同胞如手足，弟弟王崇礼来探望他时，他对弟弟说："人总是要死的，只要革命能够成功，我就是死了，还是有意义的，将来一定会有更多的青年投身革命斗争。"在狱中，王崇典拖着孱弱的身体，用血泪写成了催人泪下、充满革命激情的手稿。他写道："我心在难过的时候，天上有两只乌鸦飞入囚房屋顶，呀呀悲鸣。我的思潮晃然为之打断，我心中只觉难过，当时的凄惨情景啊，让他去吧。我悲不能亦罢了。""旁边都是躺着穿单军装的七八个为中秋节要求借军饷被押的兵士。不但没鞋子铺盖，连一件厚的衣服都没有，到了半夜，他们经受不住冷气的逼迫了，频频叹息。连天来我的身体本就不好，听到他们的叹息，我亦不能继续睡下，本想站起身来向这些不幸的朋友作简单的慰问，但是我终于没有起来，我暗暗想：如果我起来不但不足以解除他们的凄凉，恰恰相反只会更使他们难过。因为他们所要求的已经不是甘美动听的言辞，而是事实上的援助，如同无产阶级目前困难处境，不是同情的泪水，而是勇敢地打碎旧社会彻底分配！"据和他关押在一个牢房的党员曹必慧同志回忆，此前两个人分属不同支部，互相并不认识，后来由于关在了一起，才互相了解，"他沉默寡言，不善说笑，对革命前途十分乐观"，"在狱中，他就睡在我的身旁，由于生活条件恶劣，他的病情日渐恶化，饮食走动，必须有人扶持"，"每当对敌斗争时，例如要求放风、洗澡等，他都奋不顾身，跃身参加，以至于昏晕倒地"。

齐国庆入狱后，敌人告诉他，只要写一个悔过书，和共产党公开脱离关系，就可以给他自由。齐国庆对此嗤之以鼻，反击说："学生爱国有何过错?"他还对难友们说，"为了爱国，即使死了也是光荣的。"敌人见软的不成，就对他施以酷刑，逼他交出共产党员名单。齐国庆至死不屈，虽遍体鳞伤，始终不从牙缝漏出一个字。他在放风的时候，对一起被捕的共产党员王澄说："敌人问你，你就说什么也不知道。"为了保护同志窦昌熙，他悄悄对窦昌熙说，"敌人问你，你就说你是搞社会科学研究的，我已声明你不是党员。"齐国庆始终抱持革命乐观主义精神。有一次放风时，难友指着他圆鼓鼓的肚子，开玩笑地问他里面装的是什么，他笑着说："装的是赤胆忠心!"他坚持鼓励一起受难的同志们说，"人生必有死，一个赤胆忠心的革命者，是不怕死的，当然更不怕这牢狱之苦!"他的乐观主义精神与随和可亲的态度，赢得了大家的尊重和信任，难友们都亲切地叫他"齐大哥"。敌人知道齐国庆是中央大学的党支部书记，一直妄图从他身上打开缺口。有一天，齐国庆在安徽省第六中学的同学、当时在国民党安徽省党部任职的邵华来探望他，虚情假意地嘘寒问暖，和齐国庆一起追忆昔日的同窗情谊。齐国庆一眼就看穿了他的卑劣伎俩，表现得不屑一顾。邵华直奔主题，对齐国庆说，只要他能够供出南京市的地下党组织，不仅可以让他马上出狱，还可以享受荣华富贵。齐国庆不仅予以拒绝，还加以严词痛斥。邵华恼羞成怒，立刻撕下了伪装，拿出收缴来的地下党刊物《少年通讯》和《支部训练大纲》等文件，对齐国庆说："你们共产党的活动已经在案，你不要再执迷不悟了！”齐国庆当场回击道：“在你们眼里，爱国的人都是共产党，反对帝国主义的人也都是共产党。我爱祖国，就是为此死了也是光荣的，这样的人有千千万万，你们是永远也杀不完的！”邵华见劝说无效，只好悻悻而去。齐国庆在临刑前，曾经委托难友窦昌熙向家里转交了一封遗书，遗书说，“妻子还年轻，不要为我守节，遇有合适的人家，可以再嫁”，自己死后“无需棺椁衣裳纸锭之具、做佛念经之举，一根火柴，几把枯草，省却许多费，而灰烬犹可肥田”。

1928 年 9 月 27 日，王崇典、齐国庆和其他两位革命者一起被押赴刑场。齐国庆的腿上有一个小疮口被挤破，他笑着对其他难友说：“马上要大流血了，还流这点血！”王崇典在狱中经常吟诵杜甫的两句诗，“出师未捷身先死，长使英雄泪满襟”。他在英勇就义前，对齐国庆说：“老齐呀，我们的事业没有成功，难道就这样分手了吗？”在刑场上，王崇典、齐国庆等人一起高唱《国际歌》，高呼“中国共产党万岁！”“打倒国民党！”等口号。刽子手行刑的时候，王崇典毫不畏惧，昂首挺立，誓死不屈，导致猝然倒地，右眼球跌落，情状十分惨烈。第二天，国民党首都卫戍司令部发布公告说，“呈请总司令核示照准在案，王崇典意图颠覆党国预谋暴动执行重要事务之所为，处死刑并剥夺公权全部终身”。南京《民生报》、上海《新闻报》等报纸，报道了王崇典等烈士遇害的消息，引起了很多人的愤慨，更多的人加入革命队伍中来。

举国同哀悼忠烈——曹壮父

曹壮父（1896—1929），男，曾用名曹仲甫、曹锐、王子琴，湖北阳新人。1922年，考入南京河海工程学校（1927年，并入国立第四中山大学，1928年，改名中央大学）；同年加入中国共产党。1924年国共合作，曹壮父以个人身份加入国民党，担任国民党江苏省党部秘书长。1925年9月，中共浦口地委成立，曹壮父任宣传委员。1927年八七会议后，在湖北当阳协助发动了“瓦仓起义”。1928年年底，中共中央重建湖北省委，担任省委常委、候补书记兼组织部部长。1929年2月，因省委机关再次遭到破坏被逮捕；3月4日，英勇就义。

1896年8月，曹壮父出生于湖北省阳新县(今属大冶市)龙山镇曹家垙村一个叫曹家湾的地方。年幼的时候，他在村里的私塾读书，后来考进了龙山镇高等学堂。少年时期，他就受到了同盟会会员曹亚伯民主革命思想的影响，定下了救国救民的志向。1913年，他以优异的成绩考入武昌中华大学预科，和恽代英、萧楚女是同班同学，在他们革命思想的影响下，曹壮父开始接受共产主义思想，积极追求进步。

在中华大学预科学习结束后，曹壮父考入湖北外国语学校。1921年，他回到老家龙山镇高等学堂担任英文教员。这时，他和恽代英、萧楚女等进步同学依然保持着密切联系，通过他们购买了《共产党宣言》《向导》《新青年》等进步书刊，在龙山镇创办了青年读书班，向当地青年积极介绍新文化运动和马克思主义学说，还经常给进步报刊撰稿。

1922年3月，曹壮父考入南京河海工程学校后，积极向党组织靠拢，很快就通过了组织考验，当年就加入了中国共产党。1922年8月29日，中共中央在杭州西湖举行特别会议，根据共产国际联合国民党的意见，决定全体党员加入国民党。曹壮父和南京的共产党员，根据上级的指示，加入了国民党。国民党江苏省党部成立时，曹壮父担任了国民党江苏省党部秘书长的重要职务。曹壮父在学生运动中很快就展现出了自己卓越的组织才能和宣传发动能力，不仅共产党的南京负责人对他刮目相看，国民党也对他青睐有加。曹壮父在学生运动中突出的表现，引起了北洋军阀孙传芳的高度警觉，对曹壮父不利的消息接连传出。在这紧要关头，党组织安排曹壮父回老家避风头。1924 年，曹壮父返回老家湖北省阳新县曹家湾，在大箕铺镇担任教师。他和党组织保持密切联系，还经常通过恽代英等人邮寄《新青年》等进步书刊。曹壮父在龙山柳林高等小学创办了“柳林青年读书班”，给青年学生们传播共产主义思想。他曾宣传说，十月革命的胜利，给我们中国人民很大的启示，说明帝国主义的力量并不是绝对不可战胜的，我们工农大众应该认清当今社会的本质，要敢于向旧世界挑战，敢于同帝国主义、封建主义和军阀做斗争。曹壮父还积极发动当地群众，建立阳新县早期革命组织“除毒会”，与当地的土豪劣绅开展针锋相对的斗争。他曾写过一首儿歌，“天上星，颗颗稀，莫笑穷人穿破衣。地主、军阀命运短，农民协会快成立。要团结，把心齐，困龙自有上天机”，被穷苦人民广为传唱，在当地产生了很大影响。

1925 年年初，曹壮父回南京求学时，南京的党小组已经改为党支部，有宛希俨等党员六名，曹壮父担任支部负责人。不久，南京党组织积极响应号召，参加国民会议运动，成立了国民会议促成会筹备会，曹壮父被推选为筹备会交际股委员。2 月，他又担任了国民党南京市党部筹备会委员。3 月 12 日，孙中山先生在北京逝世，曹壮父领导和组织了全市各界群众举行盛大的悼念活动，10 万多名群众齐聚在第一公园，举行演讲集会等。五卅惨案发生后，曹壮父立刻开展声援上海工人的活动，发动全市大中学校师生举行各种活动。曹壮父还亲自担任了五卅惨案后援会下关办事处党团书记，组织当时南京最大的工厂——英商和记洋行工人罢工。他深入工厂一线，宣传反帝爱国思想，发动工人起来罢工。不久，和记洋行工人全体罢工，提出了增加工资、改善工作条件的复工要求。为了促成罢工取得胜利，曹壮父还组织了全市进步学生举行声势浩大的游行示威活动，支持工人罢工活动。为了保障罢工工人的基本生活，他发起了社会募捐活动，还用捐款创办了“南京五卅工人学校”，培育积极分子入党，建立了下关党小组，罢工最终取得了胜利。同年 9 月，中共浦口地委（不久改称南京地委）成立，曹壮父担任地委宣传委员，他牵头举办了多期党员训练班和工人训练班，为党培育出了一批骨干力量。1926 年 1 月，国民党南京市党部成立，曹壮父当选为常委。“国立广州中山大学分设南京附属中学”创办后，他又担任校长，奉命前往广州争取支持，经他多方努力，广东国民政府答应给该校常年教育经费，还拨了临时开办费 3000 元。同年 9 月，由于他的身份暴露，组织安排他到徐州市徐州中学担任训育主任。曹壮父对徐州党组织进行了改组，和团地委联合组成了军委、农委等 8 个委员会，还依托农民协会，成立了中国共产党全国第一个农村党支部——东贺村党支部。

1926 年 12 月，为了配合北伐，根据组织安排，曹壮父调到中共湖北区委工作。1927 年 1 月 7 日，曹壮父担任国民党湖北省党部鄂西巡视员，兼任武汉各团体赴鄂西发展民众运动代表团主席，带领代表团前往鄂西巡视检查工作。在宜都县，曹壮父主持召开了各界代表参加的万人大会，并在大会上做了精彩的演讲，号召工农兵大联合，一起推翻北洋军阀的黑暗统治。在宜昌县，召开了纪念列宁逝世三周年和德共创始人李卜克内西、卢森堡被害八周年的纪念大会，曹壮父在大会上做了题为《国民革命与世界革命之关系》的报告，群众报之以热烈的掌声。宜昌市总工会召开工会代表大会，曹壮父的演说使代表们“俨若久渴得酸梅，其愉快振奋之状，尽露于眉宇间”。国民党宜昌市党部召开全市党员大会，曹壮父做政治报告，揭露蒋介石日益暴露的野心。在各机关、团体代表会上，曹壮父做了题为《联合战线》的演讲。此外，曹壮父还成立中共宜昌特支，亲自任特支书记。在特支领导下，英国商人管理下的宜昌码头装卸工人举行了要求增加工资的罢工斗争，为声援码头工人的斗争，市总工会所属 3 万多工人同时宣布罢工。为声援罢工斗争，特支还发动了学生罢课、商人罢市。在强大的压力下，英商被迫签字，答应了工人所提的条件。曹壮父还举办了国民党员和工人两个训练班，亲自给他们讲课，在宜昌播撒了革命的火种。此外，曹壮父还先后赴长阳、五峰、宜昌、当阳、远安、宜都、枝江、兴山、秭归等县巡视，每到一地，就发展党团、工会、农协、妇协等组织，开创了鄂西革命工作的新局面。

七一五反革命政变后，曹壮父根据中共中央八七会议精神，接受中共湖北省委指示，积极策划鄂西起义，担任起义军总司令。1927 年 9 月 14 日，在曹壮父等人的领导下，当阳、远安的农军举行瓦仓起义，建立了鄂西第一个工农民主政权——瓦仓革命委员会。1928 年年初，曹壮父经过深入调研，写了长达 5000 余字的《鄂西报告》提交给中共湖北省委，为后来湘鄂西革命根据地的建立奠定了基础。1928 年 8 月，曹壮父被选为中共湖北省委委员，调任鄂东区特派员，兼管九江交通局工作。不久，担任中央巡视员到鄂豫边地区巡视。由于中共湖北省委第三次遭到破坏，曹壮父也被通缉。11 月中旬，中共中央决定成立湖北省委外县工作办事处代替省委工作，曹壮父被任命为办事处主任，负责新省委的筹建工作。同年 12 月，根据中央指示，中共湖北省委建立了两套领导班子，一套班子以夏文法为书记，由 5 名常委组成，曹壮父为省委常委、组织部部长；一套班子以曹壮父为候补书记，由 6 名候补常委组成。随后，他作为中央巡视员到鄂豫边传达党的第六次全国代表大会精神，考察了麻城、光山、商城等县。

1929 年 2 月，由于叛徒告密，刚建立不久的中共湖北省委再次遭到敌人严重破坏，曹壮父在汉口楚善里被捕。他被捕后，假称自己叫王子琴，是宜昌人。敌人对他威逼利诱不成，抓到了他怀有身孕的妻子。曹壮父托人带信给妻子，让她勇敢地和敌人斗争，还给未出生的孩子取名为“祥继”，意思是继承革命斗志。凶残的敌人无计可施，就对他下了杀手，3 月 4 日，曹壮父和夏文法等同志一起慷慨就义。

书生意气化春雷——黄祥宾

黄祥宾(1905—1930),男,江苏武进人。1925 年,加入中国共产主义青年团,同年加入中国共产党。1926 年 9 月,考入国立东南大学数理系。学校改名为中央大学后,在学校发动进步同学入党,成立了中央大学中共地下党支部,并担任书记。1930 年,黄祥宾发动中央大学学生参加游行示威活动,声援英商和记工厂工人罢工;随后组织党员向中大师生揭露晓庄师范学校被当局强行查封的罪行;不久,南京党组织筹划南京暴动失败,由于叛徒告密,黄祥宾不幸被捕,在雨花台英勇就义。

一

黄祥宾，江苏省常州市武进县(今武进区)人。武进是一个人杰地灵的江南福地，从隋唐开启中国科举考试以来武进先后诞生了多名状元和进士，为全国县区之最。人才辈出的武进还是一个革命之乡，从这里走出过瞿秋白、张太雷、恽代英等革命先烈，他们也是中国共产党早期杰出领导人。

黄祥宾出生于武进县历史悠久的湟里古镇。父亲只是一户米行的普通店员，黄祥宾上面还有哥哥、姐姐，一大家人生活并不宽裕。当时正值清末民初，中国内忧外患，社会动荡不安，帝国主义对中国疯狂掠夺，即使像武进这样的江南富庶之地，老百姓的生活依然十分困苦。北洋军阀统治时期，统一改用银圆交纳赋税，江南地区的老百姓负担变得更加沉重，武进老百姓的日子过得更苦了。黄祥宾家里生活很困难，他父亲做店员的收入有限，同时还要在乡下种些田，才能勉强维持一大家人的温饱。苦难的生活深深地刺激和影响了他，在他幼小的心灵里，隐约有一个愿望，那就是将来要让大家过上好日子。黄祥宾小时候经常听大人们讲述动荡的时局、艰难的生活，在潜移默化中埋下了富强求变的种子。他也经常听长辈讲《说岳全传》里岳飞抗金的故事，岳飞抗击金兵的光辉事迹和精忠报国的高大形象，在他的脑海里留下了深刻的印象。在小学读书的时候，黄祥宾就喜欢诵读《说岳全传》，特别喜欢岳飞写的慷慨激昂的《满江红》，经常读着读着就拍案而起。

1921 年，黄祥宾以优异的成绩考入了无锡江苏省立第三师范学校。这所学校声名赫赫，人才济济，曾培养出许多院士和省特级教师，还有荣毅仁、薛暮桥、吴冠中、杨荫浏、陈瘦竹等著名政要、理论家、文学艺术家等。这所学校参考日本教育的模式，以“弘毅”为校训，教学十分严谨。

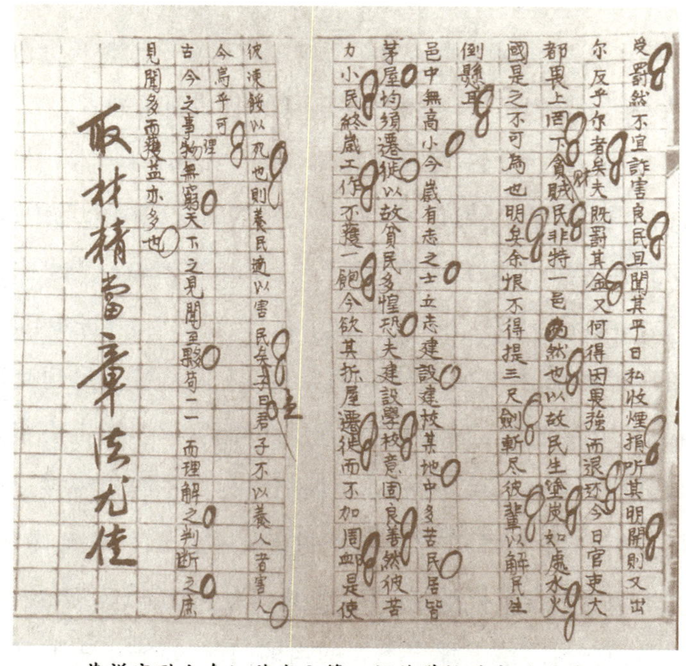

受罰然不宜詐害良民且聞其平日私收煙捐所其明開則又出
尔反乎尔者矣夫既罰其金又何得因畏強而退还今日官吏大
都畏上司下貪賊民非特一邑为然也以故民生塗炭如處水火
國是之不可為也明矣余恨不得提三尺劍斬盡彼輩以解民生
倒懸耳
邑中無高小今歲有志之士立志建設建校某地中多苦民居皆
茅屋均須遷徙以故貧民多惶恐夫建設學校意固良善然彼苦
力小民終歲工作不獲一飽今欲其拆屋遷徙而不加周血是使
彼凍餒以死也則養民適以害民矣吾且君子不以養人者害人
今爲乎可
古今之事物無窮天下之見聞至駁尚一二而理解之判斷之處
見聞多而獲益亦多也

取材精當章法尤佳

黄祥宾烈士在江苏省立第三师范学校读书时的笔记

五四运动爆发后，全国性的反帝爱国运动风起云涌。由于离上海很近，无锡有很多新的思想随着新文化运动的深入开展而不断涌入。五四运动中，江苏省立第三师范学校师生组织了声势浩大的游行活动，抗议北洋军阀政府的卖国罪行，开无锡反帝爱国学生运动之先河。1919 年 6 月，无锡各大中学校发起成立了无锡学生联合会，江苏省立第三师范学校的学生分别担任正副会长。五四运动后，宣传马克思主义成为新文化运动的主流，马克思主义、列宁主义等社会主义学说在江苏省立第三师范学校被广泛宣传。1919 年 10 月创刊的《江苏省立第三师范附属小学校教育会研究报告》，其办刊宗旨为基于“共和精神”。“所谓共和精神者，一、发挥平民主义，俾人人知民治为国之根本。二、养成公民自治习惯，俾人人能负国家社会之责任”，培养学生朴素的现代国家意识、民主意识。黄祥宾在江苏省立第三师范学校，开始接触马克思主义学说，阅读一些社会主义、共产主义的书籍和《新青年》等进步刊物。

有一年寒假，黄祥宾从学校回家过年，从无锡坐车到武进县城，再从县城回到故乡湟里镇，看到了悲惨的一幕，镇上有很多拖家带口逃荒而来的农民，他们都是周围因为交不起租税被迫逃难的，其中还有不少儿童，在冰冷刺骨的寒风中瑟瑟发抖、嗷嗷待哺，只能无力地坐在青石板路上，倚着墙壁。为了能得到一点食物，他们被迫沿街乞讨。镇上那个不大的当铺门前，挤满了来典当物品的穷人，年关将至，他们只能把身上仅有的一点值钱的东西，甚至包括冬衣都拿出来典当，而典当来的少得可怜的钱还要拿去交租还债。在那一刻，黄祥宾记忆里故乡那个安居乐业、风景秀美的江南小镇，一下子仿佛变成了人间炼狱，他的心情一下子跌入了谷底。同样是过年，却是几家欢乐几家愁，也许他们中的不少人甚至连能不能过年都是问题。他事后对同学说："当今时代，非要有个翻天覆地的变化不可！"寒假过后，有一次作文课上，他禁不住描绘了在家乡看到的饿殍满地的悲惨场景，抒发了强烈的悲天悯人情怀，对地主的压榨、剥削表示强烈的谴责和愤慨，希望将来有一天，能够建立一个没有贫富差别、人人平等的社会。老师看了，在作文后面用红笔批道："作者具有共产主义思想乎？"

家乡老百姓食不果腹、衣不蔽体的惨状深深地刺激了黄祥宾，他希望能够找到一条把人民从水深火热之中解救出来的正确道路。黄祥宾认识到，要想改变中国积贫积弱的社会现状，就必须打倒帝国主义，推翻军阀的反动统治，建立新的为劳苦大众谋利益的国家政权，他坚定地认为，只有马克思所描绘的社会主义才能救中国。黄祥宾深深地爱着自己的祖国和民族，他愿意为了祖国不再不幸而承受不幸，为了祖国不再痛苦而承受痛苦。

二

著名的东林书院门前写有一副对联——"风声雨声读书声声

声入耳，家事国事天下事事事关心”，读书人理应担当天下的神圣使命强烈地激励着黄祥宾。

1924年1月，中国国民党第一次全国代表大会在广州召开，第一次国共合作正式形成，大革命的高潮开始兴起。无锡成为中国共产党开展工作的重点城市之一，一些中国共产党人被派到无锡开展革命工作。无锡党组织的早期领导人董亦湘受组织派遣，来到无锡成立革命组织，开展革命活动。江苏省立第三师范学校作为无锡最为开明进步的学校，是无锡共产党人开展活动的一个重要据点。当时，黄祥宾在接触了马克思主义学说之后，积极参加学校的学生活动，在校学生会担任重要的角色。董亦湘是黄祥宾的老乡，也是常州武进人，他对黄祥宾无疑产生了很大影响，黄祥宾通过董亦湘，也对中国共产党抱有极大的好感。

1924年11月的一天，在无锡共产党人的介绍下，黄祥宾和同窗好友管文蔚一起来到无锡市惠通旅社，因为这天有一个中国共产党的大人物在这里下榻，他就是鼎鼎大名的中国共产党早期领导人之一——恽代英。恽代英受党组织派遣，和邓中夏等人一起参加了国民党上海执行部的领导工作，负责编辑《新建设》月刊，宣传反对帝国主义思想，开展革命活动。当时，江苏的国民党党务统一归由上海执行部管理，因此，恽代英经常到无锡来开展革命活动。黄祥宾正是抓住了这一宝贵的机会，特地来面见恽代英。恽代英非常热情地接待了他们，并没有因为他们还是学生就轻视他们，而是与他们平等愉快地交流，这让黄祥宾等人很快就放松起来。恽代英十分关心爱国师生对于时局的看法，他问黄祥宾，无锡的师生对江苏军阀齐燮元和浙江军阀卢永祥开展混战的看法。黄祥宾如实回答说，这两个都是军阀，军阀打仗是为了争权夺利，老百姓不仅没有一点好处，反而遭受更多的痛苦。恽代英对黄祥宾的说法予以认可和肯定。他非常欣赏黄祥宾和管文蔚这两个充满朝气、斗志昂扬的年轻人，对他们讲述了鸦片战争以来，帝国主义列强侵略中国的种种惨痛事实，恽代英说："我们国家正处在半沦亡的状态……我们只有把工人、农民、士兵、学生都发动起来，打倒帝国主义，除尽军阀，中国才能得救，老百姓才有好日子过。"恽代英充满激情和感染力的讲述，深深地感染了黄祥宾和管文蔚。回校途中，黄祥宾和管文蔚商量，决定请恽代英到学校给广大师生做一个演讲。回到学校，黄祥宾按捺不住心中的激情，连夜把学生会的几个执行委员找来开会，大家一致同意邀请恽代英来学校演讲。

第二天下午，恽代英如约来到江苏省立第三师范学校给全校师生演讲。恽代英不愧是一个天才的革命家，他浑身上下洋溢着革命的激情，演讲十分生动，充满了强大的感召力，从齐燮元和卢永祥军阀混战，讲到整个中国的局势，从鸦片战争以来中华民族所受到的帝国主义压迫而产生的种种屈辱，到孙中山先生的三民主义，再到第一次国共合作。他在演讲中说，中国已经迎来了大革命的高潮，必将迎来翻天覆地的变化，他号召同学们一定要顺应时代的潮流，关心国家大事，投身革命的潮流。演讲受到广大师生的热烈欢迎。黄祥宾把恽代英看作人生的导师，在他的指导下积极开展革命活动。不久，在恽代英和董亦湘的介绍下，黄祥宾加入了中国国民党，随后还担任了江苏省立第三师范学校国民党分部的负责人。

1925 年 3 月 12 日，孙中山先生因病在北京逝世，全国各地纷纷举行悼念活动，黄祥宾作为江苏省立第三师范学校国民党组织的负责人，积极组织开展了追悼孙中山先生的大会等活动，再次邀请恽代英来学校演讲。恽代英欣然接受了邀请，详尽生动地介绍了孙中山先生的生平事迹，深入浅出地介绍了孙中山先生的新三民主义，号召大家继承孙先生的遗志，积极投身大革命的洪流，把大革命继续向前推进，完成尚未成功的革命事业。江苏省立第三师范学校的学生听了恽代英的演讲后，备受鼓舞，不少人都表示要投身革命事业。黄祥宾从国民党无锡县党部、共产党员薛萼果那里，领来了几百本《三民主义》的小册子，发给全校的师生们阅读。薛萼果是无锡党组织最早的创始人之一，后来改名叫孙冶方，是中国著名的经济学家，中国经济界的最高奖孙冶方奖就是用他的名字命名的。在黄祥宾等人的宣传和发动下，江苏省立第三师范学校革命气氛日渐浓厚，成为无锡最有生机的革命基地。

1925 年 2 月，在中国共产党的领导下，为反对日本资本家残酷虐待工人和无理开除工人，要求增加工资，上海 20 多家日商纱厂里近4万名工人举行罢工。5月15日，上海内外棉七厂的日本资本家借口没有原材料，故意关闭工厂停发工人工资。工人领袖顾正红带领工人冲进工厂和资本家谈判，要求工厂复工并发放工资，日本资本家不但拒绝了工人的要求，而且向工人开枪射击，打死了顾正红，打伤工人代表十多人，“顾正红事件”成为五卅运动的直接导火索。5月30日上午，上海工人、学生2000多人，在公共租界散发反帝传单，并公开组织集会演讲，揭露帝国主义枪杀顾正红、抓捕学生的罪行，巡捕房开始大肆抓捕学生，仅南京路的一个巡捕房就抓走了100多名学生。1万多名愤怒的群众来到巡捕房门口，高呼“上海是中国人的上海”“收回租界”等口号，要求释放学生，英国巡捕公然下令开枪屠杀手无寸铁的群众，10多人被打死，几十人受重伤，150余人被逮捕，造成了震惊中外的五卅惨案。在中国共产党的领导和推动下，很快就掀起了反对帝国主义的五卅运动，从工人发展到学生、商人、市民、农民等社会各阶层，并迅速席卷全国。无锡当地党组织也开展了声援五卅惨案的反帝爱国运动。

五卅运动期间，在中国共产党的领导下，无锡人民掀起了反帝热潮，包括江苏省立第三师范学校在内的各学校、团体积极参加反帝爱国运动，纷纷组织演讲队和募捐队，支援上海的五卅运动。黄祥宾当时已经担任江苏省立第三师范学校学生会会长，他得知五卅惨案的情形后，深深地为惨案中死去的人民感到难过。中国人在自己的土地上，要求正当的权利，居然被外国人用枪打死，这实在令人不能容忍！黄祥宾找到了中共无锡支部的负责人薛萼果，承担起联系无锡其他学校学生的任务，成立了“沪案后援会”，三师学生巫恒通担任五卅惨案“无锡后援会”第一任委员长。中共无锡支部召开了几千人的群众集会，黄祥宾组织联络无锡各校学生参加，还在会上公开演讲，列数帝国主义在上海屠杀工人、学生和无辜群众的暴行，举行了声势浩大的游行示威，黄祥宾走在江苏省立第三师范学校学生的最前列，和大家一起高呼着“打倒帝国主义”“收回租界”等口号。无锡的五卅运动产生了巨大的影响，社会各界为之震动，都纷纷表示支持上海工人、学生的反帝爱国运动。

黄祥宾在声援五卅运动的反帝爱国斗争中，经历了严格的考验和洗礼，不久，经薛萼果介绍加入了中国共产主义青年团，同年转为中共党员。黄祥宾的同窗好友管文蔚 1949 年后曾担任过全国政协常委、江苏省副省长、省政协副主席。据管文蔚回忆，恽代英和董亦湘是黄祥宾走上革命道路的领路人，正是在他们的指导下，他不仅阅读了大量的共产主义书刊，还积极投身党领导的学生运动。当时省立第三师范学校已经成立了共产主义小组，他经常参加他们的活动，并希望加入中国共产党，可惜学校让他提前毕业，入党的事情就被耽搁了下来。在没有加入中国共产党之前，黄祥宾是共产主义小组中的一名活跃分子，他经常组织开展各种活动。加入中国共产党后，黄祥宾和其他党员一起积极开展革命活动。1926 年，江苏省立第三师范学校的学生建立了中共地下党组织，在全省乃至全国都颇有影响。

三

1926 年的夏天，黄祥宾以优异成绩从江苏省立第三师范学校毕业后到上海参观，亲眼看看这个近代快速发展起来的新兴大城市。开埠前的上海只是松江府下辖的一个县，主要以农业、渔业和棉纺织手工业为主。1842 年《南京条约》签订后，由于上海具有建立良好的东方大港的潜力，成为中国开放对外通商的口岸之一。1845 年，上海洋泾浜以北一带被划为洋人居留地，主要是英国人在这里居住，后来形成了英租界，此后不久，虹口一带被划为美租界，法国建立了位于上海城厢和洋泾浜之间黄浦江边的法租界。上海作为东西方贸易交流的中心而迅速地发展起来。这些租界中，上海法租界是旧中国四个租界中面积最大、发展最好的一个。法国在其租界内按照本国的建设风格，整齐划一地建造了大量的房屋，上海之所以被称为“东方巴黎”也是得名于法租界。但这些国家在租界享有各种特权，中国人则要在自己的国土上按照外国人的要求行事！在这个光怪陆离的世界里，黄祥宾既看到了一个靓丽光鲜、表面繁荣的近代大都市，又看到了外国人在这里作威作福、耀武扬威的场景。十里洋场上，很多外国人对中国人指手画脚，尽呈欺辱中国人之能事；黄浦江上，英国、法国、日本等国家的军舰，高高地飘扬着本国的国旗;繁华的销金窟,外国人纸醉金迷的生活和正在温饱死亡线上挣扎的中国老百姓,形成了强烈的对比,产生了巨大的反差,一幅典型的半殖民地半封建社会的图画展现在黄祥宾的眼前。黄祥宾和同学们感到深深地被刺痛着,他不由激愤地对身边的好友说:“我恨不得掀起一声春雷,把这个耻辱沉闷的社会打得粉碎!”上海之行更加坚定了黄祥宾的共产主义信仰,更加坚定了他改造社会的决心。黄祥宾以宽广仁爱的胸怀,深爱着大地上的人民,他为了拯救更多受苦受难的人,以广博的仁爱之心,自觉担负起革命的重任。

四

1926 年 9 月,黄祥宾以优异的成绩考入了国立东南大学数理系,恰逢北伐战争势如破竹的历史节点。

北伐战争开始后,在中国共产党的领导下,上海、南京等大中城市加紧行动,配合北伐军开展革命工作。1926 年 9 月,黄祥宾入东南大学时已经是共产党员,他在党组织的领导下,积极开展革命斗争。当时,南京正处在直系军阀孙传芳的残暴统治之下。江苏的党组织由上海党组织统一领导,黄祥宾按照上海党组织的指示,秘密去南京各个学校发动进步学生,向他们宣传北伐,同时组织他们上街张贴宣传标语、散发进步传单,及时向群众通报北伐不断胜利的消息。在他的宣传和发动下，南京的学校形成了良好的革命氛围，在校的学生们几乎都知道孙传芳的军阀统治长久不了，代表进步力量的北伐军迟早会打过来。

1927年年初，为肃清长江下游的军阀，国民革命军总司令部决定进军杭州、上海，并会攻南京，程潜任总指挥的江右军和李宗仁任总指挥的江左军，从湖北、江西沿长江两岸向安徽、江苏进军，主攻南京。中国共产党组织要求各地党员广泛发动群众，开展武装斗争夺取政权，以配合北伐军的行动。黄祥宾欣然接受了党组织的任务，他向学校申请休学，暂时中止了学业，然后和几个同乡好友，一起从上海、南京等地回到故乡武进县湟里镇。当时，始于广东、由中国共产党领导发动的农民运动，迅速发展到全国各地，广东、湖南、湖北、江西、四川、广西、福建、安徽、江苏、浙江等省农民运动全面展开。1926年6月，农民协会已遍及17个省，全国共有200多个县成立了农民协会组织，农会会员达到900多万人。黄祥宾根据党的指派，广泛发动群众，成立了湟里镇农民协会，积极组织发动当地的农民参加农会，积极培养有潜力的青年农民作为农会骨干，大力开展革命宣传。在黄祥宾的领导下，农会积极开展工作，在湟里镇张贴革命标语，散发革命传单。当时农村里有很多人不识字，为了起到好的宣传效果，黄祥宾让擅长画画的农会会员，以画漫画的办法进行宣传。他们曾经在湟里镇上画了一幅漫画，画面上，一个肥头大耳的地主豪绅正张开血盆大口，吞食着面条，边上有一个骨瘦如柴、衣衫褴褛的农民为他付钱买单，这幅画还题写了两句点题的话："大先生吃面，小百姓付钱。"这幅漫画生动形象地揭露了地主劣绅对贫苦百姓的残酷剥削，内容一目了然，起到了非常好的宣传效果，一时在湟里镇人人皆知，激发了贫苦百姓加入农会、反抗剥削的热情。在黄祥宾的策划下，湟里镇的进步组织还油印出版了《旌孝日报》。所谓旌孝，是表彰孝行的意思，以此命名，很容易被老百姓所接受。这份报纸的内容，却是主要报道全国各地农民运动的情况和北伐军节节胜利的消息，可见黄祥宾为了革命动了一番脑筋。这份报纸为宣传革命形势、制造革命舆论，起到了很好的效果。

黄祥宾不仅在当地发起成立农民协会，还组织店员、缝衣工、搬运工等多个工会组织，充分组织雇员和工人的力量，革命工作开展得红红火火。无论是农会组织还是工会组织，都在领导当地群众反抗土豪劣绅的斗争中，发挥了十分重要的作用。

1927 年 4 月 12 日，以蒋介石为首的国民党右派在上海悍然发动反革命政变，疯狂抓捕和屠杀国民党左派、中国共产党人和革命群众，大革命受到严重的摧残，国共两党第一次合作宣告破裂。在这种严峻的形势下，革命斗争处于低潮，黄祥宾在当地反动势力的威胁下，被迫离开故乡湟里镇，重新回到国立东南大学上学。在四一二反革命政变前，蒋介石已经在南京开始了针对共产党人的血腥屠杀。4 月 10 日，侯绍裘、谢文锦等 10 名江苏省和南京市中共党组织的领导人被杀害，遗体被扔进了九龙桥下的秦淮河中。在这种白色恐怖的笼罩下，黄祥宾身处国民党反动统治的中心，丝毫没有流露出一点害怕，反而更加坚定了革命意志。黄祥宾在给一个同志的信中，明确表示了自己斗争到底的决心，他说尽管工作中遇到很多困难，但是他不在乎，要干到底。对于黄祥宾而言，这是他人生中的一次重要选择。大革命失败后，一些人悲观失望，意志消沉，脱离甚至背叛了党的组织。黄祥宾却义无反顾，前仆后继，勇敢前行。

五

1930 年 2 月 12 日，由鲁迅、柔石、郁达夫、田汉、夏衍等著名作家发起，在上海成立了中国自由运动大同盟，反对国民党独裁统治，争取言论、出版、结社、集会等自由。中共南京地下党组织决定以学校为重点，在此基础上充分发动群众，成立南京自由运动大同盟。黄祥宾根据党组织的安排，积极在大学同学中开展宣传，发动和动员进步学生参加，还把准备成立自由运动大同盟的告示贴到了学校门口的布告栏上。此时，国立东南大学已易名为国立中央大学，是全国院系最全、规模最大的一所综合性大学，设 8 个学院 34 个系科。国民党当局非常关注这里学生的思想动态，并培养了一群听命于政府的学生。黄祥宾的布告刚贴出来，就有反动学生扬言，说这是共产党的“谋反活动”，企图干扰自由运动大同盟的成立。黄祥宾带头在告示上签名，在他的影响下，一些思想进步的同学也在告示上签了名。很多同学纷纷表示要加入自由运动大同盟。黄祥宾趁热打铁，及时召开了中央大学自由运动大同盟成立会，散发了很多革命传单。自由运动大同盟成立以后，黄祥宾密切关注着加入同盟的同学们，注意观察他们的思想动态，经常利用工作的机会向他们宣传共产主义思想，讲述革命的道理。一些进步学生在黄祥宾的影响下，认同了马克思主义学说，并积极表示愿意加入中国共产党。黄祥宾在征得上级党组织的同意后，先后发展了四五名同学加入了党组织。不久，在中共南京市委的安排下，成立了中央大学地下党支部，黄祥宾担任支部书记。黄祥宾担任支部书记后，积极开展组织工作，每个星期都会召集中央大学地下党员开会，学习党的最新文件和指示，布置和开展党的工作。中共南京市委对这个支部的工作十分重视，经常有领导来参加他们的支部会议，向大学生党员们传递最新消息，传阅中共中央机关报《红旗》和其他文件。在中共南京市委的关心下，中央大学地下党支部的党员们进步很快，工作开展得也很出色。

南京英商和记洋行在南京下关的金川河一带，建立了当时世界上最先进的食品加工厂，雇用了中国工人几千人。英国商人对中国工人残酷剥削，给他们极低的工资。1930 年年初，在中国共产党的领导下，工厂工人开展了要求增加工资、争取自身权益的斗争。4 月 3 日，英国水兵和国民党当局勾结，对罢工的工人进行了残酷镇压，数十人受重伤，造成了四三惨案。中共南京市委立即要求全市党团组织，广泛发动群众开展斗争。黄祥宾根据党组织的要求，带领中央大学地下党支部的党员们，在同学中广泛进行宣传发动。4 月 5 日，中央大学与晓庄师范学校、金陵大学等学校的同学们，一起参加了在中央大学操场上的集会，声援和记洋行工人的罢工斗争。集会结束后，同学们还一起向和记洋行进发，开展了声势浩大的游行示威活动。他们向沿途的群众发放宣传资料，广泛宣传斗争的正义性，很多市民群众受他们的鼓舞，自发地加入游行的队伍中，最后形成了一支 1 万多人参加的队伍，产生了巨大的影响，起到了很好的声援作用。

由于晓庄师范学校学生参加了游行示威活动，国民党当局命令通缉晓庄师范的校长陶行知，军警强行封闭该校。反动当局的倒行逆施，激起了全市大中学校学生的一致愤慨。黄祥宾主动联系晓庄师范学校的学生代表，请他到中央大学报告国民党右派封闭学校、镇压学生的罪行。每周一的早上，中央大学会召开全体同学大会，有一天开会时，黄祥宾走上主席台，要求主持大会的副校长暂时停止开会，让晓庄师范学校的代表来向全校师生报告学校被强行封闭的情况。主持人拒绝了黄祥宾的要求，晓庄师范学校被封的事实却为更多人知晓。会后，黄祥宾还组织党员同志，把晓庄师范学校被封的原因及详细经过，写成传单，利用晚自习的时间在学校各个教室散发，让大家了解事情的真相。

1930 年 7 月，受李立三“左倾”路线影响，中共南京市委根据上级的安排，准备举行南京暴动。黄祥宾恰好在这个时候毕业，本来有了中央大学的文凭，黄祥宾完全可以在社会上谋取一个很好的职位，过上称心如意的舒适生活，但是作为一个基层党组织负责人，黄祥宾选择了留在学校坚持斗争。其实，他当时对南京暴动的形势并不乐观，因为南京是国民党统治的中心，有着百倍于己、千倍于己的力量悬殊的敌人，在这里举行暴动，凶多吉少，并无胜算。但是，为了坚决执行上级组织的决定，他义无反顾地留在了校园。这是他人生中最重要的一次选择。

黄祥宾根据上级组织安排，向中央大学地下党支部的党员们传达了南京暴动的指示，并积极开展准备工作。他们利用漆黑夜晚的掩护，在校园内大量张贴传单、宣传标语，梅庵、校体育馆、大礼堂等人流量较多的主要建筑上，都被贴上了标语，介绍全国各地组织暴动的消息，号召大家一起参加推翻国民党反动统治的斗争。不幸的是，中共南京地下党组织的行动早已被国民党当局注意到，黄祥宾作为中央大学活跃分子，也早已经被列入了当局的黑名单。8 月 7 日清晨，一名来自印刷厂的党员同志，来到中央大学黄祥宾的宿舍，急匆匆地把一份庆祝红军攻占长沙的传单交给了他，黄祥宾立刻把传单转交给了等候多时的同志带走。没过多久，黄祥宾走出宿舍，刚到门口就被七八个早已埋伏的便衣特务抓捕，他们查抄了黄祥宾的宿舍，妄图得到更多的证据。那位来自印刷厂的同志也同时被捕了，一起被押上了汽车。黄祥宾为了保护自己的同志，用家乡话悄悄地跟他说："你就说是从常州来看我的，其他什么也不要承认。"在国民党首都宪兵司令部看守所，黄祥宾立刻被刑讯逼供。国民党军警认为黄祥宾只是一个手无缚鸡之力、没有见过世面的学生，一定挨不过酷刑，但黄祥宾表现出了一个共产党员应有的惊人意志力和大无畏的英雄气概，一起被捕的同志清楚地听到，黄祥宾在受刑过程中强忍着身体的剧烈疼痛，咬紧牙关喊着："我没什么可说的！"刑讯逼供之后，黄祥宾作为重犯戴上了手铐脚镣，被看守们拖进了一间又湿又暗的牢房。敌人每天都把他押过去受刑，黄祥宾被折磨得遍体鳞伤、体无完肤，但他依然坚贞不屈、大义凛然，表现出了顽强的斗志和超人的意志。

1930 年 8 月 18 日，黄祥宾和中共南京市行动委员会书记李济平等 19 名共产党员，被敌人绑在黄包车里，押送到南京郊外的雨花台刑场，让他们坐黄包车去刑场，敌人显然是想起到一种震慑群众的作用。黄祥宾在被押送的途中，仍然不忘宣传革命，他让拉他去刑场的黄包车夫走慢一点，然后用尽全身的力气，慷慨激昂地向沿途的群众宣传革命道理，号召大家起来反抗国民党的反动统治。

黄祥宾烈士身体力行，用生命完美地诠释了一个"诚"字。诚，既是他的人格写照，也是他至死不渝践行初心、崇高的革命品格的写照。

白山黑水浩气存——陈景星、石璞

陈景星(1908—1930),男,曾用名刘烈、陈大伟、刘大伟、陈天泮,辽宁海城人。1927年秋,考入沈阳奉天省立第三高级中学,其间初步接受了共产主义思想的熏陶。1929年7月,考入南京金陵大学,比较系统地学习了马列主义理论;10月,加入了中国共产党。1930年2月,积极发起南京自由运动大同盟,成立金陵大学党支部并担任书记;3月,成功领导了驱逐辱华美国教授塞佛尔的运动;4月,动员组织学生参加"和记惨案后援会";5月,领导金陵大学罢课运动,代理中共南京市委宣传部部长;7月,担任中共南京市行动委员会委员;8月,因叛徒出卖被捕;9月4日凌晨,在雨花台牺牲。

石璞(1913—1930),男,号国柱,辽宁铁岭人。1920年1月,进入铁岭县立第一高级小学(前身是银冈书院)读书。1926年,考入奉天省立第三高级中学初中部。1927年9月,跳级考入沈阳的东北大学附属高中。

1929 年 7 月，考入金陵大学物理系；同年年底，加入中国共产主义青年团，不久加入中国共产党。1930 年 2 月，参与组织南京自由运动大同盟；3 月，参与发起驱逐辱华美国教授塞佛尔的运动；4 月，参与领导金陵大学学生参加“和记惨案后援会”；5 月，参与领导金陵大学罢课运动；8 月，因叛徒出卖被捕；9 月 4 日凌晨，在雨花台牺牲。

一

1908 年 10 月的一天，在辽宁省海城县新台子乡陈家台，一个婴儿呱呱落地，他就是陈景星。陈家有一些田地，算得上中农家庭。为了能够让陈景星读书识字，陈家上下节衣缩食，供天资聪颖的陈景星读完了初中。那个年代，能够读完初中在乡下已经算是一个知识分子了，在父亲的要求下，陈景星回到家里，干活养家，还娶了一个姑娘，生了一个可爱的女儿。可是，眼界开阔的陈景星不甘于现状，他不想再走父辈的老路，一心想靠读书寻求出路。母亲十分了解儿子的心思，咬紧牙关把家里的田地抵押给地主，换钱供陈景星继续读书，陈景星没有辜负大家的期望，19 岁时考入沈阳的奉天省立第三高级中学。

陈景星到沈阳读书时，恰逢北伐战争时期，政治风云变幻莫测。当时的东北，正处于奉系军阀的统治之下。随着北伐战争的节节胜利，国民党秘密派了不少党员进入东北，在大中学校开展各种活动。奉天省立第三高级中学的训育主任，就是国民党的党员，他发现陈景星为人正直无私，关心国家大事，是一个追求进步、向往革命的青年，就给他看了很多瞿秋白和萧楚女等革命家的文章。陈景星从此接受了民族民主革命的熏陶和启蒙。陈景星学习成绩优秀，为人热情，被选为海城县留奉三中同乡会常委。他在同乡会中非常活跃，经常发表演说，他说现在“国事崩颓、国际侵略”，中华民族正处于“一发千钧危亡之秋”，“是为国人，即有国责”，每个青年学子都应该担负起“拯我中国于将亡”的责任，而不是只顾着自己光宗耀祖、升官发财。他号召改造同乡会，集中团体的智慧、学识和力量来改造社会。他积极支持北伐事业，依靠同乡会的平台积极宣传革命。1928 年春节期间，陈景星回到老家，写了一幅“世界大同”的春联，贴在家门口，这在当时非常标新立异。一直对他寄予厚望的父亲，对此很不理解，希望他能够放弃这些新思想，安心读书，将来谋取一个好职位以振兴门庭，陈景星却表示要先天下之忧而忧。1928 年“济南惨案”发生后，全国人民纷纷举行抗议活动，沈阳的大中学校也发起了声势浩大的反日运动，成立了反日救国会，陈景星积极参加救国会活动，带领三中的同学一起走上街头，宣传演讲、散发传单。1928 年下半年，陈景星加入了国民党。1928 年年底，奉系军阀张学良宣布“改旗易帜”，接受南京国民政府的领导，东北名义上归属于南京国民政府，一些国民党员开始在政府中任职。但是，陈景星痛苦地发现，国民党统治下的东北，高层忙着升官发财、争权夺利，日本人的势力依旧强大，人民的生活并没有丝毫的改变。1929 年年初，国民党选举三大代表，政客们犹如一个个表现拙劣的跳梁小丑，让陈景星更加失望。不久，全国第四届运动会在沈阳召开，金陵大学代表团恰好住在奉天省立第三高级中学，陈景星听金陵大学的学生们讲述南京的革命形势，不由得心生向往，希望到南京去寻找正统的三民主义。6 月 18 日，陈景星和石璞等志同道合的 4 个同学，一起去大连乘船，经上海赶赴南京。

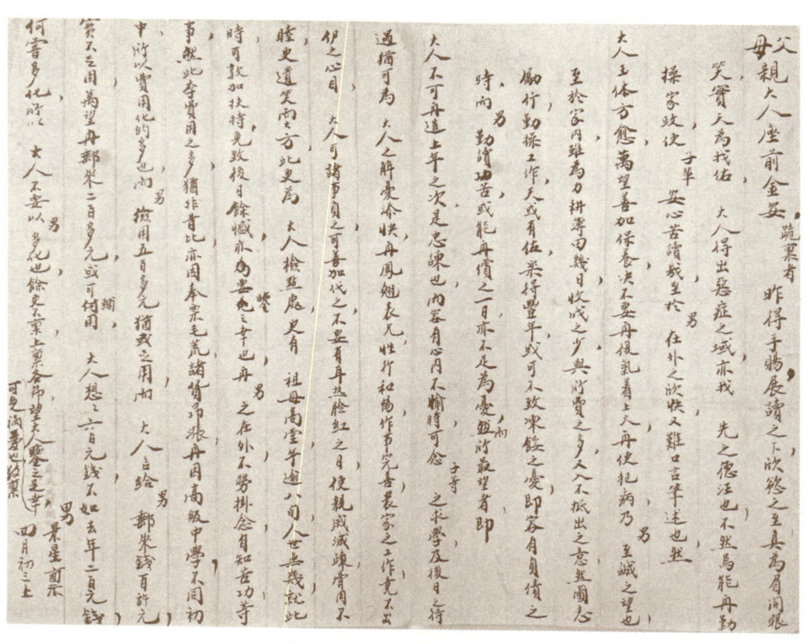

父母親大人座前金安，
跪稟者　昨得手賜，展讀之下，欣慰之至，真為有[illegible]
[illegible]實天為我佑，大人得出惡症之域，亦我先之德澤也，不然焉能再[illegible]
操家政，使子華安心苦讀哉，至於男在外之欣快，又難口言筆述也。然
大人玉体方愈，萬望善加保養，決不要再復亂着上火，再使犯病，乃男至誠之望也。
至於家内，雖為力耕[illegible]田，幾日收成之少，與所費之多，又入不抵出之意，然圖志
勵行，勤操工作，天或有佑，果得豐年，或可不致凍餒之憂，即[illegible]有負債之
時，而男勤讀苦[illegible]，或能再償之，一日亦不足為憂，而所最望者，即
大人不可再進上年之次，是忠諫也，內容有心內不愉時，可念子等之求學，及後日之待
遇，猶可為大人之解憂[illegible]，再[illegible]表兄性行和暢，作事完善，農家之工作，竟不出
伊之心目，大人可諸事負之，可善加代之，不是有再熱臉紅之日，使親戚[illegible]骨肉不
睦，更遭笑罵，方此更為大人檢點處，更有祖母高堂，年逾八旬，人世無幾，就此
時可敦加扶持，免致後日餘憾，亦為盡兒之孝也。再男之在外，不勞掛念，自知苦功等
事，然此季費用之多，猶非昔比，亦因本宗[illegible]荒，諸貨昂漲，再因高級中學不同初
中，所以費用的多也，而男擬用五百多元，猶或之用，而大人合給，男郵來錢百許元，
實不之用，萬望再郵來二百多元，或可[illegible]用，大人想之，六百元錢不如去年二百元錢，
何害多化，所以大人不要以男多化也，餘更不稟，上稟各節，望大人鑒之是幸，
男景星面[illegible]　四月初三上
可見滿意也[illegible]

陈景星烈士高中时致父母信

1913年8月24日，辽宁省铁岭县城东龙首山的石家大院，一名男婴出生了，他就是石璞。石璞有三个哥哥、两个姐姐，在家排行老六，是兄弟姐妹中最小的一个，父亲石吉昌是一个在当地小有名气的官吏，也是一个开明人士，目睹国难当头、民不聊生，他决心用心培养子女，将来为国家做贡献。1920年，石璞进入铁岭县立第一高级小学读书。这所小学前身是银冈书院，周恩来少年时也曾在这里读过书。这所小学有很多介绍西方经济、科技、政治的书籍，对学生们开阔眼界、接受新思想起到了潜移默化的作用。石璞进校后，成绩非常优异，每次考试总是第一名。不仅如此，他很小就有强烈的爱国之心。有一天，他和几个小伙伴在龙首山玩，忽然发现了一块石碑，上面写着"日露战迹"四个字，很不理解，回去向父亲询问。父亲告诉他，这是日俄战争时，日本在龙首山打败了俄国人，在此立下的炫耀胜利的石碑，日俄战争胜利后，东北成了日本人的势力范围，日本侵略者从此在这里横行无忌、作恶多端。年幼的石璞对此非常愤慨，从此种下了反对帝国主义的种子。1926年2月，石璞考入沈阳奉天省立第三高级中学初中部，仅仅用了一年半时间，就学完了初中的知识，结业时取得了第二名的好成绩。

1927年9月，年仅14岁的石璞考入东北大学附属高中，那一年，这所著名的高中报考人数达500多人，仅录取50多人，石璞是其中年龄最小、个子最矮的。在高中读书时，他的成绩十分优秀，第一学期结束，石璞成绩名列第一。他还有口若悬河的演讲才能和各种乐器的表演才能，是一个名副其实的“全能学子”。东北大学校长王永江病逝时，附属高中推举石璞作为学生代表读祭文，个头矮小的他走上台后毫不怯场，抑扬顿挫、声情并茂地背出祭文，全场师生为之惊叹。此后，全校师生们都亲切地叫他“神童”或“小老弟”。有一天，东北大学附属高中的一名老师，无辜地在火车站被日本人打了一个耳光，消息传到学校后，石璞非常愤怒，他高呼：“这是奇耻大辱，不打倒帝国主义，收回南满铁路和租界，我们就是亡国奴！”当时，一些进步书籍通过各种渠道进入沈阳，石璞和其他几个同学一起找来阅读。他曾经和同学说：“打倒帝国主义，打倒军阀、官僚、贪官污吏、土豪劣绅，建立一个独立、自由、平等、民主、幸福的中国，是我国的唯一出路”，“青年人要向一切黑暗的制度革命”！其间，石璞接受三民主义学说，加入了国民党。在进步老师车向忱的带领下，石璞和陈景星等人经常到农村去，组织农民上夜校，进行表演活动，宣传破除封建迷信，宣传反帝爱国思想。车向忱曾和著名民主革命家阎宝航一起创建“国民常识促进会”。它表面上是一个民众教育团体，实质上是一个反日组织，陈景星和石璞经常参加该会组织的抗日宣传、抵制日货等活动。1929 年 5 月，石璞在国民党内的领导徐寿轩参加国民党三大回来，向他们介绍了国民党内高层斗争的一些乱象，陈景星、石璞听了后对国民党很失望，但还是向他表达了想到南京继续求学、寻求抗日救国之道的想法，徐寿轩对此表示支持，他还答应可以和他们一起去南京。6月，陈景星、石璞等人一起前往南京，石璞还为当时经济困顿的陈景星慷慨解囊，帮助他解决了盘缠问题。

二

陈景星和石璞来到南京后，通过一段时间的刻苦学习，双双顺利考上了金陵大学。金陵大学是一所美国教会办的学校，号称中国最好的教会大学之一，学生大多数是达官显贵的子弟。陈景星和石璞来到南京后，发现国民党统治下的首都，情况并不比沈阳好多少，国民党上层过着纸醉金迷的生活，贪污腐化横行，穷苦的老百姓过着衣不蔽体、食不果腹的日子，外国人在这里耀武扬威。他们不由得对原先信仰的三民主义产生了严重的怀疑，对国民党当局更加失望，他们认为，“蒋介石向帝国主义投降了，和封建势力妥协了，中国革命失败了”。于是，他们进入学校后，一头扎进图书馆，埋头读书，希望从书中寻找救国之路。

金陵大学图书馆里有很多马列主义的书籍，陈景星和石璞如获至宝，先后阅读了《历史唯物论》《国家与革命》《共产主义ABC》等。他们比较系统地学习和接受了马克思主义的唯物史观、阶级斗争思想、无产阶级专政学说，这些学说解答了很多三民主义无法说清楚的问题，他们逐步在思想上接受了共产主义。陈景星对马

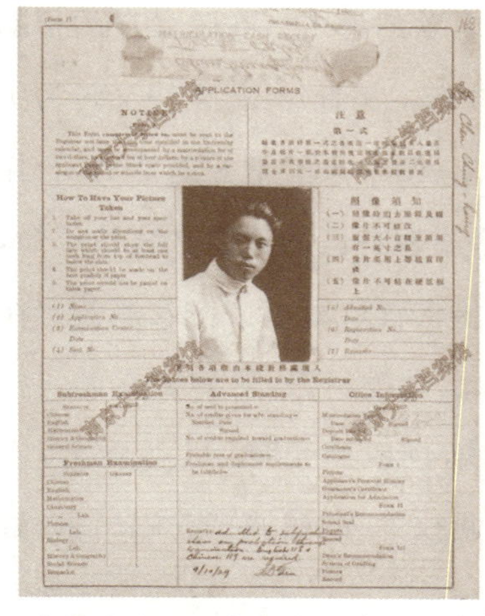
APPLICATION FORMS

NOTICE

注意

How To Have Your Picture Taken

相像須知

The Spaces below are to be filled in by the Registrar

Subfreshman Examination

Advanced Standing

Office Information

Freshman Examination

陈景星烈士投考金陵大学报名单

金陵大學

THE UNIVERSITY OF NANKING

投考報名單

APPLICATION FORMS

NOTICE

注意

How To Have Your Picture Taken

相像須知

The Spaces below are to be filled in by the Registrar

Subfreshman Examination

Advanced Standing

Office Information

Freshman Examination

石璞烈士投考金陵大学报名单

列主义理论的学习十分投入，有时甚至逃课躲在图书馆里看书。当时，金陵大学里已经有中国共产党的地下组织，他们对陈景星如此酷爱马列主义理论很感兴趣，就有意接近他，了解他这样做的原因。陈景星直爽地告诉他们，他来到南京是为了寻求救国救民的真理，马列主义就是他苦苦寻求的真理，与之相比，上那些课没有意义。中共党组织觉得他正是党组织所需要的青年，邀请他参加党的活动，陈景星觉得中国共产党就是他要找的组织，非常积极地参加党组织的活动。1929 年 10 月，陈景星光荣地加入了中国共产党。石璞在陈景星的影响下，也开始大量阅读马列主义著作，先后阅读了《共产党宣言》《哥达纲领批判》《哲学的贫困》《法兰西内战》等。据石璞的同窗好友张楚宝回忆，在图书馆阅览室，石璞经常阅读神州国光出版社的一些苏联哲学名著的译本。在陈景星的帮助下，1929 年 12 月，石璞加入了中国共产主义青年团，很快又转为中国共产党党员。在金陵大学的校园里，两个人经常并肩活动，合作宣传，十分默契。陈景星喜欢用一些浅显易懂的诗歌来宣传革命，石璞就帮他把这些诗唱出去。陈景星有首诗写道："工农痛苦实在深，资本主义剥削，豪绅又欺凌。国民党改组派，压榨实在凶。打倒国民党，驱逐日美英。建立苏维埃，红旗照光明。工人解放，农民翻身，大家庆升平。"石璞就用《苏武牧羊》的曲调把它唱出去，激发大家的革命热情。

1930 年 2 月，为了反对国民党的独裁统治，鲁迅等进步人士在上海发起成立中国自由运动大同盟。中共南京市委按照上级指示，在校园中发起成立了南京自由运动大同盟。陈景星接到任务后，积极联合邻近的中央大学的进步学生，在校园里公开张贴成立南京自由运动大同盟的公告。当时，金陵大学里支持国民党的学生很猖獗，给公告扣上了"共产党"的帽子，企图吓唬其他学生让他们不敢签名。陈景星和石璞毫不畏惧，顶住压力带头在公告上签了名，在他们的带动下，东北同乡会里很多学生纷纷签名支持。大同盟成立后，陈景星积极向参加同盟的进步学生宣传革命理论，还发展了李林泮等几名同学入了党，并成立了金陵大学党支部，被上级指派为党支部书记。陈景星和石璞等人，带领金陵大学的党员们，一起散发传单，在夜里张贴和粉刷革命标语，革命活动开展得有声有色，成为南京地下党组织的一支骨干力量。

1930 年 3 月，在金陵大学任教的美国社会学教授塞佛尔在给学生上课时，播放了一部他自己拍摄的中国社会问题纪录片——《中国与中国人》。这部纪录片以穷尽中国社会底层的阴暗面为能事，有鸦片吸食者、裹小脚的女人、瘸腿的残疾人、悲惨的乞丐等。他认为这就是典型的中国人，中国是一个落后的、野蛮的国家。塞佛尔恶意诋毁中国人的纪录片，激起了全校师生的极大愤慨。金陵大学党支部抓住这一机会，积极组织反对美帝国主义的斗争。3 月 24 日，在陈景星和石璞的发动下，300 多名爱国学生举行了集会，陈景星在集会上带头高呼“打倒美帝国主义!”“驱逐侮辱中国人民的美帝国主义分子!”这次活动使校方备受压力，也在社会上产生了很大的影响。南京国民政府迫于舆论的压力，教育部部长蒋梦麟不得不下令“辞退塞佛尔”，南京特别市市长刘纪文也下令让塞佛尔交出纪录片的底片并焚毁，同时在各大报纸上向中国人民公开道歉。塞佛尔被迫交出底片，离开了南京，陈景星、石璞领导的驱逐塞佛尔的斗争取得了圆满胜利。

1930 年 4 月 3 日，南京英商和记洋行的工人举行了大罢工，反抗英国商人的残酷剥削，结果被血腥镇压，造成了四三惨案。中共南京市委号召成立四三惨案后援会，陈景星和石璞积极联系南京各大中学校，成立后援会，陈景星被推举为负责人之一。后援会成立后，在 4 月 5 日举行了由南京大中学校学生和市民一起参加的大规模示威游行，陈景星是这次活动的领导者之一，他广泛发动南京的中学生参加游行，在他的努力下，东方公学 300 名师生参加了游行活动。石璞在这次游行中，走在金陵大学学生队伍的最前面。

1930 年 5 月，南京地下党组织受“左倾”思想指导，将党团和工会组织合并，成立了“红五月”行动委员会。行动委员会根据上级要求，在整个 5 月实行“罢工、罢课、罢市、罢操、罢岗”的五罢行动。陈景星接受了党的任务后，首先在金陵大学组织了罢课行动，打响了南京市五罢行动的第一枪。5 月 25 日，在陈景星和石璞等人的精心筹备下，金陵大学党支部组织了一场晚会，全校很多的进步学生都参加了这个晚会，其他学校的一些进步学生也来助阵。在晚会现场，大家发现有一些形迹可疑的国民党特务也混了进来，整个场面顿时紧张起来。这次晚会以熄灯为信号，把罢课传单散发出去，作为罢课的信号。中共南京市行动委员会的宣传部部长刘季平在熄灯后，带头散发起传单来，结果当场被特务逮捕。陈景星和石璞并没有被严峻的斗争形势吓倒，他们画了一幅英帝国主义者屠杀中国人民的漫画，27 日一早贴在学校公告栏里，结果被学校反动分子撕掉了。30 日当天，陈景星、石璞和金陵大学的其他党员，趁着国民大戏院散场的时候，向观众一面大发传单，一面高喊口号，等到国民党军警跑来时，他们早已经机智地离开了。中共南京市行动委员会宣传部部长石俊同志因遭不测，陈景星临危受命，被组织委任为代理宣传部部长。

三

中共南京市行动委员会在“左倾”路线的指导下，计划在南京这样的中心城市举行暴动。陈景星深知敌众我寡，在戒备森严的国民党心脏地区举行暴动成功的可能性微乎其微，但还是接受了组织的安排。他自知胜算无多，给母亲写了一封催人泪下的信，信上说：“母亲，你对我的爱，对我的体贴，那是使我时时不能忘记的……你为我受了多少累，吃了很多苦，甚至于被债主们逼迫，处处你都代表着慈母的爱！”“时时你都盼望着儿子成名，能治起家来，能为你们争脸。然而慈母爱儿的亲热，我能如何报答呢……我常想，我若是读了很多书，不能为社会上被践踏的人类谋些幸福，那我怎能对得起母亲呢？”表达了他舍小家为大家的奉献精神和牺牲精神。为了策划暴动工作，陈景星住在和记洋行的工人宿舍，在工人群众中开展工作。他还受组织安排，负责南区电报局、兵工厂的暴动发动工作。石璞也放弃了回乡避暑的安排，他对邀他一起回乡的同学说：“两个月假期，能做很多事，我不回去了！”在组织的安排下，他负责北区青年学生的发动工作，忘我地投入革命工作，不分昼夜地宣传、联络、散发传单，废寝忘食地为党工作着。根据当时负责党内秘密印刷工作的共青团员温济泽回忆，石璞曾经多次和他一起把印好的传单标语拿出去分发，他对南京比较熟悉，经常帮助人生地不熟的温济泽，一起去国民党中央军校、警官学校等地方送传单。

中共南京市委地下交通员鲁达卿被国民党特务盯梢多日后，于1930年8月7日被逮捕，随即叛变，供出了一份有多名共产党员的名单，陈景星、石璞等人也在名单上。危急关头，石璞不顾自己已处险境，首先想到的是保护战友和同志。他设法给在东北消暑的金鼎铭发去电报："勿来京，告郑！"就这样，金鼎铭和郑辅周两名同志顺利脱险。之后的一个深夜，国民党特务突然逮捕了住在和记洋行工人宿舍的陈景星，并突袭金陵大学学生宿舍，带走了石璞等人，关押在国民党首都宪兵司令部看守所。

敌人知道陈景星是中共南京市委的负责人之一，先是利诱，对陈景星说："只要你能供出你所知道的一切，就可以立刻享有高官厚禄、金钱美女。"陈景星横眉冷对，不屑一顾。敌人施以酷刑，陈景星不为淫威所屈，一言不发。而在审判庭上，则严词痛斥国民党当局不得人心的所作所为，宣传救国救亡的革命道理，法官无言以对。

石璞被捕入狱的消息传到家中，父亲石吉昌为他四处奔走，多方营救。他曾经求一位在张学良部任职的亲戚，与南京国民政府的一位高官取得了联系，这位高官提到"只要履行某些手续之后，是可以放人的"，而且答应聘请一位南京著名的律师为石璞辩护。石吉昌救子心切，当时就表示："只要能救幼子，倾家荡产也在所不惜!”他变卖了家产田地之后,携带款项到南京活动。受委托的著名律师在狱中对石璞说:“你父母见你被捕入狱,悲痛万分,委托我来营救你,若按我计行事不仅可免于死,且可以立即释放。你只要在开庭受审之时,承认自己年幼无知误入歧途,当闭门苦读圣贤书,以待异日报国。”石璞知道,如果按照律师说的这样做,可以免于一死。但他是一个共产主义者,在加入中国共产主义青年团的时候,他曾经态度坚定地说:“在南京,不准备杀头,就不要加入共产党!我是对着敌人的枪口加入共青团的。”他不愿意放弃自己的信仰,他对律师说,“你何不直说令我叛变,苟且偷生!杀我的头易,变我的信仰难!”金陵大学的师生为了拯救自己的同学,曾施压校方出面保释,始终没有成功。有法官曾经暗示石璞只要承认自己年幼无知被人蛊惑,就可以释放,石璞说:“我宁可当一个无愧于人民的死鬼,决不当背叛人民的活人!”开庭审判时,法官说:“看你小小年纪,绝出不了主意,幕后必有人主使,只要你说出来……”石璞愤而反击说:“你们早就背叛了孙中山先生的三民主义,我就是要革你们这些中山先生叛徒们的命!”“乱臣贼子,人人当诛,何须指使!”法官不由得目瞪口呆。石璞是一同被捕的共产党员中年龄最小的一位,却表现得最为成熟和坚定,残忍的敌人用铁条穿过他的手掌,把他吊起来毒打,石璞自始至终不屈不挠。

敌人见从陈景星和石璞身上什么也得不到,下达执行死刑令。根据当时的法律,未年满18周岁不能处以死刑,石璞年仅17岁,国民党当局为了达到杀一儆百的目的，居然丧心病狂地把石璞的年龄多加了两岁，改为19岁。1930年9月4日凌晨，陈景星、石璞和其他十几名革命者一起被押赴刑场，他们高呼“打倒国民党反动派！”“打倒帝国主义！”“中国共产党万岁！”等革命口号，慷慨就义。烈士们牺牲的当天，金陵大学事务员来收殓烈士遗体，发现陈景星和石璞身中数弹。有一颗子弹从石璞的后脑打进去，前额穿出来，情状惨不忍睹。

陈景星、石璞两位从白山黑水走出来的烈士，永远英名不朽、浩气长存！

坚贞不屈女英杰——吕国英

吕国英(1907—1930),女,字励之,曾用名何月芬、谷音、芝兰,江苏沛县人。1913年,进入村改良学堂,后入沛县县立女子高等小学读书。小学毕业后,考入江苏省立第三女子师范学校。1925年,加入中国共产主义青年团。1926年,应聘担任新浦私立普爱小学校长,不久投身北伐。1927年夏,担任国民党赣榆县党部妇女部部长。1928年,调任国民党沛县党部指导委员、组织部部长、训练部部长,随后任国民党沛县党部执行委员。曾到国立中央大学旁听课程,后考入上海中华艺术大学,在校加入中国共产党,担任支部宣传委员,几度入狱。1930年夏,从武汉到南京从事革命活动,被捕入狱;9月4日,牺牲于南京雨花台。

1907年,吕国英出生于江苏省徐州市沛县栖山镇吕楼一个破落地主家庭。她很小的时候,父亲就去世了,生活过得很艰难,是母亲含辛茹苦把她们姐妹三人抚养成人。6岁时,吕国英进入村改良学堂读书,不久又到沛县县立女子高等小学读书。小学毕业后,她考入江苏省立第三女子师范学校,读书成绩很好。在校期间担任了学生会干事,吕国英和校教务主任吴亚鲁的接触较多。吴亚鲁是徐州市地下党的创始人和负责人之一,在他的影响下,吕国英开始大量阅读有关共产主义的著作,渐渐地接受了革命思想。吴亚鲁在徐州领导第三女子师范学校的革命斗争中,深入细致地开展工作,使很多学生开始觉醒,自觉投身到革命的洪流中去,发展了一批优秀的学生加入了共产党和共青团组织。在吴亚鲁的引导下,1925年,吕国英加入了中国共产主义青年团。

1926年,吕国英师范毕业后,应聘担任新浦私立普爱小学校长。她在教书育人的同时,不忘关心国家大事,积极参加各种进步活动。国民革命军北伐后,她得此消息非常兴奋,毅然辞去职务,投身到北伐军中去。1927年夏,吕国英担任国民党赣榆县党部妇女部部长。1928年,她调任国民党沛县党部指导委员、组织部部长、训练部部长,随后担任国民党沛县党部执行委员。她亲眼看见国民党反动派背叛革命、屠杀共产党员的暴行,深为不满,为国民党右派所不容。她毅然离开家乡,一度曾到南京,在国立中央大学做旁听生。过了几个月,她考取上海中华艺术大学,在校加入中国共产党，担任支部宣传委员，从此积极参加地下党工作。当时，蒋介石在上海疯狂迫害共产党人，吕国英曾经三次被捕，她在狱中被国民党反动派严刑拷打，受过坐老虎凳的酷刑，却始终坚贞不屈，拒不投降。在上海地下党组织的营救下，她几进几出，不得不离开上海，根据组织安排，在南京和武汉两地为革命事业奔波。

1930 年，在李立三左倾路线的影响下，共产党在各地组织暴动。同年夏，吕国英在武汉接受党组织的派遣，和其他 2 男 2 女共 5 名同志前往南京，参加一次党组织的暴动。另两名女生是北京大学的学生，不幸的是，他们从武汉出发前，就已经被国民党当局盯上了，特务们尾随他们到南京。吕国英他们一行刚到南京，就被特务们抓起来关进了监狱。穷凶极恶的敌人对吕国英交互使用酷刑利诱，让她说出党的秘密，任凭软硬兼施，吕国英始终威武不屈。她在狱中写下了遗书，告慰母亲说自己是为了正义的事业而牺牲的，让她不要难过，叮嘱妹妹吕国芳好好读书，清白做人。1930 年 9 月 4 日上午 6 时，吕国英被敌人押送到雨花台刑场，就义前她高呼“中国共产党万岁！”“打倒国民党反动派！”凶残的敌人听到后大怒，先割去她的舌头，复执行枪决。

吕国英生前的好友陈建受其委托，把遗书交给吕母，半个月后，晚年丧女的吕母收到遗书，悲痛不已，3 个月后就去世了。陈建帮着料理了吕国英的后事，他请人把吕的尸骨埋葬在雨花台边上，立了一块3尺高的墓碑。1932年，陈建再登雨花台时，已经找不到墓碑了，连墓都已经湮没了。中华人民共和国成立后，吕国芳担任南京大学附属中学的老师，常去雨花台凭吊吕国英烈士，寄托哀思。

视死如归真铁汉——李林泮

李林泮(1909—1930),男,曾用名黎一梅,黑龙江双城人。1929年,考入国立中央大学社会学系;同年冬,在陈景星的介绍下加入中国共产党。1930年春,参加"南京自由运动大同盟",反对国民党的独裁统治,反对国民党查禁进步书刊,争取集会、结社、出版、言论的自由;4月5日,参加声援下关和记工厂工人罢工的示威游行;同年夏,在上级的安排下,准备参加南京暴动,由于党组织遭破坏,被国民党当局逮捕入狱;同年9月4日,与陈景星、石璞等同志,在南京雨花台就义。

1909年,李林泮出生于黑龙江双城一个地主家庭。1929年秋中学毕业,考入南京国立中央大学社会学系。当时,金陵大学东北籍学生陈景星利用同乡会,广泛宣传马列主义思想和中国共产党的纲领,引导进步青年学生同国民党当局做斗争。在他的影响下,李林泮接受了共产主义思想,在1929年冬天,由陈景星介绍,和同学石璞一起加入了中国共产党。

李林泮加入中国共产党后,陈景星担任了金陵大学地下党支部书记,在他的带领下,李林泮积极参加进步学生运动。1930年春,南京地下党组织响应上级号召,领导进步学生发起"南京自由运动大同盟",反对国民党的独裁统治,反对国民党查禁进步书刊,争取集会、结社、出版、言论的自由。李林泮作为国立中央大学的积极分子,积极投身这项运动,在国立中央大学地下党支部的领导下,和其他进步学生一起,张贴宣传标语、散发革命传单、呼喊革命口号。4月5日,南京进步师生发起声援下关和记工厂工人罢工的示威游行,李林泮积极参加游行示威活动,始终走在国立中央大学学生队伍的前列。

7月中旬,中共南京市行动委员会计划在8月初举行暴动,陈景星带领李林泮等同志,负责城南区的工人暴动,他们在南京街头广泛张贴革命宣传标语,散发革命传单。敌人对此高度警觉,立刻在全市开展了大搜查,很多共产党员被逮捕,由于叛徒告密,李林泮和陈景星等同志也不幸被捕。敌人在狱中对李林泮刑讯逼供,主审他的特务头子傲慢地问："你叫什么名字？"李林泮不屑地回答说："你们知道我的名字，何必还要问我？"又问："你是什么地方人？"李林泮横眉冷对，回答说："我是世界上的人！"敌人终于恼羞成怒，下令对他施以酷刑。李林泮在重刑之下，被折磨得血肉模糊、体无完肤，可是他始终严守秘密，坚守信念，保持了一个共产党人的崇高气节。

9月4日清晨，凶残的敌人终于露出了狰狞的面目，他们把李林泮和陈景星、石璞等7名共产党员，押赴雨花台刑场枪决。

一片丹心跟党走——孙明忠

孙明忠(1902—1932),又名孙标、旦夫、文忠、恒昌、汪皮匠,江苏武进湟里小园窠人。出身贫寒,家里世代为农。1927 年,参加同乡青年黄祥宾发起的农民运动,加入农民协会,开展抗租斗争。1928 年,响应党组织号召,准备参加家乡的秋收暴动,因提前泄露了消息,事败流亡南京。在黄祥宾的鼓励和安排下,在金陵大学农场工作,从事党的地下宣传联络工作。1930 年,被国民党当局逮捕。1932 年 4 月,牺牲于南京雨花台。

武进地处江南，明清以来就是人多地少的“狭乡”，农民日复一日，年复一年，日出而作，日落而息，为生存拼命劳作，孙家也不例外。除了种几亩薄田度日，还要兼做手工。因家中无力供读书，孙明忠十多岁就学制鞋手艺，江南俗称“皮匠”，以贴补家用。

1927 年年初，中共武进西南区委在湟里镇成立。在党组织的安排下，已在南京东南大学工学院读书的黄祥宾组织家乡的青年，在湟里镇发起农民运动。孙明忠和同村人中共武进西南区委员朱杰一起积极参与发动群众，组织农民协会，揭露土豪劣绅剥削乡里农民的罪恶，开展抗租斗争。湟里镇小园窠的农民运动开展得轰轰烈烈，成为武进地区农民运动的中心，孙明忠成为农民运动的骨干分子。

1928 年秋，党组织根据中共八七会议精神，决定于 10 月 12 日在湟里镇举行秋收暴动，因地主豪绅举报，国民党反动当局组织地方武装镇压，通缉孙明忠等农协骨干成员并袭击了孙明忠的家，搜查没收他家中的粮食牲畜。孙明忠被迫逃离家乡，流亡至南京。在黄祥宾的安排下，他暂住南京鼓楼，躲过缉捕。黄祥宾介绍孙明忠到南京麒麟门金陵大学农场工作，以此身份为掩护，继续秘密从事党的地下工作，担任宣传联络工作。

孙明忠的革命活动引起南京国民党反动当局的注意。1930 年 7 月，孙明忠被捕，被关押在国民党南京卫戍司令部。面对敌人刑讯逼供，他坚贞不屈，严守组织秘密。1932 年 4 月，孙明忠在雨花台英勇就义。

手执钢鞭锤白日——余良鳌

余良鳌(1881—1930),男,曾用名余鲲,字电球,安徽潜山人。1906年,考入安庆高等学堂。后进入南京两江师范学堂(南京大学的前身)学习。1919年,在安庆六邑中学等校担任教师。1924年1月,加入国民党,担任国民党安庆市第一区党部书记。1926年,加入中国共产党,在潜山县发展农会组织,领导农民运动。1930年,在中国工农红军潜山独立师政治部任职,不久调任五河区农会主席,组织发展农会、妇女会、赤卫队,在响山被反动派逮捕;9月中旬,被杀害于梅城西门外。

1881 年，余良鳌出生在安徽潜山一个诗书之家，其祖父、伯父和叔父都是晚清的秀才，父亲还当过廪生，在当地教书。在这样的书香门第，余良鳌从小就受到了良好的旧式教育。1904 年，余良鳌到安庆府参加科举考试，第一场考试下来，他在六个县的考生中名列榜首，大家都觉得他一定高中了，没想到在第二场考试中，他因宣传革新思想而没有得到名次。余良鳌对此非常气愤，吃饭时把一桌饭菜掀翻在地，表示不满，主考官听说后，以“性格狂妄”把他除名。1906 年，余良鳌入安庆高等学堂读书。后进入两江师范学堂读书，校长李瑞清赞赏余良鳌求新求变的思想，特地亲笔给他写过一副对联：“春秋以道义，周易贵变通。”这幅珍贵的对联，至今还保存在安徽省潜山县民政局。当时，民主革命思潮澎湃，“剪辫放足”成为时代的潮流，余良鳌带头剪去辫子，因此一度被清军追捕，被迫辍学返乡。

1919 年，余良鳌在安庆六邑中学等学校担任教师。1924 年 1 月，由王步文介绍，他在安庆加入国民党，担任国民党安庆市第一区党部书记。1926 年，余良鳌回潜山工作，参加国民党潜山县党部临时执行委员会的领导工作。同年加入了中国共产党，他虽然在县党部年龄最大，但为人谦虚，尊重年轻人，得到大家的尊重。余良鳌带领农会组织，惩治流氓恶霸石宝瓒，勒令当地大户程雨清限制粮食价格，在农会的努力下，稻米价格下降了百分之三十。农会为老百姓做了好事，争取了利益，得到农民群众的积极拥戴，一时声威大震。

1927年3月23日，蒋介石在安庆制造“三·二三”反革命事件，12月8日又制造了“一二·八”惨案，国民党右派疯狂镇压共产党人。余良鳌根据党组织的安排，重新到萃新小学担任教员。当时，中共党员王效亭也在该校，余良鳌和他一起开展地下工作。他在课堂上公开宣传革命，曾说：“我已年近半百，在我走过的道路上，遭受过挫折，吃过亏，但从现在起还不迟，再学马列主义也还能奋斗大半生。”在他和王效亭等同志的努力下，萃新小学成了当地的革命中心。余良鳌又和其他同志一起，到黄泥、新仓、牌楼等地散发革命传单，他在黄泥作了一副对联：“宝塔层层，手执钢鞭锤白日；山峰垒垒，口生牙齿啮青天。”暗示要和国民党反动派做斗争。有同志跟他说，这副对联太露骨了，余良鳌听后说：“是啊，不少同志都说太露骨了，因而给我取了一个绰号‘余茄(偈)子’，我甘心作这样的偈子。”

1930年，中国工农红军潜山独立师成立，余良鳌在师政治部任职，主编革命报纸。蒋介石要调大军前来潜山围剿独立师，形势非常紧张。余良鳌当时已不算年轻，有人劝他不要上前线，他幽默地说：“我被杀了也有一摊血。”为了保存实力，红军进行战略转移，余良鳌根据组织安排留在五河区任农会主席，带领一些同志开展游击战。他到五河后，成立农会组织，又成立有上百名队员的赤卫队、妇女会和儿童团。他带领赤卫队镇压了在当地民愤极大的土豪劣绅陈学初、陈后生父子，一下子就在当地打开了局面，当地农民纷纷要求加入农会。7月，国民党潜山县县长崔澍龙悬赏大洋两千元捉拿余良鳌，还纠集了省保安团和附近几个县的联防队，共2000多人分几路前来进攻。余良鳌带领赤卫队员避其锋芒，机智地开展游击战争。几天后，赤卫队被敌人包围，余良鳌突围后，经过响山时，被叛徒认出，被逮送到乡团防队。团防队把余良鳌的四肢钉在屠凳上，一刀刀地割下去，余良鳌疼得直冒汗，围观者锥心落泪，但余良鳌至死不屈。在把余良鳌押送到县城的途中，团防队故意从他岳父家门口经过，让他的妻子储氏和两个孩子看到，家人看到他的惨状，哭得死去活来。余良鳌的两个大舅子劝说道："你安心去，我们家筹钱到县里保你出来。"余良鳌回他们说："像我这样的人，用钱是保不出来的，你有那个钱将我的妻儿抚养好，余愿足矣。"被押解到县城后，敌人对他继续加以重刑，整整折磨了他两个月，想从他嘴里探出红军的消息，余良鳌不吐一字，报之以沉默和冷眼。敌人恼羞成怒，失去耐心，在梅城西门外杀害了他。

新中国成立后，余良鳌同志被追认为革命烈士，他英勇不屈的光辉事迹，至今流传！

引导青年向光明——杨贤江

杨贤江（1895—1931），男，曾用名李浩吾、柳岛生、叶公朴、直夫、耕牛、李谊，浙江慈溪人。杰出的青年运动领导人，马克思主义教育理论家。先后在杨家村墅、奚山初级小学堂、诚意高等小学堂读书。1912年，考入浙江省立第一师范学校。1917年，毕业后担任南京高等师范学校职员。1919年，参加“少年中国学会”，担任南京分会书记。1921年，在上海商务印书馆主编《学生杂志》。1922年，加入中国共产党。1923年，协助恽代英编《中国青年》。1924年，担任中共上海地方兼区执行委员会候补委员；同年，任国民党上海市党部青年部部长。1927年，参加上海工人第三次武装起义，当选上海市临时政府委员。在北伐军总政治部担任革命军日报社社长。四一二反革命政变后，被迫流亡日本，翻译了很多马克思主义著作。1929年5月，返回上海领导地下工作，不幸患上了严重的肾结核病。1931年7月，赴日本就医；同年8月9日病逝。

1895年4月1日，杨贤江出生于浙江慈溪长河镇贤江村。父亲杨树芳是一个裁缝，守有几亩薄田，家庭生活困苦。杨贤江从小读书十分刻苦，先后在杨家村墅、奚山初级小学堂、诚意高等小学堂就读。1911年，他从诚意高等小学堂毕业，第二年，以优异成绩考入浙江省立第一师范学校。1917年毕业后，他曾在余姚县暑期教育研究会短期任职，同年秋，到南京高等师范学校任职，曾任学监处事务员、教育科职员等。他在南高任职期间，始终坚持学习心理学、教育学等课程，为以后从事马克思主义教育理论工作奠定了基础。在商务印书馆举办的英语培训班上，曾获得最优奖学金。他积极宣传进步思想，参加进步活动。1919年，"少年中国学会"成立，杨贤江和李大钊、毛泽东、邓中夏、恽代英等人一起加入，当选为南京分会书记，负责《少年世界》刊物的编辑。1920年，他和李大钊等7人被选为领导"少年中国学会"的评议员，为"少年中国学会"做了很多工作。同年9月，应邀到广东省肇庆高要，担任国民师范补习所教务主任，讲授教育学、心理学等课程。他在肇庆曾被兵匪围困了50多天，亲眼看到了老百姓蒙受的苦难，不由得感慨地说："不管什么救国，什么护法，名目怎么好听，战来战去，终是平民吃亏。"因此，他公开说，"我的理想，在把全人类的生活，要都能够有幸福，故不满意于现代的财产制度。"

1921年，上海商务印书馆聘请杨贤江主编《学生杂志》，他利用此机会，积极宣传革命道理，教育青年走革命的道路。在他为期6

年的主编生涯中，为编辑杂志呕心沥血，发表了《学生与政治》《求学与救国》《青年学生救国的途径》等大量文章，喊出了“求学不忘救国，救国不忘求学”的口号，提出“只有革命的教育才是中国需要的教育，只有革命的教育者才是中国需要的教育者，做教育者的人不仅应当指导学生去革命，还应当指导群众去革命”。他主编的杂志思想性、知识性乃至趣味性都堪称上乘，“是学生界定期刊物中思想最高尚、最纯洁、最切实、最缜密、最普遍而又是最富于革新精神的杂志”，是“引导青年走入光明之路的明灯”，影响了无数的青年人。杨贤江很重视教育理论，经常写这方面的文章，发表在《教育杂志》上。1921 年，他加入了中国社会主义青年团。1922 年 5 月，杨贤江加入中国共产党。1923 年，他和挚友恽代英，为编辑《中国青年》做了大量工作。杨贤江在《中国青年》杂志上发表了很多文章，宣传马克思主义思想，引导青年走革命道路，在青年中产生了很大的影响，成为很多青年心目中的导师和偶像。1924 年，根据中共中央的安排，杨贤江担任中共上海地方兼区执行委员会候补委员。同年，担任国民党上海市党部青年部部长。杨贤江利用职务身份，到杭州、宁波等地积极开展革命工作，建立党的组织，发展学生运动，还在家乡余姚创办了《余姚青年》。杨贤江还兼职在上海大学社会系讲课，担任上海大学附中教务主任，担任过上虞县春晖中学教务主任。五卅运动爆发后，杨贤江和沈雁冰等人发起成立“上海教职员救国同志会”，领导大中学校学生成立了上海学生会，并任会长，指导学生罢课、示威游行等，积极支持和响应工人运动。1927年，杨贤江参加了上海工人第三次武装起义，组织上海大学学生纠察队，配合商务印书馆工人，一起参加了攻打天通庵车站、北火车站的战斗。第三次武装起义胜利后，代表国民党上海特别市党部主持了市政府就职典礼，被选为上海市临时政府委员。国民党右派背叛革命后，大肆屠杀共产党人，杨贤江在白色恐怖之下，被国民党列入197名“应先看管”的共产党员名单。杨贤江被迫远走武汉，一度在北伐军总政治部工作，担任革命军日报社社长。

1927年年底，杨贤江被迫逃亡日本，担任中国留日学生党组织负责人。在日本期间，改名为李浩吾，旅居京都。日本警察厅严密监视杨贤江，有一个警察曾直言不讳地说：“你改了名字，我们知道你是杨贤江，是共产党员，不准开展革命活动。”可是他依然冒着危险为党工作，在杨贤江的安排下，董必武、林伯渠等经过日本前往苏联。在日本避难的沈雁冰、郭沫若等人，也得到了他的多方照顾。

1929年5月，根据党组织的安排，杨贤江回到上海，参加地下党工作，担任中共中央文委委员，发起成立了中国社会科学家联盟。杨贤江搜集了很多教育研究资料，在《教育杂志》《新思潮》等刊物上发表了几十篇教育方面的论文，翻译出版了《家族、私有财产及国家之起源》《世界史纲》《苏维埃共和国新教育》等5本著作，撰著了《教育史 ABC》和《新教育大纲》，这两本书是中国最早用马克思主义观点写作的教育学专著，最早批判资产阶级教育思想，提出教育服务革命的观点，对宣传马克思主义教育思想，有开拓性意义。杨贤江的工作环境十分险恶，生活条件也非常艰苦，常带病坚持工作，健康日益恶化，最终不幸患上了严重的肾结核病。1931 年 7 月，他不得不再赴日本治病；同年 8 月 9 日，在日本长崎病故。

新中国成立后，杨贤江的墓迁葬到上海龙华革命烈士公墓。1958 年，浙江省民政厅追认杨贤江为革命烈士。2004 年，位于杨贤江故居的杨贤江纪念馆建成开放，共分为学生时代、青年导师、名垂青史等六个部分，全面介绍了杨贤江的革命事迹，展出了他的书籍和一些日用品。

杨贤江烈士虽没有牺牲在敌人的枪口下，也没有炮火连天的英雄壮举，但他以笔代枪，战斗在特殊的战场，以革命理论的武装对付反革命的武装，为革命事业做出了独特的贡献。

死不足惜斗恶魔——陈垂斌

陈垂斌（1900—1933），男，海南乐东人。1916年，考入府城华美中学，是当地早期学生运动领导人。1922年，考入南京东南大学。1924年，转入上海大学社会学系，加入社会主义青年团。1925年，加入中国共产党，是上海大学学生领袖之一。他发起成立琼崖旅沪社，出版《琼崖革命青年》旬刊。1926年，到广州开展革命工作，不久回琼崖开展革命活动，担任广东省立第六师范学校教务主任，中共琼崖地委委员。后到澄迈中学开展“择师运动”，担任校长，建立中共邓仲支部并担任书记。琼崖“四·二二”事变后，到乐会县第四区建立农民武装。1927年11月，担任中共琼崖特委常委兼宣传部部长；同年12月16日，发起组织琼崖第一个苏维埃政权——陵水县苏维埃人民政府。1933年春，被国民党逮捕杀害。1991年5月6日，海南省人民政府追认他为革命烈士。

1900 年 2 月,陈垂斌出生于海南乐东乐罗村一个贫苦农民家庭。父亲陈世泽养育多个孩子,陈垂斌在家排行老六,人称六哥。陈垂斌 6 岁时跟着二哥读诗书。7 岁,进入美国传教士开设的基督教学堂读《圣经》。1916 年,考入府城华美中学读书。少年时期的陈垂斌,就以天下为己任,积极参加爱国学生运动。1919 年,“琼崖十三届学生联合会”成立,陈垂斌被选为常务理事。1922 年,陈垂斌考入南京东南大学。在校期间,他受进步同学的影响,经常和海南学生罗文淹等阅读马克思主义著作。中共中央为培养革命骨干,在上海创办上海大学,1924 年,陈垂斌进入上海大学社会学系读书,不久加入了社会主义青年团,担任上海大学学生会主席团成员,是上海学生联合会的领袖之一。有一次,陈垂斌参加党组织领导的欢迎孙中山先生北上的大游行,法国巡捕用棍棒加以阻挠,陈垂斌被击倒后,愤怒地大喊:“打倒法帝国主义!”1925 年,他光荣地加入中国共产党。在沪期间,陈垂斌和王文明等海南岛同学发起成立上海琼崖青年社,又叫琼崖旅沪社,出版《琼崖革命青年》旬刊,宣传革命思想。

1926 年 1 月,陈垂斌随国民革命军到广州工作,不久又根据组织安排回琼崖开展革命活动,公开身份是广东省立第六师范学校教务主任。他利用这个身份,积极发展进步师生加入党组织。3 月,中共琼崖地委成立,陈垂斌任地委委员兼组织部部长。随后,他又到澄迈中学任教,领导了声势浩大的“择师运动”,赶走反动校长，自己被公推为校长。县长对此非常不满，下令免去陈垂斌的校长职务，另派反动政客接替，在党组织的支持下，全校师生开展游行示威，坚决予以抵制，县长不得不收回成命。陈垂斌担任校长后，积极宣传革命，澄迈中学风气丕变。他在进步师生中秘密发展党员，6 月，建立了澄迈县第一个党的组织——中共邓仲支部，自任支部书记，根据当地方言，邓仲是澄中的谐音。陈垂斌担任书记后，在学校里发起学生会，成立琼剧团，组建共青团支部，澄迈中学成为当地方圆百里的革命中心。不仅如此，他还积极到农村开展革命宣传，在金江、土艳、高山朗等地建立党小组，共有 48 名党员。四一二反革命政变后，国民党右派在琼崖发起“四·二二”事变，屠杀共产党人。中共琼崖地委改成琼崖特委，陈垂斌担任特委委员，到乐会县第四区建立农民武装。1927 年 11 月，担任中共琼崖特委常委兼宣传部部长。陈垂斌作为南路特派员，到陵水、万宁等地开展革命工作，组建农民自卫军。陵水是少数民族集聚的地方，黎族和侗族都有自己的武装，其中实力最强的是黎族首领王昭夷。陈垂斌为了争取他的支持，一人勇闯龙潭虎穴，来到七弓峒王昭夷驻地，用华美中学校长的身份，和他进行长谈，讲述革命道理。王昭夷虽拥兵自重、骄横跋扈，但对国民党腐朽的统治也早就不满，在陈垂斌的感召下，他最终同意加入农民自卫军，自任总指挥。不久，陈垂斌领导农民自卫军两次攻占陵水县城，12 月 16 日，发起组织琼崖第一个苏维埃政权——陵水县苏维埃人民政府。

1928年，国民党军队发起对中共琼崖根据地的进攻，陈垂斌突围出来后，回到家乡继续开展革命活动。1929年年初，陈垂斌成立中共乐罗特别支部，以护村的名义成立特别队，其实上就是农民革命武装，为琼南革命根据地的建立打下了基础。他经常帮助老百姓排忧解难，在当地威信很高。有一次，有一个农民的耕牛被人偷走，被贩卖到了其他地方，陈垂斌多方疏通，硬是把牛给要了回来。特别队成立后，陈垂斌和队员们约法三章，制定《特别队行动条例》，明确提出如果特别队员在巡逻时，由于个人不负责任发生被盗事件，则损失由全体队员承担。这个制度出来后，特别队队员都尽心尽力巡逻，当地的偷盗事件一下子减少了很多。为了增强村里的自治防卫能力，他提出环村种竹，用竹林形成防护屏障，并在村口建炮楼，采取夜巡和夜守的方法。1931年年底，在陈垂斌的不懈努力下，乐罗的革命武装已有100多人，几十条枪，陈垂斌经常带领武装打击恶霸地主，引起国民党反动派的恐慌。敌人发出悬赏，“活捉匪首陈垂斌，奖赏500大洋”。在严峻的斗争形势下，陈垂斌带领革命武装到红五山区打游击。1933年2月，一个当地人被敌人收买，带领国民党军队包围了陈垂斌所部的驻地，陈垂斌在突围中，主动留下来断后，结果打光了子弹不幸被俘。国民党当局一心想收买他，对他封官许愿，陈垂斌不为所动，坚贞不从。3月9日，敌人给他的药汤里下毒，残忍地将他杀害。牺牲的前几天，他曾留下一首绝笔诗：“生当为祖国，死亦斗恶魔。望楼水不断，永唱国际歌。”当时他的女儿陈汉鸾还在母亲腹中。

1991 年 5 月 6 日，海南省人民政府追认陈垂斌为革命烈士，为了纪念他，当地人民把他最后战斗过的山洞称为“垂斌洞”，他盖的小楼称为“六哥楼”。

百首诗篇祭爱子——顾衡

顾衡(1909—1934),男,又名翟大来、胡方、李君实、张奇,江苏无锡人。四岁进私塾,后入江苏第三师范学校附小读书。1921 年,考入三师初中部。1923 年,作为插班生考入国立东南大学附中初三。1925 年,参加南京学联声援五卅后援会活动。1927 年,考入国立第四中山大学(1928 年 5 月,改名国立中央大学)数学系。1928 年,参加声援“济南惨案”学生运动。1929 年,到北京创办《现代中学生》杂志。1930 年,担任新农农业学校教员;同年 10 月,加入中国共产党。1931 年春,到安徽太和从事革命工作并任教,不久任县委书记。1933 年,任中共南京特支书记。1934 年 8 月,被捕;12 月,在雨花台英勇就义。

一

美丽的太湖之滨无锡，自古人杰地灵。1909 年 5 月 23 日，在无锡市的三凤桥顾家弄，诞生了一个男婴，是这个人丁兴旺的小康之家的第三个男孩。无锡市三凤桥有闻名遐迩的著名特产酱排骨，也是一个人才辈出之地。传说三凤桥就是秦氏家族为了庆祝父子三人考中进士，而修建的避雨桥。三凤桥顾氏家族以诗礼传家，先后出过六名进士。顾衡的父亲顾倬曾留学日本，回国后提倡兴办新式学堂，曾创办新民小学、女子职业学校等新式学堂，后来担任颇有名望的江苏省立第三师范学校校长，是著名的教育家，顾衡出生在书香门第，家学渊源有自。

顾衡是家里最受宠的儿子，长得标致，衣履整洁，待人接物彬彬有礼，父亲顾倬多次在宾朋面前对他赞赏有加，寄予厚望。顾衡四岁时，被送进私塾读书认字。私塾虽然有所改良，加入了一些新式学堂的元素，但仍然以旧式的教育为主。顾衡虽然读书很有天赋，成绩优于其他学生，却很不喜欢旧式教育。父亲发现了这一点，把他转入江苏第三师范学校附小。这所学校是顾倬以日本东京师范附小为蓝本创建的新式学堂，引入了全新的课程，包括英语、算术、音乐和美术等，又很注重学生的人格养成教育，不仅要求学生们注重修养，还专门开设了体育课程。顾衡在这所学校如鱼得水，各门功课都取得了优异的成绩。1921 年，顾衡小学毕业后就读于三师的初中部。进入初中后，顾衡接触到了《物种起源》《天演论》等大量的新思想和新知识，眼界不断拓宽。课余时间，他经常到父亲创办的县立图书馆读书，第一次接触到了新文化运动时期的很多进步书刊，如《新青年》杂志、《独秀文存》等，初步接受了新思想的启蒙。

为了让顾衡接受更好的教育，有更加远大的前途，顾衡读初三时，父亲支持他报考东南大学附属中学插班生。东南大学附属中学是当时国内最好的中学之一，最早采用西方学分制和淘汰制，教学非常严格，淘汰制的空缺补招优秀的插班生，考上插班生者都是优秀学子。顾衡以优异的成绩冲出重围，成为当年录取的六名插班生之一。14 岁的顾衡从此告别了家乡，负笈南京，转学也成为他人生中的第一个转折点。东南大学附属中学在著名教育家廖世承的主持下，聘请了一大批能力强、水平高的老师，仪器设备也是一流的，光用于生物课的三千倍倍率的显微镜就有四十多架，英文打字机四十多台，物理、化学等学科的实验设备齐全，教学水平国内领先。顾衡置身这样的学习环境里更珍惜宝贵的学习机会，各门功课成绩都在班上排在前列，数学成绩尤其出色。顾衡很崇拜德国著名的大数学家高斯，对数学研究很有兴趣。

东大附中在重视学业的同时，也非常注重培养学生追求真理的精神，一些老师本身也是进步人士。顾衡在学习之余，也逐渐受到革命思想的熏陶。1925 年 3 月 12 日，孙中山先生逝世，4 月 21 日，南京工、商、农、学各界代表，在南京第一公园举行大会，共同拜祭孙中山先生。共产党的早期领导者恽代英、萧楚女在大会上做了激情澎湃的演讲，顾衡等东大附中的很多学生都聆听了他们的演讲。当天，仿佛是为了表达对伟人无尽的哀思，天一直下着大雨，恽代英在台上演讲，任凭大雨倾盆，讲演丝毫不受影响，他用大量的事实和证据，揭露帝国主义侵略压迫中国人民的罪行，剖析国内军阀混战、民不聊生的形势，指出中国必须寻找到一条救民众于水火的道路，演讲非常富有感染力。顾衡在台下听得热血沸腾，这时，一个和他一起听演讲的同学跟他说恽代英没有打伞，顾衡忽然醒悟，不由得高声疾呼："去伞！"周围打伞的同学和群众在他的感召下，一起收起了雨伞，陪着恽代英一起淋雨，冒雨听完了演讲。

这次演讲之后，顾衡和东大附中的一些进步学生对恽代英、萧楚女非常钦佩，想邀请他们专门到东大附中来做一次演讲。恰好顾衡的老师穆济波和恽代英都是"少年中国学会"的会员，一说即通，恽代英和萧楚女很高兴地接受了邀请，到东大附中做了《关税问题》《治外法权》等一系列报告。恽代英曾经在东大附中做过题为《中国青年的前途问题》的专题报告，说孙中山为了中国的革命奋斗了几十年，临终留下了"革命尚未成功，同志仍需努力"的遗言，革命之所以还没取得最后胜利，是因为对他的思想了解并接受的人很少，甚至在国民党内，也有很多反对的声音。这是因为国民党内部有很多投机分子，只为了自己升官发财，而不去考虑人民的疾苦，是彻头彻尾的假革命者。他号召广大青年学生认真学习中山先生的新三民主义，为了四万万中国同胞，选择革命的道路。顾衡十分认真地听完了整个演讲，觉得耳目一新，振聋发聩，他从内心里觉得，以前只想搞好学业是远远不够的，为了民族振兴和祖国富强，必须走上革命的道路。恽代英、萧楚女等人的演讲，对顾衡来说，是最初的思想启蒙教育，从此，这个负笈南京的学子开始了追求革命的历程。

1925 年五卅运动爆发，全国各地都举行了声援被害同胞的活动。在南京中共党组织的领导下，全市各行各业开展了声势浩大的声援活动，南京市学生联合会组织和动员大中学校学生，采取了“征求各团体组织永久后援会”等五项行动，东大附中的进步学生，在校内共产党员和共青团员的带领下，积极开展罢课、游行等活动。顾衡和同学们不仅率先罢课，还和金陵大学等学校的学生联合，走上街头游行示威，喊口号、发传单。6 月 4 日，南京各界群众举行了大规模的游行示威活动，顾衡和汪楚宝等同学，手拿小旗，臂缠黑纱，走在东大附中学生队伍的前列，边走边喊口号，场面十分震撼。据顾衡的同学陈监回忆，顾衡在五卅运动时期的表现给他留下了非常深刻的印象，作为最活跃最坚定的积极分子之一，顾衡和其他同学在南京当时最热闹的花牌楼、夫子庙等地，边游行边向周围的群众演讲，还到下关和记洋行的门前，控诉英帝国主义剥削工人的罪行，动员工人们举行罢工。工人们被爱国学生的热情感动，高呼："饿死也不替仇人做工！"为了帮助工人们维持生活，顾衡等进步学生不仅自己省下钱来捐给工人，还在南京城内开展募捐活动，帮助工人们渡过难关，直到罢工取得胜利。据汪楚宝回忆，学校放暑假了，大部分同学都回家了，顾衡和另外几个进步同学留下来，一起在北极阁商量如何继续开展反帝斗争。此时的顾衡，从一个成绩优秀的好学生，成长为一个关心国事、反帝爱国的革命积极分子。

二

1927 年，顾衡以优异的成绩从东大附中毕业，并高分考取了国立第四中山大学（1928 年 5 月改名为国立中央大学）理学院。顾衡从小就很喜欢数学，有很高的数学天分，因此毫不犹豫地申请了数学系。当时的国立中央大学师资力量雄厚，是国内的顶尖学府，顾衡的父亲一直非常期望他在学业上有所成就，将来成为一名数学家，鼓励他学好英语的同时兼修法语，以后出国深造，走科学报国的路。顾衡始终没有忘记父亲的嘱托，很珍惜在国立中央大学的学习机会，努力学习科学知识，在专业上取得很大的进步。读书之余，顾衡也和同学们一起探讨时局，家乡东林书院的励志对联"风声雨声读书声声声入耳，家事国事天下事事事关心"和顾炎武的名言“天下兴亡，匹夫有责”一直在他耳边回响。他深刻地认识到，青年必须担负起救国救民的使命。他看到一些青年在走上社会以后，就身不由己地随波逐流了，再也没有在校时的革命热情，大多数人只顾自己有一个好的工作和前程，过自己的小日子，不会去想爱国救国的大事，甚至有些人还为虎作伥，成为剥削压迫人民的帮凶。为探讨青年究竟走什么道路，他和汪楚宝等志同道合的同学阅读《共产党宣言》《哥达纲领批判》等马克思主义经典著作，从中寻求思想启迪与精神养分。

此时发生了一件足以影响顾衡一生的大事，他的命运由此也发生了重要的转折。1928 年暑假，顾衡在家里遇到了自己大嫂的亲妹妹钱寿荣，美丽大方的钱寿荣出身杭州名门，刚刚考上女中。两个年轻人相识后，经常一起出去游山玩水，不由得情愫暗生，暑假后继续书信往来，互诉衷肠。顾衡的父母得知后坚决反对，在他们的心目中，钱家小姐不是一个理想的媳妇，过早成家还会影响儿子的前程，不允许两个人再继续交往。顾衡的父亲甚至还给他下了最后通牒，如果两个人继续联系，家里就不再供给生活费。顾衡对这段感情十分珍惜，他在国民党中央党部找了一个兼职的刊物校对工作，以此补贴生活日用，但毕竟维持不了学业。他在同学们的建议下妥协了，暂时不给钱寿荣写信，准备等大学毕业后再和父母商量。没想到的是，多情的姑娘由于过度的思念和悲伤，不幸染上伤寒去世了。顾衡悲痛、自责、悔恨，他痛恨包办婚姻，向往自由、自主的婚姻。他曾在文章中表达了自己的悲愤之情，“旧的制度，你是生命的桎梏”，“假如我们不顺从父母的意志，就可以引起自己和家庭的分裂，因此而失去经济的来源，自己又不能独立生活”。他在心里发出了响亮的呐喊：“那么，反抗吗？父母的厚爱，何忍决裂？即使父母不爱你，而社会又不容你自由行动时，又怎么样？这谜一般的旧社会，这恶魔般的旧制度！”他深刻地认识到，只有起来革命，推翻旧礼教、旧制度，才能改变大多数人的命运。他说：“我们必须随时随地从根本上反抗旧的社会的桎梏，这是革命青年唯一的表率，也是一种最重要的训练！”“革命是新生势力解除旧桎梏的一个必然的变革。”“我们只有在实际的反抗行动中才能克服小资产阶级意识！”他做了一个非常大胆的决定，到北平去寻求革命的道路。

顾衡找到了清华大学的朋友葛春霖，几个朋友一起创办了《现代中学生》杂志，这是一本帮助青年指明人生方向的时政月刊。顾衡在创刊词中说，“要和中学时代的青年们研究社会演进的现象和改造现社会的方策，探求现代中学青年人必具的知识和技能”，“研究怎样尽到青年们的责任，把个人的活力，加进社会革进的洪流”。作为主笔之一，他先后发表了《我们走哪条路——请教胡适之先生》《天下大势》《科学家的悲哀》《青年的烦闷》等文章，针砭时弊，宣传革命，颇具思想性和可读性。杂志不仅在北平发行，还在安徽、上海等地发行，深受广大中学生喜爱。在葛春霖的介绍下，顾衡到新农农业学校担任教员。在新农学校，他积极宣传革命思想，开展学生运动，得到了中共党组织的高度认可。经过中国共产党北平市委的严格考察，1930 年 10 月，顾衡光荣地加入了中国共产党，时任北平市委书记胡锡奎亲自担任监誓人。由于新农学校的党团组织归清华大学党支部书记徐子佩领导，顾衡的党组织关系在清华大学党支部，他经常和胡乔木（当时担任共青团区委书记）、徐子佩等一起参加组织活动。20 世纪 90 年代，胡乔木同志到雨花台烈士纪念馆参观时，看到顾衡烈士的事迹介绍，不由得感慨万千，他提出希望纪念馆赠送一份顾衡的详细事迹和遗照复本，以表示对这位革命先烈的敬仰。

三

1931 年，顾衡受党组织委派，到安徽省太和县开展党组织复建工作（四一二反革命政变后当地党组织被彻底破坏），公开身份是北关乡村师范学校教师。他文化功底深厚，上课深入浅出，在学校深得学生们爱戴，常用课余时间和师生们聊天，宣传革命道理，给青年学生分析国际国内形势，指斥帝国主义侵略中国的种种罪行，蒋介石背叛革命屠杀共产党人之倒行逆施，分析劳苦大众水深火热生活的成因，学生的民族正义感和革命热情油然而生。顾衡介绍苏联社会主义革命所取得的成功，指出中国共产党领导革命，就是沿着苏联社会主义革命的方向，只有革命胜利了，老百姓才会过上好日子。他和葛春霖等党员一起发起组织了读书会、社会科学研究会等进步组织，组织学生阅读马列主义著作，宣传共产主义思想，发现并培养进步学生加入党团组织。在他的影响和熏陶下，北关乡村师范学校的革命事业开展得如火如荼，季文秀、孙慈航等一批进步学生加入了党组织，成为太和革命事业的生力军。曾经有一个当地的党员回忆说："那时学校里讲《辩证唯物主义》《国家与革命》，教唱《国际歌》，太和北关乡村师范学校，简直成了皖北的马列主义学院。"在顾衡等人的不懈努力下，和上级党组织失去联系的太和县党组织终于和中共皖西北特委接上了头，中共皖西北特委对顾衡等人为复建党组织工作做出的努力高度认可，决定成立归属皖西北特委直接领导的中共太和特支干事会，顾衡担任宣传干事。当时，太和县共有 11 名党员。

毛泽东在《湖南农民运动考察报告》中指出，中国民主革命的中心问题是农民问题。顾衡认为，这一论述指出中国革命的实质，认为太和县的党组织必须到农村去，积极发动农民开展农民运动。他曾经在《谁是革命者》一文中这样写道："现状下的大量的佃农过的是牛马生活，他们已到非反抗不能自存的地步；贫农所有的土地，少得绝对不足生产他一家的生活资料……他们也已到非反抗不能生存的地步。广大的佃农、贫农就是最迫切的有这种要求，所以必然地成为革命的主力！""中国革命，必然地得到广大的佃农、雇农、贫农、士兵的拥护而获得胜利，也非得他们来参加不能胜利！”顾衡和特支干事会的同志们经过深入的讨论和研究，决定党团员利用暑假到农村去开展农民运动。顾衡穿上破旧的衣服，打扮成农民的模样，到关集、赵集、双庙等乡镇去打短工，和当地的农民一起干最重的农活，吃最差的饭菜，甚至就住在农民的牛棚里。当地的农民对这个城里来的打工者，经历了从陌生、排斥、好奇，到接受、喜欢、钦佩的过程。白天，顾衡和他们一起干农活，晚上邀请他们来牛棚，给他们宣传革命道理。他认为，农民们辛辛苦苦干着最脏最累的活，却连饭都吃不饱、衣也穿不暖，过着牛马不如的生活，要想过上好日子，只有打土豪、分田地，走革命的路，共产党是老百姓的党，只有共产党才能领导大家取得斗争的胜利。老百姓很喜欢听他讲话，对他讲的道理非常认同。那一年，太和县遭受了特大的洪涝灾害，肆虐的洪水把农田淹没了，把老百姓的房屋冲垮了，很多人被活活饿死。反动当局不顾人民死活，不赈灾放粮，还征收各种苛捐杂税。顾衡借此机会，号召大家组织起来成立灾民救济会，提出“农民不交粮”“抗捐抗税抗债”“向地主借粮吃，不借硬借强借”等口号。他和同志们积极串联发动，灾民救济会在太和县农村广泛地发展起来，太和西乡一天之中就有 3 个分会成立，还成立了 20 多个小组，400 多人参加了抗捐、抗税、抗债斗争。在顾衡的精心组织下，灾民救济会的斗争不断取得胜利，地主被迫拿出粮食、银圆救济灾民，私设公堂的税收员被迫释放关押的群众，拾庄稼队拾得地主1万多斤粮食，很多困难群众都在灾民救济会的帮助下得到钱粮，渡过了难关。顾衡不断总结斗争经验，发展条件成熟的同志加入党团组织，发展壮大党的力量。到1931年年底，党员发展到100多人，遍布全县。随着党组织发展的需要，太和县成立了中共太和县委，顾衡同志被选举为县委书记。

顾衡任县委书记后，太和县的革命事业开展得更加有声有色。宣传工作方面，创办了《太和红旗周报》《红旗副刊》等刊物，积极宣传马列主义思想，报道国内时政信息，结合太和革命的实际，宣传农民运动的成功经验做法，既有思想理论，又有斗争实践，非常贴近群众生活，影响力很大。顾衡经常亲自动笔撰写稿件，语言朴素，道理深刻，以案说事，很接地气，被广为传诵。组织建设方面，顾衡领导太和县委，加强党团组织建设，在农村广泛动员成立农民协会、妇女协会等，发动农民斗争，在太和各地农村积极动员成立农民协会，保障农民权利，和地主斗争。农民纷纷加入农协，仅陈庙一地就发展农会会员500多人。军事建设方面，顾衡发现要取得斗争的胜利就必须要建立自己的武装，太和县委相继成立了赤卫队和青年革命先锋队。赤卫队的武器因陋就简，就地取材，有自制的长矛、大刀，还有打猎用的土枪、鸟枪，也有少量的枪支。1932年，太和县赤卫队员已经有2000多人，几十杆枪。有了军事组织后，太和县委的斗争取得越来越多的胜利。在赤卫队的支持下，反动地主季保被农民协会征粮5000多斤，双浮集大地主栾秀也被迫交出粮食，由农民协会分发给急需度春荒的群众。群众的困难解决了，党组织在老百姓中的威望也变得越来越高了。

四

1933年6月，由于革命工作的需要，顾衡受党组织委派，任中共南京特支书记。南京是国民党统治的中心，犹如龙潭虎穴，反动力量非常强大，由于党内“左倾”错误路线的影响，南京的党组织多次遭到严重破坏。顾衡到南京前，由于叛徒告密，南京党组织刚刚经历了长达一年之久的破坏与停滞，300多名同志被捕，100多名同志牺牲，这是南京党组织遭受的第七次大破坏。顾衡临危受命，担负起重建党组织的重要使命。故地重游，顾衡直面现实，没有唏嘘感慨，他认真分析形势，一心扑在工作上。他总结了前几次党组织屡遭破坏的教训，认为过去党组织把工作重点放在学校，以老师和学生为主，很容易被狡猾的敌人盯上，建议改把工作重点放在工人阶级和士兵队伍中，得到江苏省委的认可。

浦镇车辆厂（浦镇机厂）建于1908年，是修建津浦铁路时，为了修配铁路机车和线路便利，在南京浦口由中英合资建造的铁路修理厂，至今仍然在我国铁路运输建设中发挥着重要作用。浦镇机厂也是中国共产党的一个早期建党活动据点，多次发生过工人运动。五四运动时期，中国共产党早期领导人王荷波组织全厂工人罢工，在浦镇大街上游行示威，声援北京学生爱国运动。后来，王荷波领导成立了南京市第一个工会组织——浦镇机厂中华工会，多次组织反抗英国压迫的罢工斗争。1922年，浦镇机厂工人建立了南京地区第一个中共党小组，有着光荣的革命传统和较坚实的革命基础。可惜的是，这里的党组织被敌人破坏了。顾衡把浦镇机厂作为自己的第一个工作重点。他购买了一批小人书，在工厂门前摆了一个小书摊，热情地和闲暇时来看书的工人们聊天，开展思想宣传工作。在顾衡的艰苦努力下，几个月之后，浦镇机厂的党组织被重新恢复起来，有党员10多人。

作为南京特支书记，顾衡对南京党组织的发展有全盘的考虑和计划。他在南京城内找到了葛春霖的弟弟葛和林，一名老地下党员，葛和林当时在国民政府建设委员会下属的单位做电力技术工作，在逸仙桥机关宿舍里有一个单人间。顾衡觉得这里是国民政府机关宿舍，不会轻易地被敌人发现，作为党的活动据点很合适，于是让葛和林把他的宿舍作为南京党组织的活动场所，同时安排他担任组织干事。葛和林非常支持，还把自己的工资只留下生活费，其他全部充作党的活动经费。顾衡以此作为市内据点，在南京城内开展革命工作，在码头、兵工厂等处发展工人群众，成立党团组织。他的一条腿在革命斗争中受了伤，成了跛腿，为了革命工作，他拖着伤腿，不辞劳苦，来回奔波于长江两岸。1934年年初，南京党组织的力量有了较快的恢复，全市有党员30多人，团员及革命群众数百人，经过江苏省委批准，中共南京特支扩大成立了中共南京市委。

在顾衡的努力下，浦镇机厂、首都电厂、中央大学等处都有了党的组织，甚至在戒备森严的宪兵司令部、无线电台等处也有中共党员。为了保护党员同志，顾衡吸取以往党组织遭破坏的教训，指出以前党组织被破坏，和用真实姓名填写党员登记表关系很大，一旦表格被敌人拿到或者有叛徒告密，整个党组织都有覆灭的危险。在他的坚持下，一些在敌人内部工作、从事交通联络等岗位的同志没有填写真实姓名。1934 年 4 月，中共江苏省委被国民党特务破坏，南京党组织也被牵连进去。顾衡知道形势危急，立即让葛和林等身份没有暴露的同志转移，离开南京，自己不顾安危留在南京。

1934 年 8 月，顾衡被国民党中统的特务逮捕，被关到明瓦廊的中统南京实验区。特务知道顾衡是南京地区党组织的负责人，认为逮到了一条大鱼，妄图从他身上打开缺口，把南京地区共产党人一网打尽。特务头目先给顾衡灌上一碗迷魂汤，说顾衡年轻有为，才学过人，却不务正业，居然给共产党做事，如果能为国民党效力，必然前途无量。顾衡反唇相讥道："九一八事变后，日本人占领中国东三省，横行霸道，无恶不作，国民党却苟且偷安，置中国危亡于不顾，杀我同胞，专打内战。你说，什么叫不务正业?"敌人被问得无言以对。第二天，特务又把一个以前和顾衡很熟悉的叛徒带了过来，和顾衡套近乎，顾衡怒不可遏，呵斥道："不要脸的叛徒，出卖组织的败类！”同时举起手中的镣铐，砸向叛徒。敌人见顾衡拒不配合，就把他转到了首都宪兵司令部看守所关押。

顾衡的妹妹、共产党员顾清侣也被关进了宪兵司令部看守所里，特务对她说：“你哥哥也关在这里，去认认吧！”顾清侣见到顾衡，刚要说话，顾衡就大声喝道：“谁是你哥哥，我姓翟，叫翟大来！”顾衡的父亲听说自己的一双儿女被捕，赶紧从无锡来到南京，向无锡籍的国民党大佬吴稚晖以及自己同学的儿子——国民党中央组织部调查科长叶秀峰等求情。经过多方托请，顾衡的母亲终于获准来监狱探望，看到儿子遍体鳞伤，不由得老泪纵横。顾衡见到母亲，拼命压抑内心强烈的情感，低沉地说：“我没有家，哪来的母亲？”“老太太，你不要认错了人，我叫翟大来！我不是你的儿子！”顾衡的母亲泪如雨下，说：“你就是我的好儿子！”顾衡见无法隐瞒，就对母亲说：“我不是不认你，而是为了不连累你们……母亲如果真心疼爱我，那就回家准备一口棺材，等着到雨花台收尸吧！”顾衡为什么自称是翟大来呢，原来当时南京地下党有一个党员叫翟大来，为了掩护自己的同志，防止敌人追查，顾衡一口咬定自己就是翟大来。在顾衡父母的多方努力下，当时军法处准备判处顾衡无期徒刑，留他一条性命。没想到，宪兵司令谷正伦看了他的卷宗后，认为顾衡是南京共产党的头头，顽固不化，必须要枪决，又把顾衡的卷宗改判为死刑，立即执行。

顾衡早就做好了心理准备，行刑前的一个夜晚，看守过来对他说，可以把他存在看守所的钱全取出来，委托他保管。顾衡知道这是一个信号，他从容地整理好自己简单的衣物，做好了后事的准备。他对一个难友说："明天我要同你永别了。"顾衡还把母亲送给他的食物分送给了其他难友。第二天清晨，顾衡仔细地梳理好头发，穿上自己最整洁的衣服，当宪兵过来把他带走时，他对难友们说："还好，今天就是我一个人。"随即，他被押送到雨花台的刑场上，年仅 25 岁的顾衡在这里发出了最后的高呼："中国共产党万岁！"凶残的敌人开了枪，烈士的鲜血洒了一地。在朋友的帮助下，顾衡的父亲把他的尸体运回了无锡，葬在梅园附近的孔山上。痛失爱子的老父亲，写了一百首诗祭奠顾衡。

中华人民共和国成立后，中共无锡市委特地为顾衡烈士立碑，纪念这位英勇无畏的烈士。

挎包书记美名扬——吴致民

吴致民(1900—1935),男,曾用名胡梓、吴铁汉、吴梓民,湖北黄梅人。1921年,考入国立东南大学体育系,第二年转农艺系学习。1922年10月,加入中国社会主义青年团。1924年11月,被选为团南京地委执行委员。1925年五卅惨案发生后,吴致民参与领导了南京和记洋行工人的罢工斗争,不久加入中国共产党。1926年6月,担任中共南京地委书记。1927年,担任湖北省总工会秘书长。1929年,任中共中央巡视员。1930年5月,任中共鄂东南特委书记。1931年11月,当选为中华苏维埃共和国临时中央政府执行委员。1933年10月,兼任中共鄂东南特委书记。1935年2月,在突围战斗中不幸牺牲。

1900年2月，吴致民出生于湖北省黄梅县考田镇严家林村。父亲吴亲仁开了一家肉铺，家里有薄田数亩。吴致民7岁的时候入私塾读书，后来转入小学，17岁，到武昌启黄中学读书，和宛希俨是同学，他们一起加入了恽代英组织的“互助社”，接受共产主义思想教育，积极参加进步活动。五四运动发生时，吴致民积极参加学生爱国运动，走上武汉街头参加示威游行，散发革命传单，张贴革命标语。1921年，吴致民和宛希俨一起考入国立东南大学，吴致民进入体育系学习。入学不久后，他觉得要想改变农村落后的面貌，就要学习农业生产技术，于是在第二年转入了农科的农艺系学习。在东南大学学习期间，吴致民受进步师生的影响，积极参加进步活动，1922年10月，加入了中国社会主义青年团。寒暑假回家休息期间，他和宛希俨共同成立“黄梅平民教育促进会”等进步组织，宣传革命。1924年11月，吴致民当选为团南京地委执行委员。五卅惨案发生后，他积极响应号召，参与领导南京地区的声援活动。在和记洋行工人大罢工中，吴致民和工人群众一起开展罢工与游行示威等活动。

1925年，吴致民加入了中国共产党，专门负责领导和发动南京地区的工人运动。1926年6月，吴致民担任中共南京地委书记。由于他早已被国民党反动当局盯上，党组织不得不安排他撤离。7月31日，吴致民根据组织安排，先到上海工作了一段时间，担任中共杨树浦区委宣传部部长、浦东区委书记，后到武汉工作，担任码头总工会秘书长、汉口工人纠察队队长。1927年年初，他被任命为湖北省总工会秘书长。中共中央八七会议后，吴致民奉命到鄂东担任特委书记，领导了鄂东秋收暴动。

吴致民从武汉回来时，带了两条驳壳枪和一枝汉阳造的步枪，其实这支步枪是坏的，只能装装样子。他靠这两支半枪，在黄梅县发起成立了农民自卫队，没有枪就用长矛和梭镖等做武器。在他的影响下，他的兄弟姐妹纷纷参加革命。10月8日，吴致民带领农民自卫队，发起了鄂东秋收暴动，攻打了48个地方的土豪劣绅，在当地造成了巨大影响，一时之间，土豪地主人人自危，国民党当局慌忙派兵镇压。

暴动失败后，吴致民根据组织安排回到武汉工作。1929年1月7日，他被委任为中央巡视员，到鄂东各地指导革命工作。由于斗争形势十分严峻，吴致民只能白天躲在深山之中休息，晚上到各地乡村开展工作。他有时化装成小贩，有时化装成农民，满脸的络腮胡子也顾不上打理收拾，老百姓看到他都亲切地叫他“胡子”，因此他索性改名为胡梓。3月，他兼任了大冶中心县委书记，在他的有力领导下，鄂东各县纷纷成立了工会、农会、青年团和党组织，领导工农群众开展革命斗争，革命形势一片大好。他曾在写给中央的《关于阳新工作报告》里汇报说，阳新一个县就有1000多名党员，有80多条长枪，30多条短枪。1929年9月，红军第五纵队来到鄂东南，当时天气已经转凉了，战士还穿着单衣，吴致民见状立刻组织人赶制厚衣服，仅仅一周时间就做了1000多套新衣服。1930年5月，中共鄂东特委成立，不久又改成鄂东南特委，吴致民担任特委书记。他在当地成立了苏维埃政府，为8个县上百万的农民打土豪、分田地。不久，彭德怀提议创办彭杨军事学校（纪念彭湃、杨殷烈士），吴致民担任校长。9月，彭德怀致吴致民函，明确要求鄂东南特委在“一个月内准备5万兵员”“在鄂东南扩充一军人”。在这么短的时间内，动员发动这么多的武装力量，无疑是一项艰巨的任务，吴致民克服万千困难，做了大量的艰苦细致的工作，为建立红五军、红八军、红十五军等红军主力部队，做出了重要贡献，当选为中国革命军事委员会委员。1931年2月，他组织农民自卫队员2000多人，成立了中国工农红军独立第三师。吴致民领导的红军部队，得到了当地老百姓的高度爱戴。群众称赞他虽然是大学生，却平易近人，专门给他编了首儿歌：“一字写，一横长，特委书记到咱乡，头戴一顶麦草帽，脚穿草鞋走四方，一颗红心干革命，为我工农谋解放。”由于吴致民挎着包走遍四里八乡，当地政府还被戏称为“挎包政府”。

1931年，中华苏维埃共和国临时中央政府在瑞金成立，吴致民当选为执行委员。不久，又担任中共湘鄂赣省委常委、宣传部部长、组织部部长等职务。长期的超负荷工作，严重摧毁了他的身体，他得了肺病，本应好好休息，却依然坚持带病工作。同志们给他增加营养，他却说：“领导干部最重要的是以身作则啊！任何时候都不能搞特殊，生活要简朴，工作要挑重担。”1933 年 10 月，吴致民受组织委派，兼任鄂东南特委书记。这时，他的身体状况已经很差，经常大口咳血。1935 年 2 月 4 日，吴致民和鄂东南机关的同志，被反动武装江西民团偷袭包围，吴致民沉着指挥，让大家抓紧销毁文件资料，并亲自带人突围。不幸的是，他被敌人的子弹击中，壮烈牺牲。

吴致民牺牲后，被安葬在三界冷水坪。不久，他的大哥、大姐、大姐夫、堂妹等亲戚都为革命献出了宝贵的生命。1979 年，他的忠骨被迁入龙港烈士陵园。为了纪念他创办鄂东南革命根据地的巨大功绩，在修水、武宁、崇阳、通山四县交界的地方成立了胡梓县。今天，龙港革命历史纪念馆里，有中共鄂东南特委遗址，陈列着吴致民烈士办公、生活用品 15 件。

抗日救亡掀怒潮

一腔热血化碧涛——陈朝海

陈朝海（1908—1932），男，号会川，化名胡梅，广西博白人。1924年，考入博白县立初中第一班。1926年，考入省立第二高中，受共产党员、校长朱锡昂的影响，积极参加进步学生运动，加入中国共产主义青年团。1927年，考入广东省立工业专门学校，参加博白旅穗“革命青年社”，任执行委员，出版《南流潮》，声援工农革命运动。1928年，赴上海参加革命活动，不久加入中国共产党；同年秋，考入国立中央大学教育系。1929年夏，陈朝海等33人发表了《博白留学京沪同人为博白风潮事宣言》，大力声援博白中学抗击反动校方的斗争。1931年九一八事变后，他积极参加抗日活动，不久被捕入狱，囚禁于南京中央军人监狱。1932年春，因饱受折磨在监狱中去世。新中国成立后，南京市人民政府追认陈朝海为烈士，并把他列为南京市雨花台烈士陵园的早期革命烈士之一。

1908年10月，陈朝海出生于广西壮族自治区博白县一个叫柑子园的地方。1924年，他考入博白县立初中，在第一班读书。初中时陈朝海受进步思想影响，积极参加反帝爱国运动，曾到广州接受革命洗礼，聆听苏联顾问鲍罗廷等革命者的演讲，了解了孙中山"联俄、联共、扶助农工"三大政策。1926年，他考入广西省玉林市省立第二高中，校长朱锡昂是广西早期共产党的领导者之一，在他的影响下，陈朝海积极地参加进步学生运动，在校期间加入共青团。1927年四一二反革命政变中，朱校长被国民党反动派杀害，陈朝海因此以转学的名义离开学校。他求学广州，考取了广东省工业专门学校，在校期间，参加了博白县旅穗"革命青年社"，任广州分社第二届执行委员，出版刊印进步刊物《南流潮》，专门发文揭露土豪劣绅罪行，声援博白工农运动，又著文《革命青年应打破的不良观念》等，提倡青年要克服陈旧观念，追求进步思想，更好地开展革命工作。

1928年春，陈朝海来到上海，在党组织的领导下，参加革命活动。他在朱光的介绍下，光荣地加入了中国共产党。同年秋，陈朝海又以优异成绩考入国立中央大学教育系。在校读书期间，陈朝海生活简朴，经常身穿打满了补丁的衣服，却慷慨待人，接济革命同志。他有一个同学由于家里人反对其参加革命，断绝了经济供给，生活一时陷入困境，陈朝海从自己原本就少得可怜的生活费中挪出一部分，接济这位同学。1929年夏，陈朝海等33人发表了《博白留学京沪同人为博白风潮事宣言》，大力声援博白中学开展的抗击反动学校当局的斗争。1930 年 4 月，陈朝海在党的领导下，参加了国立中央大学、金陵大学等南京大中学校声援下关和记工厂工人反抗英帝国主义者的示威游行活动。1931 年 6 月，陈朝海因在革命活动中表现过于抢眼，引起了当局的严重不满，当局勒令校方将他开除。离开校园后，他继续在党的领导下留在南京开展革命活动。

1931 年爆发了震惊中外的九一八事变，陈朝海积极参加南京大中学校学生罢课、示威游行等抗日活动。国民党特务又盯上了他，有一天，陈朝海在街头宣传抗日，揭露国民党当局的不抵抗政策，被特务抓住。特务在他的住处搜查出了一些革命书刊和党的秘密文件，他随即被捕入狱，囚禁在江东门中央军人监狱。他在狱中以沉默反抗暴虐，软硬不吃，不妥协，不退让，不投降。1932 年春，陈朝海备受折磨，不幸在监狱中去世。同志们把他埋葬在江东门附近的坟地里，

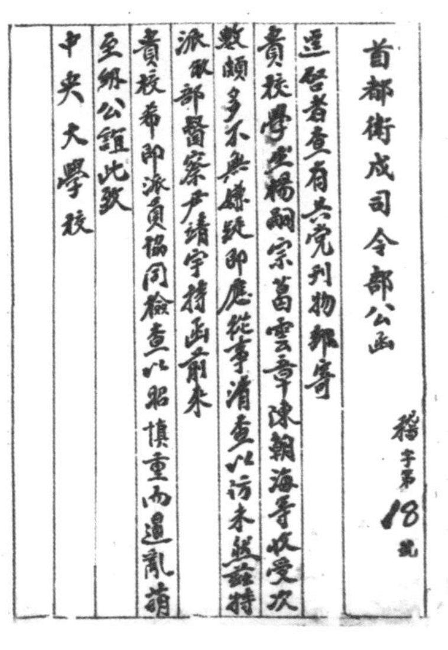
首都衛戍司令部公函

稽字第18號

逕啟者查有共党刊物郵寄
貴校學生楊嗣宗葛雲章陳朝海等收受次
數頗多不無嫌疑即應從事清查以防未然茲特
派敝部督察尹靖宇持函前來
貴校希即派員協同檢查以昭慎重而遏亂萌
至紉公誼此致
中央大學校

国民党首都卫戍司令部查核陈朝海烈士等邮寄进步刊物函

立碑纪念这位英雄。

新中国成立后，南京市人民政府追认陈朝海为烈士，将其列为南京市雨花台烈士陵园的早期革命烈士之一。如今，在雨花台烈士纪念馆内，还陈列着陈朝海烈士的黑色西装和放大镜等遗物。

民权保障真斗士——杨杏佛

杨杏佛(1893—1933),男,字宏甫,又名杨铨,江西清江人。曾在上海吴淞中国公学读书。1911年,考入唐山路矿学堂,加入同盟会。1912年在南京临时政府秘书处任职,11月赴美国康奈尔大学机械工程系读书,发起成立中国科学社,与赵元任一起创办《科学》杂志,后获哈佛大学经济学博士。1918年归国后先任职于汉冶萍煤矿公司。1920年,任南京高等师范学校商科主任,国立东南大学成立后,他又兼任工科主任。1922年5月,南京社会主义青年团成立后,他经常应邀讲授马克思主义。1924年,到广州担任孙中山的秘书。1925年4月,任孙中山治丧筹备处总干事;9月,与恽代英等成立中国济难会。1927年,任南京国民政府大学院教育行政处主任、副院长。1928年,任中央研究院总干事,社会科学研究所代所长。1932年12月,和宋庆龄、蔡元培等发起成立中国民权保障同盟,担任总干事。1933年6月,被国民党特务暗杀。

一

1893 年 4 月 5 日，杨杏佛出生于江西省清江县杭溪村。父亲杨永昌曾做过管理监狱的小官吏，因此年幼时，杨杏佛曾先后跟着全家一起迁居过扬州和杭州。杨杏佛自幼聪明，6 岁时入私塾读书。12 岁时，父亲杨永昌在杭州因失职而入狱，杨杏佛曾代他坐了一段时间的牢。稍长，杨杏佛考进上海中国公学。中国公学创办于 1906 年，有着悠久的革命传统，革命党人于右任、马君武等曾在此担任教员，著名的女烈士秋瑾也曾在这所学校求学过。中国现代著名学者胡适是中国公学的学生，也曾在这所学校教书，担任过杨杏佛的作文老师，他说杨杏佛是所有学生里最有理想、最有出息的一个。受革命党人影响，杨杏佛于 1910 年经雷昭信介绍加入了中国同盟会。1911 年 8 月，杨杏佛和著名桥梁专家茅以升一起考入河北唐山的路矿学堂，进入预科第六班。武昌起义后，武昌成为全国革命的中心，全国各省相继独立，唐山路矿学堂停课，杨杏佛就去了武昌。1912 年元旦，孙中山在南京成立中华民国临时政府，杨杏佛在临时政府秘书处任职，担任收发组组长。当时，柳亚子也在秘书处，他动员杨杏佛参加资产阶级文化团体——南社。南北议和后，孙中山被迫辞去临时政府大总统职务，杨杏佛也辞职读书，继续深造，经过稽勋局的选派，赴美国留学深造。

1912年11月，杨杏佛到美国康奈尔大学机械工程系读书，和他一起去美国的还有著名学者、科学家任鸿隽。杨杏佛在康奈尔大学读书时，到美国工厂调查，发现资本主义制度存在很多不合理的地方，对西方资本主义感到失望，开始寻求救国之道。他认为中国要发展，光靠科学技术是不行的，还要调动人的积极性解决管理问题，他在给胡适的临别词中说："吾志在工商。"杨杏佛以优异的成绩在康奈尔大学毕业后，又到哈佛大学学习工商管理学、经济学和统计学，获得博士学位。1915年，杨杏佛和赵元任（著名学者、清华四导师之一）、任鸿隽、秉志等9人，联合发起成立了中国科学社，任鸿隽担任社长，这是中国最早的现代科学学术团体，对现代中国的科学文化发展做出了重要的贡献。中国科学社的宗旨是"联络同志、研究学术，以共图中国科学之发达"。中国科学社成立后，按照美国科学促进会的管理模式，创办了《科学》杂志。1915年首期《科学》杂志月刊在上海发刊，发刊词上把"科学"和"民权"并列，可见该杂志不仅宣传科学知识，而且重视民主革命，代表了当时一部分进步知识分子的理想。当时，杨杏佛很看重科学救国的道路，他曾说，"在现今世界，假如没有科学，几乎无以立国"。杨杏佛和中国科学社的同事们一起提倡科学，鼓吹实业，传播知识。

杨杏佛在美国读书的时候，遇到了一起留学的赵志道，两位年轻人日久生情，1918年在美国秘密结婚。同年10月，杨杏佛从美国学成归来，巧合的是，依然和任鸿隽同船，他们把中国科学社的总事务所从美国迁回了国内，设在南京高等师范学校内，杨杏佛为办好中国科学社做了大量工作，经常为办社经费和编辑杂志的事操劳。他拒绝了外商银行的高薪工作，选择到湖北的汉冶萍煤矿公司任职，担任汉阳铁厂会计处成本科科长，帮助该公司引入现代的会计管理制度。1919 年五四运动爆发后，北京的学生上街游行示威，被反动军警镇压，杨杏佛对此十分愤慨，说“于此事似不可随波不语”，曾要求欧美同学会通电北京，表示抗议，结果由于当时的同学会领导胆怯而没有实现。杨杏佛被五四运动中青年学子们爆发出的强烈爱国热情所深深地感染，在民主和科学思想的影响下，开始阅读英文版的《资本论》《国家与革命》等马列主义著作，渐渐地接受了社会主义思想。

1920 年，杨杏佛应邀到南京高等师范学校担任教授，同时兼商科主任，国立东南大学成立后，杨杏佛又兼任工科主任。杨杏佛到南高教书后，热情宣传马克思主义学说，经常开设介绍马克思主义思想的讲座，先后发表了《马克思生平》《马克思主义和阶级斗争》《论马克思的剩余价值》《社会主义者对于教育之主张》等演说和文章。1920 年 12 月，杨杏佛在南京学生联合会组织的教育科学演讲会上，给大家做了题为《教育与劳动问题》的报告，同情中国工人的悲惨状况，探求解决劳动问题和社会问题关系的方法，指出劳动者自身向资本家发起攻击的时候，劳动者的问题就解决了一半，而劳动者向资本家发起攻击的武器之一就是教育。他号召青年学子们，“要像马克思那样，养成牺牲的计生，为人类谋幸福”。这篇演讲稿后来被整理出来，在《南京高等师范学校日刊》上刊载。那时南高-东大校园内经常展开各种主义之争，社会主义、国家主义、改良主义等思潮并起，经常发生论战。“少年中国学会”就分成两派，其中国家主义派的左舜生等人就主张不要社会主义，反对马克思主义，而共产主义者邓中夏等人则认为必须坚持马克思主义。杨杏佛坚决地站在马克思主义一边，他在学校里和恽代英交往甚密，对共产党很有好感，后来一直很支持党的工作。

1922 年 5 月，南京社会主义青年团成立，创立了马克思主义研究会，杨杏佛应研究会的邀请，在马克思诞辰纪念会上，做了题为《马克思传》的专题报告，指出马克思的阶级斗争学说有很强的实用价值。此后，他就经常被研究会邀请，给青年学子们讲授“马克思主义”“剥削的秘密”等专题，和大家一起探讨中国未来的出路，对进步青年学生产生了很大影响。杨杏佛一直很关心和支持中国科学社的工作，1922 年 8 月，中国科学社召开第一届年会，并选举第一届理事会，杨杏佛和其他 10 人一起被选为理事。他一直为科学社多方筹措资金，为建造明复图书馆奔走努力，还创办了中国科学图书仪器公司，推动科学知识的普及。

第一次国共合作后，杨杏佛和几个国民党左派在南京城北成立了国民党第一区党部，以东南大学的师生为主，共产党员吴肃、宛希俨等都曾参加过这个党部。1924 年 5 月 4 日，南京市学生联合会召开五四纪念会，杨杏佛做了题为《学生运动的过去与将来》的演讲，号召青年学子们团结起来，反抗帝国主义的侵略和压迫，“中国人应行使国家的主权，打倒在中国的外来势力”。根据茅以升教授的回忆，当时，东南大学教授分为新旧两个派别，新派以杨杏佛等教授为首，追求进步，不仅批评校务，还针砭时弊；旧派则以校长郭秉文为代表，趋于因循守旧，对当局唯命是从。1924 年夏天，由于东南大学教育经费主要来源于江苏省政府，因军阀忙于打仗，竟然挪用全部教育经费，导致东南大学面临着严重的财政困难，甚至连每月 1 万元的基本维持费都难以保障。在这种情况下，郭秉文未经过教授委员会同意，通过学校董事会停办工科。杨杏佛被迫离开了东南大学，到广州担任孙中山先生的秘书。

二

1924 年年底，孙中山先生应冯玉祥之邀，抱病到北京参加国民会议，杨杏佛作为贴身秘书，一起北上。孙中山到北京后，病情开始恶化。1925 年 1 月底，孙中山病重住进协和医院治疗，杨杏佛一直随侍左右，忙前忙后，不仅是孙中山工作上的助手，更是他生活起居中离不开的左右手。直到 3 月 12 日，孙中山在北京东城铁狮子胡同 5 号行辕病逝，杨杏佛一直陪伴在他身旁，成为孙中山先生遗嘱的见证人之一。4 月 4 日，国民党中央执行委员会决定成立孙中山先生葬礼筹备委员会，并将筹备处设于上海。4 月 10 日，杨杏佛陪同宋庆龄、孙科等人从北京坐火车到南京，第二天一起到紫金山为孙中山先生勘察墓地。18 日，筹备委员会在上海张静江家中开会，杨杏佛被推举为孙中山先生葬礼筹备处总干事，先在环龙路 44 号，后到陶尔菲斯路 24 号办公。杨杏佛为了便于工作，把家也从南京搬到了上海。为了选定孙先生的墓地，杨杏佛多次到南京紫金山实地勘察，和筹备处其他人一起商定方案，经宋庆龄同意后确定，还和当时的江苏省省长韩国钧及北洋军阀苏皖宣抚使卢永祥一起，反复商量圈址范围等事项。为了能够顺利征地，杨杏佛动了不少脑筋，专门制定了《孙中山先生陵墓圈购民地规则》，规定征地时先征陵园马路必经之处的土地，对于马路外的民坟暂时保留，对圈购民地范围内的树木、房屋都详细制定了收购价格。杨杏佛专门请了当地的村长和乡绅参与进来，并宴请他们以联络感情，确保整个征地工作顺利推进。在中山陵墓的图案设计和建筑施工上，杨杏佛更是事无巨细，亲力亲为，反复比较各种方案。孙中山先生逝世一周年的时候，中山陵举行了隆重的奠基礼，杨杏佛全程安排，从奠基礼流程到会场布置、请柬发放、来回接送，无不考虑周详，他还专门安排了从上海到南京的“孙中山陵墓奠基礼专车”，并在奠基礼上主持，受宋庆龄委托，代表家属答谢。他还专门在莫里哀路孙中山故居主持了孙中山先生逝世周年纪念活动。当有人歪曲孙中山的三大政策时，杨杏佛支持侯绍裘等人和对方开展针锋相对的斗争。国民党当局多方筹集了白银50多万两，来兴建中山陵，杨杏佛全权负责。这在当时是一笔巨款，也是一个规模浩大的工程。上海、南京等地很多建筑承包商认为有利可图，都想承接这个工程，纷纷挖空心思、不惜花重金给杨杏佛送礼，杨杏佛把这些礼物全部收下，然后给每个送礼者写下收条，然后在公开招标的那天，把它们放在陈列室里给大家参观。那些送礼的商人只好拿回礼品，灰头土脸地走了。招标由没有送礼的7家营造厂参加，实力雄厚的姚新记中标承建。杨杏佛正直清廉的高贵品质，一时被传为佳话。1929年6月1日，中山陵举行了隆重的孙中山先生奉安大典，成立了总理陵园管理委员会，杨杏佛担任委员，为办理未竟工程和后续保护管理做了很多工作。

中国共产党一直没有忘记这位积极宣传马克思主义的实干家，秘密地派早期著名共产党员侯绍裘前来和他联系，请他一起开展革命工作，杨杏佛欣然应允。1925年5月5日，中国共产党在上海的党组织在上海大学礼堂，举行了纪念马克思107周年诞辰活动，共产党的领导人恽代英、任弼时参加了活动，杨杏佛应邀在大会上做了介绍马克思主义阶级斗争学说的演讲。五卅惨案发生后，中共中央号召全国各界一起开展反帝爱国运动，杨杏佛也积极响应号召。6月10日，杨杏佛在上海创建《民族日报》，在发刊词中，他热情讴歌中国人民为人道正义独立自由而斗争的民族革命精神。由于过度劳累，杨杏佛经常会咯血，他不顾自己多病的身体，写下了多篇文章和社论，曾在《八十五年中国之大敌》中，猛烈批评鸦片战争以来，帝国主义侵略中国的种种暴行；在《高等华人的高调与责任》等文章中，猛烈批判了一些所谓社会名流崇洋媚外的丑态，呼吁对英国、日本等帝国主义国家进行经济反制，号召废除一切不平等条约，对内实行民主。遗憾的是，这份反帝报纸只办了 16 天，就被迫停办了。杨杏佛对此十分气愤，在告别词里说“前路茫茫，杞忧何报。一息尚存，终当与国人别谋相见，共济时艰”。他曾经写过一篇叫《科学与革命》的文章，认为“唯有科学与革命合作是救国的一个不二法门”，“革命家须有科学的知识，科学家须有革命的精神”。杨杏佛彻底看透了腐败无能的军阀政府，对帝国主义充满了仇恨和蔑视，转变了以前单纯科学救国的思想，而是把革命和科学并列。1925 年 9 月，杨杏佛又和恽代英、侯绍裘等人一起发起组织了中国济难会。这是一个由中国共产党领导的群众性救济组织，为了营救五卅运动中被捕的革命者，并且筹款救济他们的家属而成立的，会址设在上海闸北宝山路三德里。杨杏佛通过自己在国民党上层的关系，一直在为中国济难会做事，帮助营救和接济被捕的共产党员和进步青年。

1926 年，北伐开始后，杨杏佛担任国民党上海特别市党部宣传部部长，负责主持上海地区国民党策应北伐军的工作。他设立了秘密的电台和北伐军前线指挥部联系，把收集到的军事情报及时传递给他们。直系军阀孙传芳的部下发现这一秘密，勾结法租界巡捕房逮捕杨杏佛，准备将其引渡给北洋政府处决。幸亏宋庆龄出面，及时和法租界巡捕房沟通，这才把杨杏佛救了出来。事后，杨杏佛继续租用法国在上海的驻军电台，和北伐军联系，提供了不少有价值的军事情报。1927 年 3 月，上海工人第三次武装起义时，杨杏佛积极为之奔走，努力促成国民党和共产党合作，确保起义的顺利进行。他作为国民党上海特别市党部代表，参加了国共联席会议，和共产党员汪寿华、周恩来等一起积极发动了上海工人第三次武装起义。起义胜利后，杨杏佛在选举产生的上海临时政府中，担任常务委员兼土地局局长，是国民党人中著名的左派。四一二反革命政变发生后，杨杏佛说，“现在江山只打下一半，内部就这样分裂，前途不甚乐观”，“这样下去，会把革命搞垮”。蒋介石对此很不满，指使淞沪卫戍司令杨虎把杨杏佛关了一段时间才放出来。出来后，杨杏佛仍然坚持自己的观点，还专门写了一篇叫《烦闷与觉悟》的文章，呼吁有为的青年积极参加国民革命。他和中共上海地下党组织的余泽鸿继续保持联系，继续通过各种途径，尽可能地帮助和营救被捕的共产党员。1927 年，中国共产党早期领导人李大钊被杀害，杨杏佛非常悲痛，特地写了《挽李大钊烈士联》，“南陈已囚，空教前贤笑后死；北李犹在，哪用吾辈哭先生”，表达了他对李大钊先生去世的痛惜之情，同时对国民党当局囚禁陈独秀表示愤慨。

南京国民政府成立后，组建了大学院，这是南京国民政府设立的全国最高学术教育机关，管理全国学术及教育事宜，首任院长是大名鼎鼎的蔡元培。杨杏佛出任了大学院教育行政处主任，后来又担任了副院长，大学院只是一个过渡性的临时机构，不久就被撤销。1928 年 6 月，当时全中国最高的学术研究机构中央研究院在上海成立，院长蔡元培力邀杨杏佛担任总干事。杨杏佛有美国留学的背景，深通西方现代的科学知识，又曾经在国民党上层任职，对中国国情很熟悉，因此中央研究院很快就发展起来了。杨杏佛还和现代著名诗人徐志摩是至交，徐志摩坐飞机去北京的前一天晚上，到杨杏佛家，正好他不在，徐志摩给他留了一张便条，告诉他"明早飞北京""杏佛兄安好"，这也是徐志摩留世绝笔。徐志摩去世后，杨杏佛撰写了挽联：红妆齐下泪，青鬓早成名，最怜落拓奇才，遗爱新诗双不朽；小别竟千秋，高谈犹昨日，共吊飘零词客，天荒地老独飞还。

三

第一次国共合作破裂，杨杏佛亲眼看到以蒋介石为首的国民党右派，是怎样拿起屠刀来杀害那些曾经一起亲密工作的共产党人的，早就对国民党当局心怀不满，他和宋庆龄、何香凝等国民党左派积极开展反蒋活动。1931 年，蒋介石把国民政府主席胡汉民软禁在南京汤山，引起各方不满。国民党元老、著名的左派领袖邓演达先生，在国民党内地位很高，在军队系统里也有很高的声望，他成立了“第三党”公开反对蒋介石的独裁统治。邓演达曾和陈铭枢、蔡元培等密谋反蒋。蔡元培和杨杏佛专门到江西吉安陈铭枢的军队里，和他秘密商量反蒋的军事计划，决定乘蒋介石调十九路军进攻广东时，发动兵变。可惜邓演达的行动被发现，很快就被特务逮捕暗杀。宋庆龄、蔡元培等左派对此拍案而起，严词痛斥。宋庆龄义愤填膺，亲自用英文写了一份宣言，由杨杏佛翻译成中文，发出通电，同时由史量才在《申报》上发表，揭露了邓演达被暗杀的真相。

蒋介石生怕杨杏佛到了中央研究院后无事可做，就让他研究共产党，尽快写一本反共的书，配合国民党军队对根据地的围剿。杨杏佛顺水推舟，1931 年 7 月到江西中共红色革命根据地进行了考察，回来后写了一篇叫《中国共产党现状》的文章，介绍中国共产党和红军的发展情况，与蒋介石的意愿背道而驰，蒋介石下令不许发表。杨杏佛已经提前把文章给了上海著名的英文报纸《字林西报》，发表后引起了很大的社会反响，蒋介石对此又气又恨。美国记者斯诺正是看了杨杏佛的文章，对红军产生了浓厚的兴趣，这才有了后来著名的《西行漫记》。

九一八事变爆发后，杨杏佛多次公开提出停止内战、一致抗日的主张，更引起国民党当局的不满。上海一·二八事变发生后，十九路军奋起抵抗，杨杏佛向上海交通大学租借房屋，办了一个可以容纳300个床位的伤兵医院，收容前线受伤的战士，组织上海科技人才成立“技术合作委员会”，设计防毒面具等，支持十九路军奋勇抗战。

1932年12月，宋庆龄、蔡元培、鲁迅和杨杏佛等人，在上海发起成立中国民权保障同盟(简称“同盟”)，这是一个由中国共产党和国民党左派中的民主爱国人士发起建立的进步组织，宗旨是倡导民主，争取民权。同盟还选举成立了最高领导机构——临时中央执行委员会，宋庆龄亲自担任主席，蔡元培担任副主席，杨杏佛担任总干事。中国民权保障同盟的成立宣言称，成立此同盟是为国内政治犯争取各种权利，同时为言论、集会和结社自由而斗争。同盟的总部设在上海，全国的其他一些重要城市设立了分部。中国民权保障同盟成立后，杨杏佛作为总干事做了大量的具体工作，他积极组织各种活动，呼吁推动民主，为人民争取各种权利，反对国民党当局的独裁统治，重点开展了争取政治犯的权利和公民政治权利的斗争。其实，早在中国民权保障同盟成立前，杨杏佛就积极开展营救政治犯的活动。1931年，共产国际联络部在上海秘密交通站的负责人牛兰和家人一起被捕，由于牛兰有丰富的斗争经验，持有比利时、瑞士等多国护照，使用了多个假名，因此国民党特务机关始终搞不清楚其真实身份。后来，他们派了大批军警把牛兰夫妇从上海转移到南京老虎桥“第一监狱”，引起了巨大的反响，成为轰动一时的国际新闻。国际国内舆论对牛兰夫妇深表同情，掀起了营救牛兰夫妇的运动，宋庆龄和杨杏佛等人抓住这个机会，和爱因斯坦、高尔基等国际知名人士发起成立了“国际营救牛兰委员会”，总部设在欧洲，以此来抨击国民党当局的法西斯行径。1932年7月，牛兰在监狱绝食抗议，要求转到上海就医，杨杏佛积极施以援手，在牛兰夫人身患重病时，他和宋庆龄一起到南京的监狱去探视，还和蔡元培一道具状担保就医。后来，国民政府判处牛兰夫妇无期徒刑，杨杏佛特地发表谈话表示抗争。

中国民权保障同盟成立后不久，北平的许德珩、侯外庐等进步师生从事反帝爱国活动被捕，宋庆龄和杨杏佛立刻打电报给南京国民政府提出抗议，要求立即释放被捕师生。电文说，这是严重的摧残法治和民权的行为，我们要求保障人民的权利！杨杏佛特地到北平去，亲自到监狱看望许德珩，并且深夜去找张学良，要求释放被捕师生。他激动地说，他们不是罪犯！他们是爱国，要求抗日，要求民族解放！国民党当局迫于社会舆论压力将他们释放，杨杏佛对出狱后的许德珩说：“我们就是需要你这样的人来保障民权。”许德珩在他的动员下，加入了同盟。杨杏佛在北平时，还特地探望了被关在军人反省院的共产党人薄一波、刘澜涛、安子文等人，他用英语做了自我介绍，然后对他们说是中国民权保障同盟主席宋庆龄派来看望他们的，表示一定会向政府当局转达他们的要求，尽快改善他们的处境。1933年1月，长城抗战爆发，杨杏佛作为中国民权保障同盟的代表，专程到北平，在华北各地发表演讲，揭露国民党当局消极抗战，批评腐朽黑暗的统治，呼吁抗日救国，为人民争取民权自由。在他的鼓动下，华北等地抗日民主运动搞得轰轰烈烈。同月，爱国进步人士镇江《江声报》主编刘煜生，因为在报纸上刊发爱国文章，被国民党当局以"鼓动红色恐怖"的罪名逮捕枪毙，国民党江苏省主席顾祝同下令查封《江声报》。公然逮捕枪杀新闻界人士，钳制言论，国民党当局的倒行逆施引起社会舆论的强烈反响。中国民权保障同盟对此事非常关注，公开发表宣言，批评国民党当局践踏人权、破坏法纪，和北洋军阀没有什么不一样，是全国人民的公敌。3 月，中华全国总工会海员总工会中共党团书记廖承志、红军将领陈赓等共产党员被捕，杨杏佛和宋庆龄一起积极出面组织营救，还专门组织了律师辩护团，为他们辩护，廖承志成功获得释放。1933 年 4 月 5 日，宋庆龄和杨杏佛等人在沈钧儒等律师的陪同下，到南京宪兵司令部看守所探望被关押的共产党领导人陈赓和省港大罢工的领袖罗登贤等，他们还专程约见国民政府行政院院长汪精卫，要求释放一切政治犯，废除《危害民国紧急治罪法》，以国民党中央委员的名义，要求立刻停止内战，和共产党再度合作，一致抗日。宋庆龄后来回忆说，鲁迅和杨杏佛曾经于 1911 年同时在南京临时政府任职，但直到 1927 年两人同时加入中国济难会才认识。

1933 年 3 月初，随着日本帝国主义对华侵略一步步加深，中国民权保障同盟一直开展各种反抗日本帝国主义的侵略活动。在中国共产党的积极推动下，杨杏佛联合文化界部分爱国人士以及工人团体等进步力量，成立了国民御侮自救会。3 月 8 日，杨杏佛在成立大会上发表演说，说明国民御侮自救会的宗旨是团结国内民众一致御侮自救，争取中国独立、统一和领土完整。但是没过多久，上海租界巡捕房搜查了自救会的总部，逮捕了自救会的成员。杨杏佛对此极为愤慨，发表谈话抨击帝国主义和国民党反动派互相勾结，同流合污，无理镇压人民抗日爱国运动。他在谈话中说，自救会的中心任务是购买枪支武装民众。宋庆龄、蔡元培、杨杏佛等人还亲自来到上海的德国领事馆，递交联名抗议书，抗议希特勒对德国进步人士和犹太人的迫害。5 月，国民党上海警察局勾结租界巡捕房，绑架了进步作家丁玲、历史学家潘梓年，暗杀了"湖畔诗人"应修人，全国舆论一片哗然。在强大的社会舆论压力下，国民党当局只好承认杀害了应修人，但对绑架一事矢口否认。杨杏佛为了查清此事，颇费了一番周折，终于掌握了重要的证据，以中国民权保障同盟的名义，联合文化界人士，致电南京国民政府行政院提出责问。

蒋介石对中国民权保障同盟的活动恨得咬牙切齿，准备杀一儆百，威吓同盟停止开展进一步的活动。但是对于暗杀谁的问题，蒋介石还是颇费了一番思量。宋庆龄是孙中山先生的夫人，地位尊崇，而且一旦宋美龄得知，必然和他翻脸，投鼠忌器，蒋介石不敢轻易对宋庆龄下手。同盟的另一领导蔡元培是国民党元老，无论在政界还是学界，都有很多的朋友和支持者，杀了他也不合适。杨杏佛是同盟的总干事，曾在孙中山身边工作过，有一定的地位和影响，给同盟做了很多具体工作，且欲武装民众。宋庆龄是同盟的精神领袖，杨杏佛则是真正做事的人，如果把他杀掉，同盟工作就会陷于停滞。因此，蒋介石决定暗杀杨杏佛。最初，蒋介石把暗杀杨杏佛的任务交给了中统的特务头子徐恩曾，徐恩曾不敢怠慢，立刻把这个任务交给了中共叛徒、行动队长顾顺章，顾顺章不敢怠慢上峰布置的任务，先后派了20多个特务到上海，准备动手，过了一段时间没有办成，只是瞎折腾了一阵。著名作家丁玲曾经回忆说，她当时被押解到南京，一个看守她的特务曾经偷偷拿了一张杨杏佛的照片给她看，说特务要杀他，派了20个人去了上海，没有成功，回来后每人扣发了一个月的工资。蒋介石对此恼羞成怒，又派军统特务头子戴笠办理此事。戴笠接到任务之初，想警告杨杏佛知难而退，要是能够为蒋介石所用则更好。他通过国民党南京特别市党部给杨杏佛发出书面警告，说中国民权保障同盟是“保障反革命及共产党要犯”的组织，表示可以给杨杏佛出国考察的机会，让他退出同盟。杨杏佛根本不理会戴笠的那一套，甚至还公开联络文化教育界的30多名知名人士联合签名，要求南京国民政府释放政治犯。戴笠大失所望，他让人给杨杏佛寄了一封信，信里装了一颗子弹，杨杏佛依然嗤之以鼻。戴笠觉得杨杏佛敬酒不吃吃罚酒，终于下定了暗杀的决心。为了刺杀杨杏佛，他亲自布置，做了精心的准备，秘密命令军统华东区行动组组长赵理君带领几个高手谋划。杨杏佛当时住在亚尔培路 331 号中央研究院宿舍，属于法租界，军统特务经过侦查发现，他有个嗜好，就是喜欢养马，专门花钱雇了人在租界外的大西路养了两匹良种马，几乎每个周日的早上，都会到大西路、中山路一带骑马。戴笠得知后，决定在大西路暗杀杨杏佛，他把这个行动方案报告给了蒋介石。蒋介石否决了这个方案，认为如果在租界外暗杀，起不到威吓同样居住在法租界内的宋庆龄的作用，命令戴笠一定要在法租界内进行。戴笠唯命是从。1933 年 6 月 18 日，这天是周末，杨杏佛带着十五岁的儿子杨小佛一起走出家门，到楼下准备坐汽车去大西路。当时杨杏佛有两辆汽车，一辆是轿车，一辆是篷车，杨杏佛他们上了轿车又下来了，一举一动早就在特务的监视之下，监视的特务以为被发现了，刚准备冲进大院动手，忽然看到杨杏佛他们上了篷车，原来是轿车的司机不在，所以就换了篷车。特务们暗中埋伏在大门的两边，篷车刚刚开出大门，立刻开枪向车内猛射，杨杏佛见状不好，立刻把杨小佛挡在身下，自己身中数枪。特务们知道枪声一响，必然会引来法租界的巡捕，他们亲眼见到杨杏佛倒在了血泊之中后就慌忙开车逃走。在送往医院的路上，杨杏佛就停止了呼吸，经检查他身中三枪，致命的一枪打在心脏上。

杨杏佛被暗杀后，宋庆龄、蔡元培非常震惊和愤怒。蔡元培在中央研究院召开紧急会议，向南京国民政府发电要求缉拿凶手，寻求公道，还向法院提起诉讼。6 月 20 日，中国民权保障同盟在上海万国殡仪馆，为杨杏佛举行隆重的葬礼。国民党特务叫嚣说，谁要是敢参加杨杏佛的葬礼，就暗杀谁，宋庆龄、蔡元培、鲁迅等同盟的领导毫不畏惧，依然亲自到殡仪馆参加追悼会。宋庆龄对这次暗杀非常气愤，发表了慷慨激昂的讲话，她说："这些人和他们雇来的打手们以为靠武力、绑架、施刑和谋杀，他们可以粉碎争取自由的斗争……但是，斗争不仅远远没有被粉碎，而且我们应当更坚定地斗争，因为杨铨为了自由而失去了他的生命，我们必须加倍努力直至实现我们的目标。"她亲自给杨杏佛写下挽联：品质崇高，保障民权续遗志；精神伟大，舍却自我随先生。鲁迅先生在写给榴花社的信中说，"此地盛行白色恐怖，仅仅主张保障民权之杨杏佛先生，且于前日遭了暗杀，闻在计划杀害者尚有十余人，我也不能公然走路"。他还写了一首脍炙人口的诗作《悼杨铨》，来纪念这位为民主自由献身的老朋友：岂有豪情似旧时，花开花落两由之。何期泪洒江南雨，又为斯民哭健儿。杨杏佛被暗杀后，中国民权保障同盟被迫停止了活动。

邓小平同志在宋庆龄同志追悼大会上致悼词时，对中国民权保障同盟的工作做了高度的评价，他说："（宋庆龄）并和鲁迅、蔡元培、杨杏佛等组织中国民权保障同盟，同国民党反动派进行针锋相对的斗争，保护和营救了大批中国共产党员和反蒋爱国民主人士，为革命事业做出了独特的贡献。"中共中央领导人在庆祝中国共产党成立六十周年大会上发表讲话时，对杨杏佛做了高度评价，称他是一贯支持我们党的党外亲密战友。

杨杏佛虽然牺牲了，但是他为促进中国民主自由、反帝反封建斗争所做的工作，将永垂青史！

投笔从戎抗日寇——赵宗麟

赵宗麟(1910—1939),男,号玉书,别名赵孚,笔名柳乃夫,四川荣昌人。1921年进入荣昌县立中学,开始接受革命思想。1930年,考入国立中央大学政治系。1931年4月,因为从事革命活动被国民党当局以传播“反动书刊”罪逮捕入狱。1933年被保释出狱,取英文新生命之意,改名柳乃夫,不久加入中国共产党。1935年赴日本留学,回国后主编《永生》杂志,加入上海左翼社会科学研究会、上海文化界救亡工作委员会,后主编《现世界》月刊。“八一三”事变后,任上海文化界内地服务团团长。1938年6月,根据党组织安排,赴山西省平陆县国民党第四集团军做政治工作。1939年6月6日,在中条山战役中壮烈殉国。1982年12月6日,四川省人民政府追认他为革命烈士。

一

1910年3月10日，赵宗麟出生在四川荣昌一个叫路孔的地方。赵家是当地的望族，人才辈出，人丁兴旺。族中赵富身是清朝道光年间的进士，曾当过翰林院从三品的编修。1921年，赵宗麟进入荣昌县立中学，受老师的影响，开始接受革命思想。1924年，赵宗麟14岁的时候，考入成都政法学校预科。少年赵宗麟，以列强欺凌为国耻，以改造社会为己任，发愤读书，立志振兴中华，报效国家。1930年4月，赵宗麟暂住在就读于复旦大学的中学同学李散之那里，复习备考，同年8月，以优异成绩考入国立中央大学法学院政治系。

李散之到上海后积极参加革命活动，在同文书院加入了中国共产主义青年团，不久又加入了中国共产党，他经常宣传共产主义思想，宣讲革命真理，对赵宗麟影响很大。赵宗麟在中央大学读书期间，接受了马列主义思想，在南京积极参加党组织领导的学生运动。1931年4月，赵宗麟被国民党特务逮捕，起因是李散之从上海给他邮寄了一本瞿秋白写的宣传革命的小册子，结果被国民党特务在邮件检查中发现。国民党当局以传播"反动书籍"的名义，判处赵宗麟5年有期徒刑，把他关押在南京中央军人监狱。

中央军人监狱里有一个印刷厂，赵宗麟和其他"政治犯"一起从事印刷劳动。他很快就学会了捡字、造字、排版、拼版等印刷技术，为以后办报积累了经验。赵宗麟在狱中读书不辍，自学日语等各种知识。1933 年春，经过亲朋好友多方营救，赵宗麟被保释出狱。出狱后，赵宗麟改名为柳乃夫，取英语谐音“新生”，柳乃夫这个名字从此为更多的人所熟知。柳乃夫来到上海，考入持志大学经济系，毕业后到中学教书，这时他改名叫赵孚。这期间他加入了中国共产党。1935 年年初，柳乃夫到日本留学，参加在东京的中共党组织活动，在日本他遇到了曾一起被关押在中央军人监狱的难友——共产党员郑天保。

二

1935 年年底，上海的共产党员钱俊瑞写信给柳乃夫，让他回国参加革命活动。柳乃夫回国后，和钱俊瑞一起主编《永生》杂志。他根据党组织的安排，秘密参加了党领导的上海左翼社会科学研究会和文化界救亡工作委员会，参加上海的抗日救亡活动。《永生》杂志被查封后，柳乃夫就和郑天保等同志一起主编《现世界》月刊，这是一份政治性很强的刊物，经常刊载一些文风犀利、一针见血的评论文章，深受读者欢迎。除了《现世界》杂志外，柳乃夫还和郑天保等人一起创办了引擎出版社，并担任经理，出版社内设立了党小组，钱俊瑞是负责人，柳乃夫是小组成员。此外，他还参与编辑了《大众生活》《时代论坛》等刊物。在此期间柳乃夫写了大量的文章，如《日本大陆政策》《世界往何处去》《中日战争与国际关系》《怎样发动群众自卫组织》等，产生了较大的影响。

全面抗战爆发后，上海文化界救国会成立“上海文化界内地服务团”，柳乃夫担任团长，积极从事文化界抗日后援工作。他率领吴荻周、李竹平等 30 多名团员，到浙江嘉兴、桐乡，江苏宜兴、溧阳等地，宣传抗日，通过演出戏剧、唱爱国歌曲、张贴宣传标语、发表演说等方式，发动大家一起参与抗战，支持抗战。这期间，他以笔作枪，在宣传文化这一特殊的战场，从事抗战工作。1938 年，汉口生活书店出版了柳乃夫所著《战地服务工作与经验》一书。

1938 年 6 月，根据党组织的安排，柳乃夫到山西省平陆县国民党第四集团军赵寿山的部队做思想政治工作。中共中央长江局负责人董必武专门接见了柳乃夫，鼓励他努力工作。柳乃夫做好了在前线牺牲的准备，他在移交服务团证件等物品时，对同志说：“我万一牺牲了，这对于你不是很好的纪念吗?”1938 年秋，柳乃夫在西安治病时，致函夫人唐宗鹤，写下了慷慨激昂的诗句：“倭奴入寇一年余，河山破碎已半壁。男儿不禁兴亡恨，投笔从戎古有之。”为了表达对家乡亲人的眷念和为国尽忠的决心，他写道：“高堂遥盼他乡子，战地星月倍家思。若问何日回故里，杀尽倭奴建国时。”“自古忠孝两难全，于今报国尤为先。建功立业父母愿，不作牛马子孙贤。”“海阔天空各一方，异地萦怀夜梦长。惟望举家多和泰，聊寄近影慰思量。”他在信中说：“目前中国失去的地方很多，遭日本人蹂躏的人很多，日本鬼子要亡我们的国，让子子孙孙都做亡国奴，你愿意吗？”

来到赵寿山的部队后，柳乃夫写信给朋友，笑称自己已经不是文化人，而是“武化人”了。他为了更好地开展工作，主动要求到基层，在赵寿山的安排下，担任177师师部秘书。1939年6月6日，日军大举进攻位于中条山地区的平陆县，柳乃夫在战斗中壮烈殉国，牺牲时身边还有他写的《中条山下》《抗日政治工作》等书稿。同年12月，《新华日报》报道了柳乃夫牺牲的消息，沈钧儒、邹韬奋、钱俊瑞等人非常悲痛，于12月17日在重庆张家花园小学举办了200多人参加的追悼会，沈钧儒亲自主持，他高度评价了柳乃夫：“乃夫先生生得有意义，死也极有意义。”追悼会后，还编了纪念特刊。1982年12月16日，四川省人民政府追认柳乃夫为革命烈士。

根据廖福增的回忆，赵宗麟还为家乡荣昌革命做了很多工作。1934年冬天，赵宗麟曾经回荣昌住了一段时间，他在家时经常找一些进步青年做革命工作，如与胡禹九等，给大家讲救亡图存的道理。赵宗麟离开荣昌时，和大家约定经常保持联系，1937年还从上海给廖福增寄了一本他写的《世界往何处去》，并一直通过胡禹九和革命青年联系，可以说他是胡禹九走上革命道路的引路人。1939年，赵宗麟让胡禹九以救国会的名义开展革命活动，还介绍了民族解放先锋队的情况，介绍廖福增加入民先队，不久廖福增加入了中国共产党。

如今，赵宗麟的母校荣昌中学专门以他的名字设立了“乃夫班”，在学校建立了“乃夫亭”，以缅怀先烈事迹、弘扬革命精神。

南京最早传马列——吴肃

吴肃(1898—1939),男,字肃之,号亚鲁,曾用名吴渊、陈俊卿,江苏如皋人。1916年,考入江苏省立如皋师范学校。1919年,在金沙小学担任教师;同年夏,考入南京高等师范学校教育专修科。1921年,加入社会主义青年团。1922年,发起成立社会主义青年团南京地方委员会,成立南京马克思学说研究会,是主要负责人之一;同年加入中国共产党,是南京最早的中共党员和领导者之一。1923年,担任江苏省立第三女子师范学校教师。1924年4月,发起成立进步团体徐州青年互助社;6月,成立徐州社会主义青年团,这是该地区的第一个团组织,他担任书记;同年年底,成立社会主义青年团徐州地方委员会,担任书记。1925年5月,建立徐州中共党组织;8月,调往河南省郑州市从事工人运动。1926年,调任中共南京地委宣传委员;不久,担任国民革命军第十一军第二十四师政治部宣传科长。1927年,参加八一南昌起义,后参加广州起义,随后担任中共福建临时省委秘书长。1928年7月,参加福建临时省委第一次代表大会,被选为省委委员、省委秘书长。1929年5月,担任中共福建省委常委。1930 年 11 月，调任中共山东临时省委秘书长兼宣传部部长。1931 年 2 月，中共山东省委正式成立后，继续担任省委秘书长兼宣传部部长。1932 年，调到上海负责中国互济会救援部工作，不久被捕。1936 年冬，被柳亚子等保释出狱。1937 年，担任湘鄂赣边区特委秘书。1939 年，担任湘鄂赣边区特委秘书长兼新四军平江通讯处秘书主任；同年 6 月，在国民党反动派制造的平江惨案中被杀害。

一

1898 年 12 月 8 日，吴肃出生在江苏省如皋县潮桥镇，他父亲是一个乡村教师。年少时，他开始在潮桥镇上读私塾，后来进入马塘第四初等小学读书。1916 年，成绩优秀的吴肃考入如皋师范学校，1919 年毕业后，到金沙小学担任教师。同年夏，他考进了南京高等师范学校教育专修科第二班。

吴肃到了南高后，很快就接受了进步思想，他结识了中共早期领导人邓中夏和恽代英等人，在他们的影响下，加入了“少年中国学会”。1921 年，吴肃加入中国社会主义青年团，成为南京地区最早的一批团员之一，被团中央任命为《先驱》驻南京的通讯员及调查员。当时，社会主义青年团不能公开开展活动，吴肃就和其他同学一起，成立了马克思学说研究会，吴肃是主要负责人之一。马克思学说研究会经常组织会员开展读书会、讨论会等活动，宣传马克思主义，将追求进步的同学发展进团组织。吴肃和其他成员一起，拟定了劳动问题、《共产党宣言》研究、唯物史观、阶级斗争、剩余价值、无产阶级专政及马克思预定共产主义完成的三个时期、社会主义史、各种社会主义之比较、经济史及经济学史、俄国革命及建设、布尔什维克与第三国际共产党之研究、从社会主义角度研究远东问题等十多个研究课题，组织进步青年学生公开参加讨论，很多青年学生都很关心的中国前途和命运问题，逐渐成为大家最关心的问题。例如，1922 年 11 月 14 日，马克思学说研究会在《国立东南大学、南京高师日刊》头版头条上发布启事，声明说，要围绕中国当前的社会形势，公开组织关于社会改造问题的讨论。由吴肃和东南大学的周世钊主持，主要讨论四个问题，"现今中国的社会是什么样的一个社会，是一个病的社会吗"，"如是一个病的社会，则病的根源在哪里"，"要除掉那些病根，要医治好这个社会，那么我们须采用社会政策还是社会主义"，"要是采用社会主义是采用哪一种社会主义"，讨论会规定每个人发言不超过 10 分钟。据此，可以看到，马克思学说研究会通过中国急需开展社会改造这样一个命题，以学理讨论的形式，把脉中国社会的病源，再通过探讨根除病源的方法，一步步地引入人们对社会主义学说的研究，达到宣传马克思主义的目的。1922 年，南京社会主义青年团在东南大学梅庵召开了成立大会，会议草拟了南京社会主义青年团简章。会议决定，南京的团员青年到城南、下关等处分发传单，同时在 5 月 5 日马克思 104 周年诞辰时，举办纪念活动。中国社会主义青年团南京地方委员会成立后，吴肃是主要负责人之一。1922 年，吴肃加入了中国共产党，成为南京地区最早的党员之一。在吴肃和其他党团员的领导下，南京高等师范学校俨然已经成为当时党在南京的活动基地和马克思主义的宣传中心。

1922 年 8 月 26 日，吴肃和魏建功、范用余等如皋师范学校校友，利用假期回乡的机会，在如皋师范附属小学，创建了南通地区最早的进步团体“平民社”，吴肃全面主持社务。为了使“如皋平民社”取得合法地位，吴肃等人特地向江苏省公署申请立案，并获得批准。根据当时的法律，社团立案批准后就是法人，法人有权向政府或法院控诉不法官吏。吴肃还向当时在如皋师范学校任教的父亲吴璜介绍革命形势，请他支持自己的革命工作，并支持如皋的学生运动，吴璜当即答应，且第一个从教师队伍中站了出来参加学生运动，成为如皋师范学校学潮的参加者。吴肃、魏建功等人还创办了《平民声》半月刊（后改由旅宁旅京平民社社员轮流编印），宣传革命思想，为推动南通地区的革命事业做出了贡献。吴肃以马塘第四初等小学的历届毕业生为主体，成立了潮桥青年学友会，不定期发行四开四版的《潮桥青年》报纸，在如皋当地产生了很大的影响。一批追求进步的青年纷纷向吴肃等人靠拢，他们讨论中国的发展问题，接受马克思主义思想，在吴肃的引导下，苏德馨、吴亚苏等一大批进步青年走上了革命道路，成为南通地区革命的骨干力量，吴肃成为在南通地区传播革命的第一人。根据有关资料，如皋平民社做了三件大事：第一件事是控诉土豪劣绅。吴肃等人针对当地水利会长俞达三、沙田局长万子英、警察局长陈德庆、教育会长冒佐唐等人徇私枉法、滥用职权的丑恶事实，在《平民声》上大加宣传，并且用平民社的名义向法院提起控诉，有力地打击了土豪劣绅的嚣张气焰。第二件事是帮助农民维权。当时，与如皋一江之隔的常熟县有一个叫季通的土豪，成立了一家叫红福的公司，在江对岸筑坝围垦，造成江水冲击如皋堤坝，江堤坍塌，农民损失惨重。吴肃带领平民社的同志，写信给江苏省公署，控告常熟红福公司的恶劣行径，在平民社的据理力争下，红福公司被迫解散，并且赔偿农民 20 万元，斗争取得了胜利。第三件事是推广平民教育。平民社成立的初衷就是维护平民的权益，他们和如皋教育部门联合成立了平民教育促进会，举办平民识字班，大力推广和普及平民教育，还专门举办小学教师暑期讲习会，提高小学教师的教育水平，促进了当地教育事业的发展。

二

1923 年，吴肃从南京高等师范学校毕业，受党的派遣，到江苏省立第三女子师范学校担任教师，并以教师身份作为掩护，从事革命工作。当时，徐州在反动军阀的血腥镇压下，铁路工人运动遭到严重破坏，革命转入低潮。吴肃到徐州后，发现徐州的情况很不乐观，“农工的生活是很苦的，教育界是沉闷而幽暗的，政治上是武人独霸的”，“俗尚强悍，民性较南方为残酷，每遇斗殴，死而勿却”。根据陈子坚同志回忆，吴肃到校任教后，“生活朴素，穿一件布的长袍，对人谦恭有礼，平易近人，谈话有条理，能解决问题，使人和他见一次面后还愿与他再见面”。吴肃到了徐州后，立即开展工作，向进步青年学生宣传马克思主义，发展积极分子加入团组织。他在课堂上宣传进步思想，号召同学们认清军阀和帝国主义的反动本质。他经常组织学生在苏姑墓附近秘密集会，宣传革命思想，还创办了徐州地区第一个“社会妇女识字班”。他在徐州建立的第一个群众团体是“勤业会”，这是一个以第三女子师范学校女学生为成员的团体，通过组织女学生阅读《新青年》《向导》等革命刊物，向她们传播革命思想。1924 年年初，吴肃曾经向团中央汇报说，第三女子师范学校是革命书刊发行数量最多的单位之一。

1924 年 4 月，吴肃在徐州成立了“徐州青年互助社”，参加的都是徐州各中学的青年学生，他把互助社的成员组织起来，一起阅读《新青年》《向导》《共产党宣言》等进步书刊。不久，又把其中的积极分子发展成徐州地区的第一批团员，其中，有省立第三女子师范的苏同仁、王慧之、邢蕴玉，省立第七师范学校的卢印泉、孟谦之，徐州中学的胡云青等人。淮北地区早期革命火种的传播者、中共长淮特委书记朱务平，当时是徐州教会学校培心学校的学生，他认识了吴肃后，很快就在他的指引下走上了革命道路。在青年互助社里，朱务平阅读了《向导》《中国青年》等革命刊物，接触马克思主义学说，政治觉悟提高很快。在吴肃的帮助下，朱务平加入了中国社会主义青年团，并很快脱颖而出，成为徐州地区团组织的负责人之一。他在吴肃的指导下，发起成立了徐州各校学生联合会，开展学生运动。5 月，吴肃组织培心学校学生马汝良、朱务平等人领导进步学生开展罢课斗争，反对美国基督教人士、校长安世东的基督教教育。作为学生代表，向校方提出了五项要求，立誓“愿牺牲奴隶教育，争回人格”，打击了学校教会势力。虽然最终马汝良等 8 名学生被开除，罢课斗争失败了，但是培心学校的非基督化斗争在徐州乃至全国都产生了重要的影响，中共中央的机关刊物《向导》专门发表了朱务平写的介绍培心学校非基督化斗争的文章。恽代英对徐州的非基督化斗争给予了高度评价，在《徐州教会学生的奋斗》一文中说：“徐州教会所办培心学校的学生，已经又因为忍受不了外国校长无理的殴打，已经不愿永久让他们骂为土匪、走兽，已经不愿受他们大国威风的压制，要起来为他们，而且为各地教会学生，而且为全国人民争人格了。”

1924 年 6 月 1 日，在吴肃的领导下，在徐州户部山戏马台阅览室，成立了徐州第一个社会主义青年团组织，通过了徐州社会主义青年团的纲领和章程，选出了执行委员 6 名，书记部主任吴肃、卢印泉，宣传部主任马汝良、苏同仁，此外还有经济部主任 2 名。这期间，吴肃遇到了自己的革命伴侣——苏同仁。苏同仁是江苏宿迁人，出身于书香世家，她父亲是宿迁县立艺徒学校的校长，是一个思想开明的人，很重视苏同仁的教育。1921 年，苏同仁考进了江苏省立第三女子师范学校，成为当时为数不多的知识女性。苏同仁到了学校后，受到吴肃等老师进步思想的影响，很快就走上了革命的道路。她在学校组织同学一起排演《棠棣之花》《珊瑚》《婴儿之死》等进步题材的戏剧，把很多进步同学团结到身边来，是学校有名的才女。在吴肃的关心和帮助下，苏同仁阅读《新青年》《共产党宣言》等进步书刊，积极参加学生运动，吴肃对她的表现非常满意，很快就把她发展成徐州地区早期的社会主义青年团团员，不久又发展她成为徐州地区早期的中共党员。为了相同的革命理想，两个人在工作中彼此欣赏，为革命一起忙碌奔波，结下了深厚的感情。1925 年 6 月，苏同仁受党组织派遣，到江苏睢宁担任睢宁女子小学教师，在吴肃的指导下，积极投身革命工作，发展了一批中共党员，创建了睢宁县第一个党支部。根据 1925 年 7 月《团徐州地委关于第四次全体大会情况报告》，苏同仁出席了这次大会，“出席者：陈兴霖（东大）、朱务平（徐州陇海工会书记）、马汝良（上大）、汤丁寿（公司事务员）、吴亚苏（徐中）、苏同仁、王慧之、吴振英（三女师）”，说明当时苏同仁已经是团组织的骨干力量了。

1924 年年底，社会主义青年团徐州地方委员会成立，吴肃担任书记部主任，苏同仁被选为团地委委员，负责学生运动。当时，徐州女子学校比较多，除了第三女子师范学校外，还有一所教会女子中学、两所教会女子小学，两所县立女子高小。团徐州地委把妇女工作的重点放在了女校。1925 年 1 月 26 日，中国社会主义青年团改称中国共产主义青年团，徐州社会主义青年团随之改称徐州共产主义青年团。1925 年 2 月 20 日，吴肃给江浙皖区委写信报告徐州共青团的工作，说徐州的 S 校，在去年成立团组织后，正好赶上奉系军阀部队南下，学校不得不放假，学生都回家了，大部分学生回家后都是看书学习，有不少进步学生参加国民会议，在农民中开展宣传工作。徐州中学才开学不久，现在只有几十个学生来报到，教会学校培心学校、铜山县立师范学校已经开学了，第七师范学校、第十中学、第三女子师范学校开学的时间还没定，革命工作要等学校开学后继续开展。3 月 8 日，徐州召开了江苏省第一次三八妇女节纪念会，会议由第三女子师范学校附属小学教师叶梦兰主持，吴肃和朱务平等领导参加会议，并做了演说。吴肃给与会者慷慨激昂地讲述了三八妇女节的历史和意义，他说，“将来妇女解放了，男女在政治上、经济上、生活上一律平等，男子能做的事，女子也能做”，“妇女如要解放，必须向工农中宣传组织，才有希望”。朱务平也做了演说，号召妇女们开展联合斗争，特别是和当前的斗争结合起来，赞助国民会议，反对善后会议。3 月 10 日，吴肃专门给张太雷写信，报告徐州三八妇女节的工作情况。他在信中说，3 月 6 日徐州专门开会研究纪念活动，决定 8 日在三女师附小以纪念妇女节的名义，召集教师学生开会，吴肃给大家发表纪念三八妇女节历史意义的演说，并计划在 15 日开共青团全体人员会议。在吴肃等人的领导下，第三女子师范学校开展了驱逐封建学阀钱韵荷的斗争，并最终取得了胜利。徐州地区的妇女运动得到很大的发展，培养了一批妇女运动骨干，为全省妇女运动的发展做出了贡献。

1925 年 6 月 4 日，吴肃给团中央专门写报告汇报徐州团组织的工作。他在报告中说，五卅惨案后，徐州的同志们已经开展了一系列的声援活动。在徐州团组织的领导下，江苏省立第七师范学校学生发起了驱逐反动校长的学潮，第三女子师范学校校长也被各界猛烈攻击，估计这两个思想反动的校长都不能长久了。继任的校长怎么样，对徐州地区的工作开展关系很大，希望团中央能派东南大学的同学陈兴霖、上海的李剑秋从中活动，以利于革命工作的开展。1925 年春，根据上级党组织的指示，吴肃开始着手徐州党组织的筹建工作，他发展了朱务平等人加入中国共产党。10 月中旬，吴肃领导成立了中共铜山（徐州）特别支部，吴肃担任书记。在吴肃的领导下，徐州党团组织取得了较快的发展，根据 1925 年 10 月 15 日团徐州地委组织委员贾箓芸同志的报告，截至当年 10 月，党组织方面，徐州已经有了两名正式党员、两名候补党员，准备成立党的特别支部，每个月开两次会；团组织方面，已经有团员 15 人，其中纯粹的团员 11 人，其他四人是党员或候补党员，准备成立团徐州地方委员会，分为三个小组开展工作。

三

1926 年，吴肃和苏同仁根据上级党组织的安排，到中共南京地委任职。为了让一些因为参加学生运动被迫退学的教会学校学生继续学习，在党组织的领导下，成立了光夏中学，设立初中和高中部，招考退学的进步学生，还特意注明从教会学校转来的学生可以免试入学。吴肃亲自担任了光夏中学的党支部书记。8 月 18 日，新的南京地委成立，吴肃担任中共南京地委宣传委员，苏同仁到地委妇女委员会工作，不久，这对情投意合、志趣相投的革命伴侣在南京结婚。

1926 年 7 月，国民革命军正式誓师北伐，中国共产党纷纷派出优秀的地方干部参加北伐军，开展政治宣传工作。吴肃根据党组织的安排，南下广州，担任国民革命军第十一军第二十四师政治部宣传科长。与此同时，苏同仁也在党组织的安排下，到上海担任上海劳动妇女委员会委员，负责领导引翔港的妇女工作。1927 年 8 月 1 日，在第二十四师工作的吴肃参加了南昌起义。后来，又被组织派到广州，参加张太雷等领导的广州起义。

1927 年 12 月，中共福建省临时委员会成立，吴肃根据党组织的安排，到福建临时省委担任秘书长。1928 年年初，吴肃化名吴雅鲁、吴野鲁，担任中共厦门市委书记。7 月，中共福建临时省委在厦门召开第一次代表大会，吴肃被选为省委委员、省委秘书长。随后，吴肃在省委的安排下，到泉州、南安、惠安、永春、德化等地开展工作，发展党团组织。在永春工作时，吴肃召开了中共永春县第一次代表大会，9 月 24 日，大会如期举行，讨论并通过了《中共永春县第一次代表大会政治任务报告决议案》，选举产生了新的县委，吴肃暂时代理县委书记。随后，吴肃还主持召开了共青团永春县第一次代表大会，产生了共青团永春县委，选举李文墨同志担任团县委书记。吴肃还深入到农村的党团基层组织中开展工作，帮助整顿农民革命团体觉民社，改组了东区农民协会，主持了党的短期训练班，永春的党团工作得到了极大的改进和加强。10 月，吴肃带领中共永春县委召开了群众大会，公审并枪决了 2 个革命破坏分子，在闽南地区产生了很大的影响。11 月，吴肃回到福建省委工作，担任省委代理组织部部长，并负责省委机关刊物《党员生活》的编审工作。12 月，吴肃根据组织安排，担任省委特派员，到福州指导工作，为福州地区的革命做了大量的工作。1929 年 5 月 12 日，中共福建省委第三次全体会议上，吴肃担任省委秘书长，不久因为另一个常委患病不能工作，吴肃被增补为三个省委常委之一，8 月，省委常委扩大到 5 人，吴肃继续担任省委常委。9 月，吴肃根据组织安排，到漳州、莆田等地开展革命工作。1930 年 8 月，中共福建省委把党、团、工会等组织合并，成立了福建省总行动委员会，吴肃担任省总行动委员会候补执行委员。

1930年11月，吴肃根据党组织安排，到青岛工作，参加中共山东临时省委的筹建工作，化名李汉民，担任中共山东临时省委秘书长兼宣传部部长。吴肃在青岛工作时，被敌人逮捕，不过好在敌人没有掌握什么证据，再加上吴肃机智巧妙的应对，敌人不得不将他释放。1931年2月，中共山东省委正式成立后，吴肃继续担任省委秘书长兼宣传部部长。

1932年，吴肃调到上海负责中国互济会救援部工作，他积极组织上海赤色工会，领导上海工人运动。1933年夏，吴肃到一个秘密接头点联系工作，但由于叛徒告密，这个接头点已经被敌人破坏，吴肃在上海法租界被捕，敌人并无真凭实据，只能将他无罪释放。但不久后，吴肃再次被捕，这是他第三次被捕。虽然没有暴露自己的真实身份，但是他被捕后，还是被判刑3年6个月。长期艰苦的革命工作，以及监狱内非人的待遇，使吴肃的健康受到严重的摧残，他身患肺炎、哮喘等多种疾病。他在狱中坚持斗争，把一起入狱的难友们组织起来，在各牢房之间建立了秘密通信网络，还成立了狱中党支部。吴肃自学了世界语，还带动其他难友们一起学习，然后把世界语作为传递消息的工具。吴肃经过斗争，得到监狱的许可，帮助商务印书馆翻译英文资料，得到的翻译收入全部用于接济难友。他在狱中还编译了《英语百日通》一书，在上海世界书局出版。1936年，党组织委托国民党元老柳亚子多方设法，把他从监狱中营救了出来。吴肃出狱初期，没能和党组织取得联系，他化名陈俊卿，在上海新知书店从事校对工作，和沈楚之一起合译了《唯物辩证法和心理分析》一书，也由上海世界书局出版。

1937年年底，上级党组织派曹荻秋同志和吴肃联系，恢复了他的党组织关系，并安排吴肃来到长沙，在中共湖南省委的安排下，担任湘鄂赣边区特委秘书。1939年，吴肃担任湘鄂赣边区特委秘书长兼新四军平江通讯处秘书主任。新四军留守处驻扎在平江县嘉义镇，吴肃来到这里后，忘我地工作，导致本来就比较严重的肺病复发，经常吐血，身体状况更差了。但是，吴肃凭借多年的革命斗争经验，很快就把革命工作开展得有声有色，和当地的干部群众建立了密切的联系。国民党五届五中全会上，制定了"溶共、防共、限共、反共"的反动方针，又下发了《限制异党活动办法》《异党问题处理办法》等文件，不停地制造反共摩擦事件。当时，在平江附近驻扎的是国民党第二十七集团军杨森的部队，杨森是一个思想十分反动的地方军阀，早就对共产党心怀叵测，了解蒋介石反共的真实意图后，更露出反共真面目。他召集了手下的部队，成立了一个地区防范异党委员会。6月，蒋介石密令国民党湖南省主席、第九战区司令长官薛岳对新四军留守处下手，薛岳接到指令后，给杨森下达了命令。1939年6月12日，国民党第二十七集团军杨森的部队在蒋介石的密令下，派特务营一个连，突然包围了新四军留守处，制造了震惊全国的平江惨案，成为第二次国共合作期间国民党反动派制造分裂、破坏抗战的著名事件之一。他们先把中共江西省委副书记兼湘鄂赣特委书记、新四军高级参谋涂正坤骗出杀害，随后又派人来找中共特委的负责人。吴肃知道凶多吉少，关键时刻置他个人安危于不顾，大义凛然，挺身而出，大声对凶恶的敌人说："我就是负责人！有事找我！"就这样，敌人把吴肃带出了留守处，吴肃走到街上，对着路过的群众高呼："不准破坏团结抗战！"敌人生怕吴肃继续宣传，使群众知道国民党制造反共分裂的真相，当即向他的头部和腹部连开两枪，把吴肃同志残忍地杀害了。此时，吴肃年仅 41 岁。疯狂的敌人还残杀了中共湘鄂赣特委组织部部长罗梓铭、新四军驻赣办事处秘书兼江西省委组织部部长曾金声及平江通讯处工作人员吴贺泉、赵绿吟等。不仅残杀了党的十几个干部，还在平江地区疯狂屠杀了红军家属及其他革命分子不下千人，其中，有一家红军家属兄弟 8 人居然被杀掉 6 个，罪行令人发指！惨案发生的当天，革命群众冒着生命危险收殓了吴肃烈士的遗体，把他埋葬在留守处对面的小山坡上。

平江惨案发生后，举国震惊，中共中央向国民党当局提出了严重抗议，要求严惩肇事凶手，并将事件真相公布天下。1939 年 7 月 7 日，在重庆八路军办事处工作的周恩来、叶剑英等中共中央领导，举行了追悼平江通讯处遇害烈士大会。1939 年 8 月 1 日，中共中央又在延安革命根据地，隆重举行了万人公祭平江惨案死难烈士大会，毛泽东做了《必须制裁反动派》的著名演说，对吴肃等烈士予以高度肯定。中共中央给烈士们的挽联是：在国难中惹起内讧，江河不洗古今憾；于身危时犹明大义，天地能知忠烈心。在平江县嘉义镇街上，原新四军平江通讯处旧址附近，当地政府专门在吴肃遇难的地方，为他建了一座纪念碑，上面写着“中共湘鄂赣特委委员、新四军平江嘉义通讯处秘书吴肃烈士牺牲处”。

吴肃烈士牺牲后，苏同仁强忍悲痛，继续从事革命工作。早在1934 年，她就受党中央派遣，到苏联学习，学成后担任中共中央和第三国际的联络员，曾经代表中国妇女，出席在欧洲举行的纪念三八国际妇女节大会。1937 年，苏同仁回国后，从事反间谍的工作。1939 年，苏同仁受党中央委派，和陈潭秋、毛泽民等一起到新疆工作，经常在新疆和陕北两地往返。后由于叛徒告密，她不幸被国民党特务逮捕，被关押在陕南监狱。1943 年，苏同仁因饱受折磨和摧残，在狱中病逝，和吴肃一样，为中国人民的解放事业献出了宝贵的生命。吴肃和苏同仁两位烈士，成为中共党史上为数不多的共同为革命捐躯的贤伉俪。

1933 年，吴肃第三次入狱时，苏同仁曾经在上海生了一个女儿，吴肃给女儿起名为“阿难”，意思是纪念国难当头，自己又正好被关在狱中。阿难在一岁的时候，就被送回老家，因此很早就和父母失去了联系，对他们没有什么印象。直到 1948 年，阿难才知道父母牺牲的消息。

吴肃烈士是南京地区最早的党团员之一，也是南京团组织的创始人和主要负责人之一，他不仅是南通地区最早的革命者，还是徐州地区党团组织的缔造者。他久经考验，参加了北伐战争和八一南昌起义，多次临危受命，为中共福建省委、中共山东省委做了大量的工作，是中共早期卓越的地方领导人之一。他在平江惨案中不幸遇难，但他的光辉事迹，永远鼓舞着我们砥砺前行！

民心自有功臣碑——马霄鹏

马霄鹏(1903—1939),男,山东省鱼台县谷亭人。1909 年,进入私塾读书。1919 年,考入山东济宁甲种工业学校。1923 年,考入国立东南大学心理学系。在校期间,大量阅读马克思主义书籍,接受进步思想。1927 年,加入中国共产党;同年年底,到上海和一位德国侨民在法租界合办书店,秘密从事地下工作。1931 年,先后担任山东省立第一师范学校、省立第五乡村师范学校教师,在学生中广泛传播进步思想。1934 年,指导王禄清等进步学生办《禹声报》,宣传抗日救国思想;10 月,成立学校党支部并担任书记。1938 年,担任金乡县工委书记,发起成立第五战区第二游击纵队,担任政治部主任;同年 5 月,任苏鲁豫皖边区鲁西南特委宣传部部长,办《团结日报》。后任苏鲁豫边区特委民运部部长、宣传部部长等职。1939 年 9 月 19 日,被以"肃托"名义迫害致死。1941 年冬,中共中央山东分局为他平反昭雪,追认他为革命烈士。

1903年，马霄鹏出生于山东省鱼台县陈丙庄的一个中农家庭。父亲马育藻早先以务农为生，后来自学中医，一边种地一边给人看病，在当地很受人尊重。6岁的时候，马霄鹏进入村里的私塾读书，天资聪颖的马霄鹏很快展示出他在读书上的天赋。16岁时，马霄鹏考进了济宁市甲种工业学校。当时，学校里的生活很清苦，不但居住条件简陋，而且学生伙食比较差。马霄鹏在这种艰苦的环境下，常饿着肚子学习。1923年，他从济宁甲种工业学校毕业，想继续深造，于是说服父母卖掉了家中仅有的一些田亩，供他继续上学。马霄鹏不负众望，以优异的成绩考入了国立东南大学。进入东南大学后，他开始大量阅读进步书籍，比如陈独秀等共产党人的著作，马克思主义的基本原理，以及《新青年》等进步刊物，逐步接受共产主义思想。

1927年，四一二反革命政变后，以蒋介石为首的国民党右派大肆屠杀共产党人，南京笼罩在白色恐怖之下。马霄鹏在革命处于最低潮的时候，毅然向组织提出了入党申请，很快就得到了批准，真可谓时穷节乃现。他加入共产党后，积极参加进步活动，在党的领导下，到南京街头秘密张贴革命标语、散发传单，还积极参加演讲、示威游行等活动，反对国民党当局的反动统治。由于他在活动中的表现过于显眼，国民党特务早就盯上了他。那年冬天的一个晚上，大批荷枪实弹的反动军警包围了东南大学，准备抓捕共产党员。紧要关头，党组织及时通知马霄鹏马上转移，并安排他到上海继续从事革命活动。

到达上海后，马霄鹏在组织的安排下，和一个德国的侨民在法租界以合办书店的名义，秘密开展地下工作。他白天在书店上班，是一个规规矩矩的生意人，晚上刻印革命传单，传递革命情报，又是一个出色的革命者。有一次，他把重要情报藏在蜡制的苹果里，在半路上恰好遇到路口有特务在搜查，他急中生智，马上在街边的水果店里买了一篮苹果，然后把蜡制苹果混入其中，巧妙地通过了搜查。在书店工作了一年左右，他又奉命到闸北开展工人运动。马霄鹏不辱使命，组织了外商洋行工人的罢工斗争，取得了胜利，提高了工人们的福利待遇。不久，他又奉命到上海交通大学等学校开展学生运动，再次发挥了他的才能。在他的组织下，进步师生积极开展罢课活动，反对国民党当局的独裁统治，为广大师生争取更多的权利，也赢得了大家的认可。

1931 年，马霄鹏根据组织安排，回老家山东开展革命工作。他先来到济南，担任山东省立第一师范学校的教师，后来又来到平原的山东省立第五乡村师范学校任教。他在学校教书期间，利用上课的机会，向学生们宣传马克思主义学说，以组织读书会的名义，秘密地给他们阅读马列书籍，传播革命思想。在他的影响下，一批学生后来走上了革命的道路。国民党当局得知这一情况后，给学校施压，下令解散了读书会。1934 年，在他的指导下，进步学生王禄清创办了《禹声报》，宣传抗日救国思想，呼吁大家支持中国共产党的抗日主张，一些进步师生还加入了中国共产党。1934 年 10 月，已经担任中共鲁西北特委委员的马霄鹏代号“二〇七”，他一手建立了平原乡师党支部。党支部成立后，在马霄鹏的领导下，发起成立了醒民剧社，深入农村，借话剧演出的形式宣传革命，深受农民群众欢迎。西安事变发生后，马霄鹏在全校师生大会上公开演讲，号召大家响应中国共产党“停止内战，一致抗日”的主张。全面抗战爆发后，平原乡师、惠民乡师等几个学校南迁，根据党的指示，马霄鹏担任临时党支部书记。他积极组织几个学校的党员和进步力量，大张旗鼓地开展抗日宣传活动。1937 年 11 月，他将一些民族解放先锋队的队员和追求进步的青年学生，送到八路军一一五师参加革命，前后一共送了 3 批 90 多人。为了凑齐路费，马霄鹏带头组织募捐。12 月，马霄鹏准备和妻子赵振民到延安学习，来到金乡县耿楼村鲁西南工委时，发现工委最棘手的问题是缺干部，于是主动要求留下来。赵振民继续去延安学习，这时他们已经有了两个女儿，长女马理两岁，次女马玲只有 5 个月大，没想到这次分别竟然成了他们的永别。1938 年 1 月，根据组织安排，马霄鹏担任金乡县工委书记，领导当地人民开展抗日游击战争。经过一段时间的准备，2 月 15 日，党领导的金乡县第一支抗日武装力量——第五战区第二游击纵队正式成立，有 100 多号人，30 多条枪，马霄鹏亲自兼任政治部主任。这支武装成立后，国民党当局想收编他们，党组织经过慎重考虑，决定化整为零开展活动，从而保存革命力量。

1938 年 5 月，中共苏鲁豫皖边区省委决定把鲁西南工委改为鲁西南特委，马霄鹏担任宣传部部长。7 月底，鲁西南特委又和徐州西北区委合并成立苏鲁豫边区特委，也叫湖西特委，马霄鹏担任民运部部长。同年 12 月，根据组织安排，他改任宣传部部长。马霄鹏担任宣传部部长时，曾创办《团结日报》，积极宣传抗日救国、一致对外的思想。他还组织了多个抗日训练班，在鲁西南各地培养了多名骨干力量。1939 年 9 月，湖西特委发生了“肃托”事件。9 月 19 日，马霄鹏在徐州丰县于王庄一座古庙里被以托派分子的名义错误杀害。

1941 年，中共中央山东分局根据中共中央决定，在单县一个叫辛羊庙的地方，为马霄鹏举行了隆重的追悼大会，平反昭雪，追认他为革命烈士。

凌雪寒梅自芬芳——刘惠馨

刘惠馨（1914—1941），女，又名刘一清，江苏淮阴人。在南京女子中学读书。1935年，考入国立中央大学工学院。当年，参加"一二·九"运动。全面抗战爆发后，参加中国共产党领导的战时农村工作服务团。1937年，参加方毅主持的湖北省黄安县党的干部训练班。1938年3月，参加陶铸主持的农村合作人员训练班，加入中国共产党，后建立中共建始县特支；11月调任中共湖北省宜都县委书记，后担任施巴（恩施巴东）地区特委委员兼妇女部部长，鄂西特委委员兼妇女部部长，中共恩施县委副书记。1941年被捕，不久被杀害。

一

1914 年，刘惠馨出生于江苏淮阴一个官员家庭。小时候，出于家庭原因，刘惠馨到南京上学。中学时，她进入南京女子中学读书，开始接受进步思想。学校里一些进步的老师，经常在上课时跟学生们讲，如今中国落后，被帝国主义列强欺凌，原因是中国科技不发达，没有工业基础，积贫积弱，鼓励大家认真学习科学文化知识。刘惠馨深受触动，觉得中国必须要改变这种面貌，走救亡图存之路。

1935 年，刘惠馨以优异的成绩，考入国立中央大学工学院攻读机械工程专业，成为当年该系唯一破格录取的女生，也是工学院唯一一个女生。进入中央大学后，刘惠馨受共产主义思想的影响，加入了党领导下的进步学生组织——南京秘密学生联合会。在这里，她开始阅读各种进步书籍报刊，在进步老师和同学的影响下，她开始认识到，帝国主义的残酷掠夺和国民党的腐朽统治才是中国贫穷落后的根本原因，要想改变中国一穷二白的落后面貌，就要进行社会革命，而不只是仅仅靠科学技术。1935 年，刘惠馨和其他进步同学一起，参加了“一二·九”运动。1936 年，马识途考入中央大学，他在秘密学生联合会里认识了刘惠馨。全面抗战爆发后，全国各地抗日救亡运动蓬勃开展，刘惠馨痛下决心放弃学业，参加了由中国共产党领导的战时农村工作服务团，到南京郊区农村晓庄一带开展工作，进行抗日宣传活动。刚开始，刘惠馨和其他同学一样，穿着学生的装束，到附近的一个采石场向工人们宣传抗日救国的道理，但是工人们反应十分冷淡，看怪物似的打量着这群青年学生。刘惠馨和同学们不由得很失望，这时带队的共产党员跟他们说："不改变装束，不去掉学生腔，不和工人打成一片，不了解工人的疾苦，和他们休戚相关，就根本谈不上宣传和组织群众。"刘惠馨深以为然，于是和其他同学一起脱下学生装，换上劳工们常穿的粗布衣服，到采石场和工人们一起劳动，还带了一些简单的药品，给受伤的工人包扎敷药，拉近和工人们的距离，工人们很快就接受了他们的宣传。刘惠馨这时才真正地理解了社会最底层的劳动者，她感慨地说："我现在才明白，抽象地宣传抗日，对于受苦受难的工农群众来说，不过是一种嘲笑。"全面抗战爆发后，刘惠馨像很多热血青年一样，想到抗日前线去杀敌报国。

1937 年 11 月，日军分两路向南京进攻，首都城危在旦夕。根据党组织的安排，刘惠馨和马识途等同学一起从南京撤离到武汉。他们到武汉安仁里中共办事处董必武同志那里报到，在董必武的安排下，他们参加了由时任中共湖北省委常委方毅主持的湖北省黄安县中国共产党干部训练班。方毅同志在黄安县七里坪，以新四军四支队后方留守处的名义作为掩护，举办了多期党的干部培训班，不仅培养了一大批抗日骨干力量，还为湖北地方党组织的建设做了很大的贡献。在这个培训班上，刘惠馨更加系统地接受了党的教育，懂得了很多革命道理，更加坚定了自己的共产主义信仰。1938 年 3 月，刘惠馨根据组织的安排，又到应城县汤池参加了由中共地方领导人陶铸主持的农村合作人员训练班，这个班专门培养到农村工作的党组织的骨干。培训班结束后，刘惠馨光荣地加入了中国共产党。

在湖北鄂西地区负责人雍文涛的带领下，刘惠馨到鄂西工作，并根据组织安排，和李墨刚、胡淑善、徐明球等同志到建始县开展革命工作。刘惠馨到建始县后，以合作指导员的身份，克服了语言不通和生活不习惯等种种困难，很快就打开了局面。当时建始县的党组织在大革命失败后一直没有恢复，她和其他同志一起，以办信贷社和发贷款的有利条件，积极开展革命活动。她在大山里四处奔走，和农民一起谈心聊天，帮助他们解决生产生活方面的问题，给他们灌输革命思想。她做了大量工作，很快在全县建立了 8 个党支部，建立了中共建始县特支。刘惠馨等共产党人在建始县的活动，引起了国民党地方当局的高度敌视，他们对中共党员进行监视活动，扣压来自延安的书报刊物，阻挠我党工作人员的行动，并且要求他们统一住到县政府宿舍，还强行把合作资金收归县库，不再给农民发放贷款，导致刘惠馨等人费尽力气刚刚建立起来的乡村生产合作社纷纷解散。

9 月，党组织为了发展敌后抗日游击战，准备抽调一批骨干力量到苏北开展工作，刘惠馨的老家在苏北淮安，她义无反顾地报了名。临行前，她对已经成为恋人的马识途同志说："这次回苏北，要和敌人展开面对面的斗争，我是抱着把自己的鲜血洒在故乡土地上的决心的。"然后两个人依依惜别。她们在往苏北进发的途中，恰好赶上了竹沟事变，苏北之行没有成功，又返回湖北。

返回湖北后，上级党组织安排刘惠馨到宜昌县工作。当时，国民政府为了发展教育事业，就让各乡利用暑假对私塾先生进行培训，补充新式教育师资。分乡小学是中共党组织的一个秘密据点，刘惠馨就利用这个机会，到分乡小学担任培训教师，负责私塾先生的培训。当时参加培训的有 60 多人，刘惠馨在上课时不断宣传抗战，进行革命教育，还发展其中一些进步人士加入了党组织。培训班结束后，她到雾渡河担任教师，以此为掩护继续开展革命工作。离雾渡河不远，有一所龚家河小学，这所学校原来是中共党员陈仁谦、冯昌惠夫妇创办的"模范师塾"，是中共地下党的秘密交通站，有 40 多名学生，大多数都已经十八九岁。刘惠馨充分利用这个有利条件，给学生们上课时，积极开展抗日救国宣传，她给大家讲《梦见妈妈》《抗日英雄苗可秀》等英雄故事，教授大家抗战歌曲："你看那鬼子兵真凶狠，到处烧杀，到处奸淫，先占我东北，再占我平津，他要把中华民族一口吞。"她还自己编写一首叫《打杀汉奸》的抗日歌曲："打杀汉奸，打杀汉奸，汉奸是民族的心腹大患。"学生们听完歌后，热血沸腾。刘惠馨还组织学生编演抗战话剧，在乡亲们中间演出，大家看了无不同仇敌忾。有一次，他们在金家屋场一个大水田里演出，有 300 多名群众前来观看，甚至连当地一些有名望的士绅看了演出后，都说很受教育，经常来学校帮助解决困难。刘惠馨曾经编排过一出《大义灭亲》的话剧，剧情是一个抗日游击队员的儿子，被汉奸欺骗，泄露了重要军事情报，造成抗日队伍的重大伤亡，游击队员为了抗战民族大义，狠心把自己的儿子处决了，在当地产生了不小的轰动。中共雾渡河区委建立以后，刘惠馨被上级党组织任命为区委书记。在她的领导下，雾渡河区的党组织工作做得很好，很快就在雾渡河、樟村坪、聂家河、彭家河、栗子坪等地，发展了 5 个党支部 50 多名党员。

11 月，她又被调任为中共宜都县委书记。此时，刘惠馨化名为刘任文，称自己是原中共宜都党支部书记刘真的同学，当年一起在武汉大学读书，住在宜都县城邓家巷刘真的家里。刘真的妻子叫冯发贞，在冯发贞的掩护下，刘惠馨积极开展革命活动，很快就在宜都发展了 10 多名中共党员，建立了中共宜都县城支部。她带领新党员们认真学习《毛泽东言论集》《历史唯物论》《抗日民族统一战线教程》等革命书籍，教他们革命道理。她对刚参加革命的党员说："无论敌人怎样用甜言蜜语来欺骗，用金钱美女来诱惑，用高官厚禄来笼络，我们始终要坚持自己的政治立场，绝不受敌人的收买和利用。无论敌人怎样用严刑来拷打或用枪毙来威逼，我们要丝毫也不动摇，绝不在敌人面前屈服投降！"没过多久，英勇的刘惠馨同志用自己的实际行动证明了这一点。她和刘真的妹妹刘鑫传等党员同志，在宜都县最大的茶行同裕茶行教女工们唱抗战歌曲，如《义勇军进行曲》《松花江上》《大刀进行曲》等，几十名茶场女工在她们的感召下，纷纷捐出自己本就极少的工钱，为抗战事业尽自己的微薄之力。为此，刘惠馨专门在《宜都三日刊》上发表文章，赞美茶行女工们高涨的革命热情。她还经常到安福寺、新场、枝江等地开展革命活动，了解当地情况，指导当地党组织工作。

二

1939 年 10 月，湘鄂西地区党组织在松滋县刘家场召开会议。根据中共中央南方局的指示，决定把中共巴东、秭归、兴山工委改为县委，统一划归恩施管辖，撤销中共恩施中心县委，成立施巴地区特委，由马识途同志担任特委书记，刘惠馨担任特委委员兼妇女部部长，同时担任特委秘书。刘惠馨和马识途在几年来的革命工作中结下了深厚的感情，同时也是为了更好地掩护中共施巴地区特委的工作，经过上级党组织批准，刘惠馨和马识途两人喜结连理。他们两个人曾经约定，抗战不胜利不结婚，但是结婚是为了工作的需要，于是他们两人分别从宜昌和老河口一起调到了恩施。中共中央南方局特地派钱瑛同志来主持了马识途和刘惠馨的简易婚礼，在一个破旧的屋子里，没有豪华的宴席，没有祝贺的亲朋，只有几个自己的同志一起见证了他们的婚礼。这对新人把破旧房舍简单收拾一下，糊好干净的窗纸，只有一床破旧的被子和毯子，为了取暖，只能在床板上铺上厚厚的稻草，用一条毛巾盖上书和衣服作为枕头。他们去买了一斤肉和萝卜烧了一锅汤，又炒了一盘白菜肉丝，一起饱餐了一顿，就算是举行过仪式了。刘惠馨在结婚的当晚，特地买回一对蜡烛，在昏黄的烛光下，为自己的婚礼创作了一首诗："我们结婚了，没有双方的收入和支出，用不着'立此存照'的证书，我们不必登报要求社会承认，这个社会我们本身就不承认。我们并不害怕法律否定，我们藐视这法律不值一文。我们不会离婚，除非谁做了前线的逃兵。"这首充满了革命浪漫主义色彩的诗，演说了两个人立志革命事业的共同志趣理想。刘惠馨原本性格泼辣大方，喜欢四处奔走，结婚后由于工作需要，她被迫做起家庭妇女来掩护真实身份，每天买菜做饭，和隔壁的邻居一起闲聊做针线。刚开始很不习惯，但是为了更好地开展地下工作，她还是出色地完成了自己的角色转换。刘惠馨担任了特委的政治交通员，负责和中共中央南方局联络等工作。

1940 年 3 月，刘惠馨曾专程赴重庆向中共中央南方局汇报工作，中共中央南方局高度肯定了施巴特委的工作，对下一步工作也给出了明确的指示。当时，刘惠馨兼任了中共恩施县委副书记等职务，虽然她已经有孕在身，但仍然经常翻山越岭到恩施县下面的屯堡镇等地开展革命工作，经常往返数十里，由于体力不支，好几次晕倒在路上。有一次，她到几十里外的屯堡女中去开展革命活动，直到深夜才回来。由于日复一日，劳累过度，她还是病倒了。同志们对她的身体很担心，纷纷劝她注意休息，等孩子出生后再开展工作，她却说："说不定什么时候我就会落入虎口，到那时候就什么事也做不成了，所以，我总想多做点事。"马识途也责怪她太不爱惜自己的身体，将来对孩子可能也不好。刘惠馨拉着他的手说："原谅我吧，我也知道不能这样，我们现在从事的是一件光荣但是危险的事业"，"假如我被捕了，你不要难过，我会按照一个共产党员那样去做的"，"只是望你在胜利后到我墓前献一束花，告诉我那个日子果然来到了"。未曾想一语成谶！刘惠馨可能怎么也不会想到，十几年后，全国解放了，马识途带着他第一次见面的女儿，来到刘惠馨的墓前给她献上鲜花。

刘惠馨直接领导屯堡第七女子高级中学的革命工作，这所学校是国民党严密控制的学校，校方一直害怕共产党前来宣传鼓动，学校当局对教师学生进行反共宣传，托词保护学生的安全，用高高的围墙把师生禁锢在学校里面，轻易不许他们出来，学生们背地里骂这里是"修道院"。刘惠馨为了在这里开展革命工作，通过各种渠道，把大量的进步书刊通过高墙送到学校里面去，甚至还在学校里建立了秘密图书室，宣传革命思想，《论持久战》《大众哲学》等革命书籍在学生中广泛传播，学校里的进步师生秘密地加入了中国共产党。在刘惠馨的领导下，屯堡女中的学生们开展了罢课斗争，驱逐了反动的校长，国民党当局还被迫接受了学生代表们提出的改善政治待遇、允许学生参加社会活动等条件，罢课斗争取得了胜利。当地的报纸刊登消息说："'修道院'沸腾了!"

1940年8月，中共湘鄂西地区书记何功伟从宜昌来到恩施，刘惠馨专门到重庆，陪同中共中央南方局代表钱瑛一起来到恩施，在五峰山召开会议。会上决定撤销"中共湘鄂西党委"，中共施巴特委改组成中共鄂西特委，何功伟担任鄂西特委书记，马识途担任副书记兼组织部部长，刘惠馨担任特委妇女部部长兼特委秘书，继续负责和中共中央南方局的交通联系，他们三人担任鄂西特委常委。钱瑛专门和刘惠馨谈话，告诉她担任交通员的重要性和危险性，对她说交通员是上情下达的重要纽带，要随时准备牺牲。刘惠馨表示自己早有心理准备，愿意承担党交给的重任。此后，她经常在鄂西和重庆之间往返，多次带回党中央的重要文件，她几次路过自己在重庆海棠溪的家门，都没有回家看望一下自己的亲人。中共鄂西特委下辖巴秭兴宜工委、来咸中心县委、建巴中心县委、恩施县委、建始县委、利川县委，以及湘鄂川黔边区部分党的组织，是中国共产党在湖北省的领导机关，归中共中央南方局直接领导。中共鄂西特委成立以后，迅速在当地开展革命工作。1938年年初，中共党员只有11个人，到了1940年年底，党员人数已达1900多人。1940年9月，刘惠馨根据鄂西特委的安排，到重庆红岩中共中央南方局所在地，向时任南方局书记的周恩来同志专程汇报了中共鄂西特委的工作。

1940 年 12 月底，刘惠馨在恩施五峰山洋湾医院产下了一个女婴。当时，恩施也是国民党湖北省政府的所在地，国民党反动力量十分猖獗，已经开始加紧反共摩擦，恩施地区的共产党人和革命者遭到大肆逮捕和屠杀，形势十分危急。刘惠馨顾不得尚在襁褓之中的孩子，没有考虑个人安危，立刻和特委联系安排同志们转移疏散。中共鄂西特委书记何功伟经常以表哥的名义去看望刘惠馨，一方面是真诚地看望同志，另一方面也是讨论革命工作。谁也没想到的是，中共鄂西特委的交通员被捕，在严刑逼供下供出了当时的特委秘书，特委秘书叛变后供出了所有中共鄂西特委成员的名单。国民党军统特务根据他提供的线索，立刻到洋湾医院逮捕刘惠馨，但是刘惠馨未雨绸缪，提前出院了。狡猾的特务用花言巧语骗取了医院工作人员的信任，得知刘惠馨虽然出院，但仍然有人经常来医院取药。根据这个线索，1940 年 1 月 20 日下午，何功伟刚来到医院，就被特务盯上了，并且一直被跟踪到了城外的一个农户家里。何功伟离开农舍的时候，立刻被特务逮捕。几乎与此同时，特务包围了这家农户。巧的是，农户家的前面住着一个国民党军官的家属，刚好也生过小孩，特务误以为这就是刘惠馨，发生了激烈的争吵。当时，刘惠馨正在给女儿喂奶，突然听到了门外很大的嘈杂声，警觉的她马上预感到危险即将来临，赶紧把手里的秘密文件烧毁，火光还没有完全熄灭，敌人已经破门而入，他们疯狂地把家里翻了个底朝天，可是一无所获。刘惠馨神态自若地抱着孩子坐在床上，敌人带走了她们母女。

三

国民党反动派知道刘惠馨是中共在湖北地区的重要人物，一旦让她开口，会获取很多中共的秘密，可以把湖北地区的中共组织连根拔起。他们认为刘惠馨是女流之辈，又刚刚生了小孩，正是身体上虚弱感情上脆弱的时期，只要软硬兼施就必然会让她供出中共党组织的机密。敌人派叛徒前来劝降，说和刘惠馨一起入狱的女儿尚在哺乳期，劝说她只要供出他们所需要的东西，不仅可以放了她和她女儿，还可以给她很好的物质生活。叛徒对刘惠馨说："小刘，现在只有两条路，要么抗拒到底，死路一条，要么就像我一样。一切照实说，就有生路，你可要聪明一点啊！"刘惠馨对他的话不屑一顾。敌人就对刘惠馨说，只要她投降，就可以给她担任湖北地方的高官，"湖北当局曾以全省青年及妇女之领导全权，诱其自首，但均遭痛斥"。敌人见软的不行，就来硬的，他们不顾刘惠馨虚弱的身体，悬梁吊打、压杠子，施以种种酷刑，刘惠馨遍体鳞伤、皮开肉绽，几欲昏死过去，却始终一言不发。敌人见一计不成又施一计，指使叛徒假造何功伟的劝降信，说何功伟已经什么都交代了，她又何必再撑下去。刘惠馨一眼就识破了敌人的阴谋，驳斥了敌人的谎言。敌人还曾两次把刘惠馨押到了荒郊野外，以枪决相要挟，妄图彻底摧垮她的精神意志，可是她面对黑洞洞的枪口，没有被吓倒。敌人发现刘惠馨十分疼爱自己的女儿，认为有机可乘，丧心病狂的敌人采取了一种令人发指的手段，那就是以襁褓中的婴儿要挟刘惠馨。他们当着她的面，用种种残忍的手段虐待这个无辜的婴儿，这个才来到人世不久的婴儿被折磨得大声哭喊，每一声哭喊都像刀一样在剜着刘惠馨的心，她强忍住泪水，背过脸去，假装自己没听见、没看见。超人的意志力使她心中的仇恨更加强烈了，她的信念也更加坚定了。敌人威胁她，说如果她再不合作，就要摔死婴儿，她还是始终不开口。

无奈之下，敌人只得把她和孩子关进了一个非常阴暗潮湿的牢房，整个屋子的设施再简陋不过了，只有一张破旧的木板床和一个小凳子，还散发出浓烈的霉味，给她吃最差的饭菜，千方百计地虐待她。刘惠馨坚强不屈，竭尽全力把女儿照顾好。有一次，刘惠馨被敌人的酷刑折磨得昏死过去，被拖回了自己的牢房，她刚刚苏醒过来，就听到孩子饿哭的声音，她伸出双手，用尽全身仅有的一点力气，艰难地爬到床前，挣扎着给女儿喂奶，女儿不哭了，她却又昏迷了过去。楼上狱中的难友们从楼板的破洞里看到这个惨状，忍不住失声痛哭。刘惠馨渐渐苏醒过来，她坚强地对难友们说："这里不是流泪的地方！"她把女儿用衣服捆扎着，放在凳子上坐着，被关在楼上的同志就问她："这么小的孩子捆着不是很难受吗？

为什么不抱在手里呢?”刘惠馨坚毅地回答:“锻炼,从小就锻炼坐牢!”以此来表达对国民党反动派的抗议和不屑!

刘惠馨不断用绝食来抗争,敌人不得不放松了对她的监管,她因此得到了和其他同志联络的机会,在狱中主动担负起党员的组织领导工作,向难友们偷偷发放何功伟写的关于革命气节的宣传材料,鼓励难友们要坚强,一定要坚持自己的共产主义信仰,不要向敌人的淫威屈服,难友们亲切地称她为“刘姐”。当时,监狱的厕所是一个在地上挖的简易大坑,外面有一个土墙。犯人们上厕所,看守们只在土墙外面守着,每次刘惠馨都会借上厕所的机会,和其他女难友们传递情报。监狱里还有一个水池,从山上引来泉水给犯人们洗衣服用,刘惠馨就经常利用给孩子洗尿布的机会,和大家一起传递信息。她组织难友们一起学习英语等文化知识,教大家唱革命歌曲,鼓舞大家的斗志。她还组织难友们一起,举行了改善狱中生活待遇的绝食斗争。在她和难友们的斗争下,敌人知道众怒难犯,被迫给刘惠馨的牢房开了一扇小窗,一缕阳光从小窗中照进来,空气也变得不再那么污浊不堪,刘惠馨经常抱着孩子,来到窗口给孩子晒晒太阳,呼吸一下新鲜空气。何功伟和其他难友一起努力,争取给正在哺乳期的刘惠馨增加营养的权利,特务们同意何功伟出钱买食材给刘惠馨做汤。刘惠馨深知叛徒对革命事业的巨大危害,她想方设法弄清楚了叛徒的名字,还托人把叛徒的名字秘密送到监狱外面,交给南方局的同志。敌人见她到了监狱,仍然有这么大的感召力，十分恐惧，就单独把她关押到大梨树军统湖北站的监牢里。这里实际上就是一个普通民房，由四个女特务轮流监视，并且做说服工作。根据村里的一些老百姓回忆："刘先生根本不和那几个官太太搭腔，她们说多了还遭到刘先生怒骂。有时候刘先生任凭她们嚼舌头，只和她吃奶的女儿讲话，我们在旁边听了很受感动，而那几个官太太干脆到一边打牌。刘先生还常常问我们的生活，对我们讲抗日救国的道理。当时我们就看得出刘先生是个了不起的人！"

马识途的三哥马士弘曾任国民党少将，受家人委托，专程来到监狱探望她们母女，他真实地记录了当时刘惠馨在狱中的艰苦生活。他回忆说，看到刘惠馨很瘦弱，"我说：'父亲要我来看望你们母女，母亲也很想念你。'她说：'感谢爹妈的关怀。'我看到她怀中的娃娃，像是睡着了，又瘦又小，我急切地问：'你有奶喂她吗？'她说：'狱中伙食粗劣，连大人都受不了，哪里还有奶？'我问：'那娃娃吃什么？'她回答道：'没办法，我只有把粗糙的饭，先嚼得很烂，再吐出向小嘴一点一点地喂！'"那时已经是四月天，刘惠馨却只穿了一件棉袄，没穿内衣，原来是把内衣撕了做孩子的尿布，牢房里的硬板床没法睡，晚上她还要把棉袄脱下来让孩子在上面睡。马识途的三哥当时就难过地哭了，刘惠馨却微微一笑，说："三哥，干吗这么婆婆妈妈，共产党员就这个样子。"他暗示她，和马识途一起革命的五弟以及许云母子很安全，刘惠馨听了很欣慰。马识途的三哥说，那次见过刘惠馨以后，对共产党人的态度完全改变了，刘惠馨个子不高，却有着那么坚定的信仰和乐观的精神，在他心中留下了难以磨灭的印象。

经过几个月的残酷折磨，国民党反动派对坚强的刘惠馨施尽伎俩，黔驴技穷，依然得不到一点有用的信息，凶残的敌人终于露出了狰狞的面目。1941 年 11 月 27 日，他们举起屠刀，在恩施北郊的长沙田将刘惠馨秘密杀害了。临刑前，刘惠馨把幼小的女儿紧紧地搂进怀里，给她喂了最后一次奶，然后抱着孩子一起走向刑场，她对敌人说："你们打算把孩子怎么办?"敌人狞笑着说："共产党还要孩子吗?"说着，就凶神恶煞地把孩子夺走了，可怜的女孩被吓坏了，"哇"的一声大哭起来。刘惠馨顿觉撕心裂肺般的一阵剧痛，可是她强忍眼中的泪水，大步向刑场走去，依然没有回头。和她同时就义的，还有何功伟同志。刘惠馨牺牲后，她还没满一周岁的女儿被一对好心的工人夫妇收养了。马识途听到刘惠馨牺牲的消息，十分悲痛，一直多方打听女儿的下落。他写了很多纪念刘惠馨的文章，比如在《景行集》中写过一篇叫《永远的怀念》的文章，回忆和刘惠馨并肩战斗的情景，在《中国妇女》上写过《伟大的革命战士和母亲——纪念刘惠馨烈士》等，还曾在小说《清江壮歌》中专门描写了刘惠馨和敌人做斗争的真实情况。直到十多年后，全国已经解放，马识途终于通过四川省委、湖北省委等党组织，在公安部门的不懈努力下，在 1961 年五一节前，找到了失散多年的女儿。

那时女儿已经 20 岁了，正在北京工学院读书，而且和她妈妈一样，读的是机械专业。令人欣慰的是，女儿继承了刘惠馨的遗志，在解放军某部做技术工作，继续为祖国做贡献。

1942 年 6 月 7 日，中共中央组织延安各界群众在八路军大礼堂为何功伟、刘惠馨两位烈士召开隆重的追悼大会。中共中央组织部给两位烈士的挽联上这样写着："为着阶级为着民族杀身成仁，不死于敌而死于顽悲愤曷极。"中共元老徐特立亲笔书写了挽联："革命青年只知爱国，不愿煮豆燃萁，让步终当有限；反动分子强调对内，反而认敌为友，横行竟到何时？"中央青年工作委员会的挽联上写着："为努力解放事业而遭杀害乃整个民族创痛，坚持革命立场至于殉节是全体青年楷模。"《解放日报》特地为两位烈士刊发了《悼殉难者》的社论，热情赞颂两位烈士是"全党、全国人民的不朽模范"！1952 年，刘惠馨烈士的遗骸被迁葬到了恩施五峰山的烈士陵园。2002 年，两位烈士的遗体又被迁移到了方家坝，这里兴建了烈士陵园，成了恩施人民进行革命传统教育的重要场所。刘惠馨同志虽然牺牲了，但是她的英名传遍了鄂西大地，光辉事迹书写在民族的史册上！

灶台编报笔作枪——郁永言

郁永言(1907—1941),男,字云燕,号禹昌,江苏南通人。1914 年,进正场初小读书,后读城北高小。1922 年 7 月,考入南通第一代用师范学校初中部。1928 年考入国立中央大学经济系。1929 年加入中国共产党。1933 年,担任南通女子师范学校历史教员,积极开展革命活动。1935 年,参与发动南通师生参加"一二·九"运动。1936 年,任四川煤气公司总务主任。1938 年,赴延安学习。1941 年,担任山东《大众日报》通讯部部长。1941 年 11 月 30 日,在沂蒙山区的一次反"扫荡"作战中牺牲。

1907年7月的一天，郁永言出生于江苏省南通县三乐乡（今南通市正场乡）的一个富农家庭。父亲郁志仁是晚清秀才，自己创办了小学并担任校长。7岁那年，郁永言进入南通县正场镇第二初等小学读书，后来又到城北高等小学继续读书。小学时，郁永言成绩优秀，喜欢锻炼，经常在早晨或课间休息的时候，挥舞红缨枪练习武艺，甚至还在两腿上绑上很重的铅条，练习跑步借以强健体魄。他还擅长音乐，经常拉二胡、吹笛子，当地人都称赞他多才多艺。1922年7月，郁永言考入南通第一代用师范学校初中部，在这里接受了新思想的启蒙。当时，南通地区的中共党组织很活跃，经常组织进步学生开展反帝反封建斗争。郁永言也积极投身其中，还偷偷画了一幅马克思的人像藏在箱子里。1928年，郁永言以优异的成绩考入国立中央大学经济系。进入国立中央大学后，有了更多机会阅读马克思主义书籍，他特别喜欢阅读《资本论》，乐此不疲，图书馆的工作人员见他对此书如此痴迷，于是单独把《资本论》放在边上，只要见到郁永言来图书馆，就主动把书给他。1929年，他经过党组织的考验，在国立中央大学地下党支部书记黄祥宾的介绍下，光荣地加入了中国共产党。他经常和同志们一起，在夜间散发革命传单，并发表宣传无产阶级革命的文章。九一八事变后，国民政府采取不抵抗政策，引起爱国学生的游行示威。1931年12月5日，国民党当局在南京珍珠桥附近镇压学生请愿团，国立中央大学地下党支部书记杨晋豪被敌人盯上了，郁永言临危受命，担任此职务。不久，党组织遭到破坏，郁永言及时转移得以幸免。

大学毕业后，郁永言来到南通女子师范学校担任历史教员。他以教师身份作为掩护，经常给学生们讲授马克思主义学说，很多学生都是在他的引导下开始了马克思主义启蒙。当时，九一八事变已经发生两年，东北早已沦陷于日本帝国主义铁蹄之下，不抵抗政策导致很多东北人背井离乡。郁永言经常把他从各种渠道得到的消息讲给学生们听，呼吁年轻的学子们起来抵抗日本帝国主义者的侵略，而不是听信国民党当局事不关己读书救国的论调。南通女子师范学校的学生们在他的引导下，有很多人逐步走上革命的道路。1935 年，“一二・九”运动爆发，南通的进步师生群起响应，声援北方的学生运动。郁永言积极投身到这场运动中去，和学生们一起组织了赴南京请愿的斗争。他发动了 50 多名女学生，冲破了校方的重重阻挠，积极响应请愿斗争，成为学生运动中一道靓丽的风景线。校方对郁永言的行为又是忌惮，又是恐惧。他们在去郁永言宿舍的路上架了一个铁门，不让大家找郁永言，还对他们说郁永言是共产党。不久，校方又秉承反动当局的意思，解聘郁永言的教职。

1936 年，郁永言来到四川谋生，担任四川煤气公司总务主任。即便是身处千里之外的异乡，他依然心系女师的学生们，经常和她们保持联系，给她们寄去《毛泽东少年时代》等进步书籍，鼓励她们开展抗日爱国活动。七七卢沟桥事变，全面抗战爆发，身处四川后方的郁永言越来越想到抗战前线去工作。1938 年,他毅然放弃安逸的生活,奔赴革命圣地延安,到延安抗日军政大学学习。在那里,郁永言系统地学习了马列主义理论,更加坚定了抗战必胜的信心。1939 年,中共中央北方局和八路军第一纵队进入山东开辟抗日根据地,第一纵队政委朱瑞从抗日军政大学挑选了 100 多名干部,郁永言和李竹如都被挑中。根据组织安排,郁永言到山东《大众电讯》(《大众日报》的内参)工作,成为大众通讯社和大众内参的创始人。不久,分管宣传的李竹如对报社进行机构调整,任命郁永言为《大众日报》通讯室主任。通讯室成立恰逢百团大战,相关报道是平时工作的几倍乃至十几倍,郁永言带领相关同志出色地完成了报道任务。1941 年 6 月,通讯室升格为通讯部,郁永言担任部长兼新华通讯社山东分社采编室主任。郁永言在报社工作时,从来不以中央大学的高才生自居,做到严以律己宽以待人,对同事们的帮助很大,很快就成为报社同事们十分敬重的人。他的同事吴建曾说:"郁永言同志只要见过他的人都有一个深刻的印象,一幅白近视眼镜架在瘦削的鼻梁上,一个比一般文化人还瘦弱的身体配合着一张饱经风霜的面孔,这是革命的风霜!"他对新闻工作非常认真负责,在战斗间隙,他都会抓紧时间写新闻稿。他曾写过一篇《转变新闻作风》的文章,号召新闻工作者顺应抗战形势的要求,牢牢把握新闻工作武器,和敌人做斗争。10 月 16 日,郁永言发表了《动员文化战士开展山东通讯工作》的文章,他在文中说:"我们要求所有的文化战士一同起来，创造为现实所需要的各种各样的通讯，为全面反映山东而斗争！”

1941 年 11 月，日军发起对沂蒙山地区抗日根据地的大扫荡。根据报社安排，分成 3 个战时新闻小组，郁永言带领大众日报社第二战时新闻小组的 30 多位同志，跟着 115 师师部和中共中央山东分局一起对敌斗争。其间，郁永言负责油印出版《大众电讯》，他坚持战地报道，及时对外发布反“扫荡”斗争的英勇事迹。11 月 9 日，我军在石岚附近设伏，痛歼日伪军，郁永言立刻指挥战时新闻小组进行战地报道。有一次，他扶着断了一条腿的高度近视眼镜，找不到桌子办公，就坐在灶台边上写稿。有同志跟他开玩笑说：“像你这样在灶台上编报，将来恐怕要被写入历史了。”郁永言笑着说：“等到我们胜利了，回忆现在的一切，那灶台也许就变成了历史文物。”为了保护报社的印刷器材及相关资料，他和另一位同志一直牵着两只骡子。11 月 30 日，在大青山一带，我军陷入了敌人的包围圈中，郁永言根据上级的命令把所有应该销毁的文件全部销毁了，然后带上手枪一起突围。战斗非常惨烈，战时新闻小组很快就被冲散了。等到晚上打扫战场时，同志们发现郁永言已经不幸壮烈牺牲了，他的身边还有带血的日记本和他一直戴着的一条腿眼镜。

2015 年 8 月 24 日，经党中央国务院批准，在民政部公布的第二批著名抗日英烈和英雄群体的名录中，郁永言名列其中。

银幕闪闪赤子心——侯曜

侯曜(1903—1942),男,广东番禺人。他早年在广东高等师范学校附属初级师范学校读书。1920年,考入南京高等师范学校(后并入东南大学),在校期间加入文学研究会东南剧社。1925年毕业于国立东南大学教育系。毕业后,侯曜到上海长城制造画片公司任编剧主任兼导演,先后编导了《弃妇》《春闺梦里人》《伪君子》《西厢记》等影片。1926年,转入民新影片公司,编导了《和平之神》《海角诗人》等七部影片,撰写中国最早的电影剧作专著《影戏剧本作法》。全面抗战爆发后,他编导了《血肉长城》《最后关头》《太平洋上的风云》等抗日题材影片,后转至新加坡协助拍摄影片。1942年,他被指控为抗日分子,以"摄制抗日影片"的罪名惨遭杀害。

1903年，侯曜出生于广东番禺。他早年在广东高等师范学校附属的初级师范学校读书。1920年，他到南京求学，考入南京高等师范学校教育系。读书时，侯曜写了一篇名叫《扫墓》的短文，其中有这样几句："纸灰化作白蝴蝶，血泪染红杜鹃，岂是扫墓的真意？须知祖宗的精神，已变了迁化流中的水！祖宗的尸骸，化作我的垫脚石，已填下进化路去！""进化路中萝蔓长了，扫路，更莫延停！"受进步同学的影响，他加入了中国社会主义青年团。1922年5月5日，侯曜和吴肃等人一起在东南大学梅庵召开大会，成立了南京地方团组织，他是南京团组织的创始人之一。他还参加了南京平民促进会，到工厂教工人们认字，给他们补习文化知识。由于崇拜挪威戏剧家易卜生，他在学校里经常参加话剧演出，在东大戏剧研究会东南剧社，认识了志趣相同的濮舜卿，后来两人喜结连理，曾经连续编写了6个话剧在学校演出，从此走上了电影艺术的道路。1922年，侯曜加入了文学研究会，剧本创作得以突飞猛进，他也被认为是早期电影人中为数不多的和五四运动有直接关系的人物，和茅盾一起在新文化运动后期发挥了重要的作用。在《文学研究会通俗戏剧丛书》9种中，侯曜一个人就写了5种，包括《复活的玫瑰》《弃妇》《山河泪》《顽石点头》《春的生日》，足见他在文学研究会中的地位和作用。以《山河泪》为例，1925年5月，侯曜创作了《文学研究会通俗戏剧丛书》第四种——《山河泪》，由商务印书馆印刷发行，全书81页，侯曜在序中这样写道："这本《山河泪》，是描写韩国独立运动的精神的，并借此替世界被压迫的民族作不平鸣，向帝国主义之野心家，作一当头棒喝，更希望世界此后成一个平等、博爱、互助、共存的大乐园。”从他的序中我们可以看到，从那时起，侯曜就已有了强烈的追求民族解放、反抗帝国主义压迫的思想，电影和戏剧成为他手中的战斗武器。

从东南大学毕业后，侯曜加入了上海长城画片公司，担任编剧主任，执导了《弃妇》《爱神的玩偶》《伪君子》等一系列影片。1926年，侯曜加入了民新电影公司，继续担任编导，出品了《和平之神》《海角诗人》等七部影片。在这些影片中，侯曜积极宣传反抗封建礼教、争取民主自由的思想。

1927年，民新电影公司出品了一部叫《月老离婚》的电影，这是我国最早的一部神话电影，内容是把一个长相丑陋、性格凶悍的女人根据媒妁之言许配给月老，月老深受其苦，从此宣布，以后不再包办人间婚姻，愿有情人终成眷属。这部电影就是侯曜夫妇联手创作的，目的是揭露包办婚姻带来的不幸。作为中国早期电影的拓荒者，侯曜曾写过一本《影戏剧本作法》的书，是中国最早的影视剧创作的专著，在当时产生了很大的影响。卷首语中说:“有好的剧本，才有好的戏”，“电影的剧本是电影的灵魂”。

1928年，应方振武将军的邀请，侯曜担任了国民革命军第一集团军第四军的军事教育处处长。1932年，侯曜离开部队，重新回到电影界，担任联华电影公司北平分厂的编导，出品《故宫新怨》等影片。1933年，他转赴香港。全面抗战爆发后，侯曜编导了《太平洋上的风云》《叱咤风云》《最后关头》等以抵抗日本帝国主义侵略为主题的电影。此后，他一直致力于宣传抗日救国，日本人视他为眼中钉。1940年，侯曜在香港邵氏电影公司的邀请下，到新加坡拍摄马来语电影。他始终致力于宣传抗日救亡图存，日本人对他的大名如雷贯耳，一听说他来到了新加坡，立刻派人抓捕。日军不知道谁是侯曜，于是把所有的抗日嫌疑分子全部抓住，然后绑在一起，随便指认一个人说是侯曜，扬言把他当众处死。这时候，侯曜为了避免伤及无辜，勇敢地站了出来，承认自己才是真正的侯曜。他保护了同志，自己不幸牺牲在日寇的屠刀之下，为抵抗日寇侵略流尽了最后一滴血。

新闻战线活动家——李竹如

李竹如(1905—1942),男,原名贻萼,字世华,曾用名李一凡,山东省利津县人。1925年,考入东南大学附属中学。1927年加入中国共产主义青年团,同年转为共产党员。1928年,考入中央大学法学院政治系。九一八事变后,担任中央大学地下党支部书记,参与领导南京各校师生抗日活动。后因被反动当局追捕,回山东济南等地开展革命工作。1936年,在上海创办《文化报》并任主编。1937年奔赴延安。1938年任中国人报社社长。1939年任华北《新华日报》副总编辑,此后任第一纵队民运部部长、中共山东分局民运部部长、宣传部部长兼大众日报社社长、山东省战时工作推行委员会秘书长。1942年11月2日,在崮峪反"扫荡"斗争中不幸中弹牺牲。

一

1905年1月5日，李竹如出生于山东省利津县庄科村的一个普通农民家庭。1922年小学毕业后，李竹如考进了山东省立第四中学——惠民中学。在中学读书期间，他受到新文化运动的洗礼，开始接受进步思想。寒暑假回家的时候，他经常和同村年龄相仿的青年学子们一起讨论国家大事，探求救国救民的真理，宣传反帝反封建的思想。1925年春节，李竹如给自己家写春联，他毅然写下了“马列传天下，世界要大同”的对联，并张贴在大门上，这在当时的社会环境下是需要很大勇气的。同年夏天，李竹如以优异的成绩考入东南大学附属中学读书，他在读书之余，接受马列主义的熏陶。1927年，他加入了中国共产主义青年团，同年转为共产党员。后来，由于东南大学附属中学停办，他又来到济南正谊中学读书。读书期间，他和其他几位志同道合的青年，创办了进步刊物《竞进》。不久后，济南发生“五三”惨案，日本帝国主义者屠戮中国军民，李竹如义愤填膺，积极参加抗日活动，遭到反动当局追捕。

1928年，李竹如再次来到南京，考入中央大学法学院政治系，参加中央大学的地下党活动。九一八事变爆发后，李竹如在党组织的带领下，积极投入抗日活动，由于表现突出，很快就被上级委任为中央大学地下党支部书记。他当时住在中央大学外面的学生宿舍里，常常在宿舍里召集党员开会，积极组织中央大学的同学们参加南京地下党领导开展的各项活动，很快就引起了国民党反动派的注意。1932年春，中共南京地下党组织被敌人严重破坏，李竹如及时得到通知，幸免被捕，转到济南，担任山东省立第一乡村师范学校教师。然而，此时的济南也不太平，国民党当局大肆搜捕革命者，制造白色恐怖。李竹如被迫到外地躲了几个月，回来后改名为李一凡，到平原市山东省立第五乡村师范学校担任教员。

李竹如任教期间继续开展革命工作，他和同校的共产党员马霄鹏一起，积极在学生中宣传革命思想，传播马列主义理论，号召进步青年学生一起团结抗日。给学生们上课时，李竹如不按照课表上规定的内容讲授，而是讲授《资本论》等经典著作，还经常指导学生们阅读革命书刊。据一个党员回忆，“在会员中除了进行爱国主义的时事讨论以外，主要的是进行关于社会主义革命理论的学习和讨论”，“在教室里采取了瞒上不瞒下的办法，课程表上是农村经济学，实际上李竹如同志给我们讲的是《资本论》”。当时，话剧是一种雅俗共赏的宣传形式，李竹如经常组织进步学生，在校内校外上演宣传革命题材的话剧。末代皇帝溥仪在日本帝国主义者的胁迫下，建立伪满洲国，李竹如专门编导了一个叫《大登殿》的话剧，讽刺溥仪复辟帝制，揭露日本帝国主义的侵略本质，在当地轰动一时。李竹如和几个朋友一起在济南创办了《新亚日报》，为了办好报纸，他放弃了收入稳定的教员职位，到济南担任《新亚日报》

副社长兼副总编辑。他在报纸上用化名发表文章，不断宣传抗日救亡的道理，揭露国民党当局的反动统治，为人民群众伸张正义，得到广大读者的认可。这引起了国民党济南地方当局的高度恐慌，他们不择手段，以关闭报馆相威胁，要把李竹如赶走。无奈之下，李竹如只得再次离开济南。

1936年5月，李竹如来到上海，在文化界朋友的帮助下创办《文化报》并担任主编。这份报纸以宣传革命为主，工作人员几乎都是革命者。李竹如忘我工作，每期报纸，他都针对国内外重要时事，亲自撰写评论文章，带领大家一起克服困难，确保报纸的顺利发行。由于该报敢说真话，评论往往鞭辟入里、入木三分，并且每期设专栏介绍郭沫若、茅盾、巴金、丁玲等现代进步作家，因此深受读者的欢迎，除了在上海发行外，还在江苏、山东、河北、河南等地发行，产生了较大的影响。

二

八一三事变后，上海被日本人占领，李竹如决心投奔革命圣地延安。当时八路军总部在山西，李竹如到山西后，曾在八路军一二九师做过一段时间民运工作。1938年5月，李竹如受命创办中共晋冀鲁豫区党委机关报《中国人报》，担任社长兼总编辑。不久，《中国人报》和北方的《新华日报》合并，发行华北版的《新华日报》，李竹如担任副总编辑。时间不长，他又调任太行文化教育出版社任编辑部长，出版了《论持久战》等书籍。1939 年 5 月，八路军成立第一纵队，由徐向前任司令员，指挥山东和苏北的八路军，组织上考虑到李竹如是山东人，对情况熟悉，就安排他到第一纵队工作。

李竹如根据组织安排，先担任第一纵队民运部部长，后又担任中共中央山东分局民运部部长。李竹如担任民运部部长期间，经常奔波在山东各地。为了便于开展革命工作，他吃住都在农民家里，迅速和群众打成一片，对大家的想法、需求十分了解，这让他更加有的放矢地开展工作。他在农村有条件的地方广泛发动群众，建立民主政权，组织老百姓学习文化知识，积极开展斗争，保卫秋收果实，老百姓对他非常认可，革命热情十分高涨。1940 年 1 月，李竹如担任中共中央山东分局宣传部部长兼大众日报社社长。《大众日报》创立之初，在报社工作的人都是从各单位抽调过来的，普遍缺乏办报经验，李竹如就言传身教，事无巨细地手把手教他们。在他的培养和熏陶下，一支高效精干的新闻工作者队伍很快就建立起来了。他不仅承担报社日常管理工作，还亲自动笔，写下了大量的文章发表在报纸上，特别是重要的社论，他常常都是亲自执笔。很快，《大众日报》就成为抗日根据地一份影响广泛的报纸，深得读者喜爱。报纸创刊一周年的时候，毛泽东专门发来题词："动员报纸、刊物、学校、宣传团体、文化艺术团体、军队政治机关、民政团体，及其他一切可能力量，以提高民族觉悟，发扬民族自尊心与自信心，反对任何投降妥协的企图，坚持抗战到底，不怕困难，不怕牺牲，我们一定要自由，我们一定要胜利。”

1940 年 2 月，李竹如作为山东宪政促进会筹备会的发起人之一，为山东宪政促进会的成立做了大量工作。1940 年 7 月，山东省抗日民主政府——山东省战时工作推行委员会成立后，李竹如担任委员和文教组副组长，并担任山东省临时参议会秘书长。1941 年 11 月，他担任省战时工作推行委员会秘书长，主持日常工作。1942 年 3 月，中共中央山东分局成立调查研究室，李竹如被组织任命为研究室主任。同年冬，日军对山东抗日根据地进行第二次大规模的“扫荡”，李竹如跟随省战时工作推行委员会机关转移。11 月 2 日，在沂水县崮峪反“扫荡”斗争中，李竹如被日军子弹击中，不幸牺牲，被追认为烈士。徐向前元帅对他给予了高度评价，不仅称赞“李竹如同志是我党宣传新闻战线上一位杰出的组织者和活动家”，还亲自为他题写了墓碑碑名。

黎明时分迎解放

南通保尔·柯察金——徐惊百

徐惊百（1915—1946），原名震，曾用名荃，字惊百，江苏南通人。出生于知识分子家庭，小学时因结核性关节炎辍学，后自学成才。1932年，考入上海美术专科学校。1933年，考入国立中央大学教育学院美术科，深得徐悲鸿赏识。入学后，担任中大学生会主席团成员，积极参加学生运动。1935年“一二·九”运动时，代表中央大学学生会，赴绥远前线慰劳抗日将士。他积极倡导版画，被称为“江苏版画第一人”。全面抗战爆发后，发起成立“抗日义勇宣传队”，加入国民党五十七军一一一师，办《军民导报》，到部队进行劳军演出，宣传抗战，此后一直随军在苏北、皖北、鲁南一带作战。1938年加入中国共产党。后因病做高位截肢手术，回南通治疗。其间写了大量进步文章，被称为“南通的保尔·柯察金”。1946年8月27日，他因病去世。新中国成立后，南通市人民政府追认他为烈士。

1915 年 5 月 26 日，徐惊百出生于江苏南通一个知识分子家庭。父亲徐德称曾任东北大学教授，教水利课程，母亲袁仲玉毕业于南通女子师范学校，是当时为数不多的知识女性。在这样的家庭里，徐惊百从小就受到了良好的教育。不幸的是，他在上小学的时候，得了结核性右腿踝关节炎，关节强直行走不便，不能正常上学，只得辍学在家。徐惊百在家人的鼓励下，刻苦自学，阅读了很多书籍，他特别喜欢读鲁迅的著作，受革命文艺的影响很深。1927 年，鲁迅倡导新兴木刻，徐惊百积极响应，并由此走上了革命文艺之路。1932 年，徐惊百用"徐荃"这一名字考上了上海美术专科学校。第二年，他又考上了国立中央大学教育学院美术科，当时，徐悲鸿正好在美术科担任主任，他对勤奋好学的徐惊百非常器重。徐惊百在中央大学读书时，接受了革命思想，经常参加学生运动，深受同学们的爱戴，被推举为中大学生会主席团成员。1935 年，华北事变发生后，爆发了声势浩大的"一二·九"运动，徐惊百积极组织中央大学的学生们参加声援活动，还被推举为中央大学的代表，到绥远前线慰问抗战的将士们。在名师的指点下，他在绘画方面也取得了很大的成绩，曾经在中央大学第 481 期《校风》杂志上，发表了《谈大众艺术》。他专注于版画艺术，达到较高的水平，写过《版画艺术的个性》等文章。1936 年，举办"第二回全国木刻流动展览会"，徐惊百担任江苏方面的负责人，各地参展作品都寄到国立中央大学教育学院艺术系，由他集中寄往广州。在版画方面，他可谓是江苏现代版画的拓荒者和先驱，曾担任江苏省版画协会主席的李树勤撰文称他为“江苏版画第一人”。1937 年夏天，徐惊百顺利从中央大学毕业，拿到教育学学士文凭。

全面抗战开始后，徐惊百积极投身抗日救亡的斗争。1937 年 8 月，国民党五十七军一一一师驻扎在南通。徐惊百通过五十七军地下党，发起成立抗日义勇宣传队，加入了该师，创办《军民导报》，宣传抗日救国思想。他深入部队基层，用戏剧演出、唱抗日歌曲等形式，激发官兵们的爱国热情。宣传队在街头演出《放下你的鞭子》，在当地轰动一时。名义上，抗日义勇宣传队归一一一师政训处指挥，但实际是在中共第五十七军工委的领导下开展工作。此后，他跟随部队转战各地，先后到扬州、宝应、徐淮、鲁南等地。1938 年 6 月，徐惊百在部队光荣地加入了中国共产党。1939 年 3 月，宣传队成立党支部后，徐惊百担任宣传委员。连续多年条件艰苦的军旅生活，严重影响了徐惊百的身体，他位于腿部的结核旧病复发，导致关节发炎。1940 年，他被送到青岛的医院治疗，但没有效果，只好送到上海去医治，然而这时已经迟了，医院给他做了高位截肢手术。

无奈之下，徐惊百被迫返回南通老家继续治疗，可是伤口一直愈合不了，造成的溃烂一直延伸到小腹部位，伴随而来的是长期的高烧不退，剧痛长期煎熬，徐惊百长期卧床不起。他以十分惊人的意志力，勇敢地和病魔做斗争。回到南通后，他继续和地下党组织联系，在党组织的安排下，做进步青年的思想工作。徐惊百曾建议党组织加强农村文化工作，通过文化活动促进群众的认同，提出“依靠群众，巩固组织”的真知灼见。他以“李文”的笔名，在病床上写下了《寒榻读书录》《“热闹”解》《颂歌》等大量进步文章，发表在《苏北文艺》等刊物上，宣传抗日救国思想。很多人为他不屈不挠的精神所感动，经常来看望他。徐惊百就和他们一起交流思想，并向他们推荐进步书籍。他说：“废了的是我的肉体，残伤的是我的四肢，而我的心仍完整，即这颗热血年轻的心，永不会在呻吟病苦中老旧，仍旧要奉献给光明。”“活在死的边缘，但是我还不对人类的光明失望，我相信冬天完了，春天必定来。”大家被他睿智的思想、渊博的知识、乐观的精神所感动，称赞他为“南通的保尔·柯察金”。

国民党当局制造的“南通惨案”发生后，徐惊百写了很多文章揭露其暴行，引导社会舆论。据南通地区著名画家邱丰回忆，他正是在徐惊百的指导下，木刻版画水平才得以迅速提高。他清楚地记得，1944 年南通县中聘请他做美术老师，徐惊百就动员他推广新兴木刻课程，成立南通地区最早的木刻组织。木刻组织的作品在地下党组织的刊物上发表，但木刻组织后来被迫解散。1945 年 9 月，中共苏中四地委恢复了徐惊百的党籍，这给徐惊百巨大的鼓舞和力量，他更加意气风发地为组织做工作。不幸的是，1946 年 8 月 27 日，在与病魔抗争多年后，徐惊百不幸病逝。

中华人民共和国成立后，南通市人民政府追认徐惊百为烈士。如今，南通市博物馆收藏了徐惊百的版画、油画、速写、文稿等大量作品，以及日记、衣物等很多遗物，其中还有徐悲鸿亲自签名赠送给徐惊百的柯罗版印刷中国画集。2001 年，南通市有关部门还出版了 65 万字的《惊百文存》。

利群书报案三杰——赵寿先、郑显芝、焦伯荣

赵寿先（1923—1948），男，又名赵毅、刘志宏，江苏扬州人。1929年，进丹徒旅扬小学读书。1935年，考入扬州中学。1943年，在重庆考入中央大学工学院航空工程系。这期间，他加入中国民主同盟。1947年5月20日，组织中央大学学生参加“反饥饿、反内战、反迫害”大游行活动，担任工学院游行纠察队长。1947年6月，任全国学联理事，负责南京学联和全国学联的联系；7月，任上海高级机械职业学校教师；9月，加入农工民主党；10月，加入中国共产党。1948年5月，兼任中国民主同盟上海市第二区分部委员，负责《沪盟通讯》的编辑发行工作。1948年10月31日，因利群书报案被捕，11月24日，光荣牺牲。

郑显芝（1925—1949），男，广东丰顺人。1930年，在成德小学读书，10岁时在全县小学会考中获得第一名。1937年，以第一名的成绩考入潮安金山中学，后转学到留隍球山

中学，因成绩优异获县长嘉奖。1940 年，考入梅州中学读高中。1943 年，放弃交通大学、厦门大学等校免试入学的机会，报考中央大学，以第一名的成绩考入中央大学工学院机械系。1947 年 9 月，任上海高级机械职业学校教师。1947 年年底，加入中国共产党。1948 年年初，加入中国民主同盟；2 月，加入农工民主党，任青年运动委员会委员；10 月 18 日，因利群书报案被捕。1949 年 5 月被杀害。

焦伯荣（1922—1949），男，江苏涟水人。1930 年，进入马圩小学读书。1937 年，以第一名的成绩考入淮安中学。1943 年，在重庆考入中央大学历史系。1946 年，加入中共领导的新民主主义青年社。毕业后，先后在南京白光女子中学、上海女子中学、上海高级机械职业学校教书。1948 年年初，加入中国民主同盟；同年春，加入中国共产党，负责《新青年丛刊》的编辑印刷工作；不久，加入农工民主党，任上海市党部宣传委员会主任委员，配合做好《沪盟通讯》的编辑工作；10 月，因利群书报案被捕。1949 年 5 月被杀害。

这三位烈士有同样的身份，既是中共党员，也是中国民主同盟盟员和农工党党员（当时中共党员可以有多重身份），都是上海高级机械职业学校的教师，都在上海从事新青年联合会的工作，都因为利群书报案被捕，相继牺牲。

一

1923年3月23日，赵寿先出生在江苏扬州。他父亲是一个烟酒税务局的普通职员，幼时家境尚可。六岁时，他进入了丹徒旅扬小学读书，由于聪明好学，成绩优秀，经常被老师夸奖。1935年，赵寿先以优异的成绩考上了江苏省立扬州中学。扬州中学是一所名校，师资力量雄厚、人才辈出，有着优良的革命传统。1925年，共产党人恽代英在该校的前身——扬州第八中学任教时，就积极开展革命活动，并创立了中共党组织。赵寿先进校后不久，中国抗日救亡运动走向高潮，“一二·九”运动震撼全国。当时，扬州中学的进步师生们曾经想组织请愿团，向南京当局请愿，要求抵抗日本侵略，由于校方的竭力阻挠，最终没能成行。这件事对赵寿先产生了深刻的影响，他受周围老师学长们的爱国言行耳濡目染，深受鼓舞。日军占领扬州后，赵寿先一家被迫逃亡乡下。赵寿先目睹在日本侵略者铁蹄占领下，中国老百姓的悲惨遭遇，感到深深痛惜，由此他认为光读书是远远不够的，必须要起来抗日，因此他报名参加了乡下的“抗日义勇队”。父亲百般劝说，让他以学业为重，他执意不听，无奈之下，父亲只好办了一桌酒席，请抗日义勇队的军官照顾他。参加抗日义勇队不久，正直的赵寿先发现这里并不是他想象的那样，头头们并不是真心抗日，还经常干些欺凌百姓的勾当，于是愤而离去。此时，他父亲已经去世，家境日渐艰难。赵寿先在亲戚的帮助下，到上海进了日本海军测绘学校。他本来想在这里学些知识，可是他和他的中国同学备受日本人的歧视。有一次，学校里的中国炊事员生病了，日本校医却不愿意给他医治，害得炊事员病得更重了。赵寿先听说此事后义愤填膺，带领一帮同学，把日本医生从楼上拖了下来，一直拖到楼下炊事员的房间，逼着他给病人救治。这件事影响很大，学校认为他是一个异己分子，派人捉拿，赵寿先被迫逃往重庆，投奔二哥。到了重庆后，赵寿先温习功课，第二年考上了中央大学工学院航空工程系。

郑显芝出生于广东丰顺留隍九河下围村，他自幼就十分聪明，是一个标准的学霸。五岁的时候，家人送他进小学读书，他成绩十分优秀。十岁的时候，在全县小学会考中获得了第一名的好成绩，在当地传为佳话。小学毕业的时候，他参加了有 700 名考生参加的初中入学考试，取得了第一名，考上了潮安金山中学。日本侵略者占领潮汕后，他被迫转学，到留隍球山中学上学，由于成绩突出，获县长特别嘉奖。1940 年，郑显芝考上了梅州中学读高中，成绩依然非常出色。中学毕业的时候，中央政治学校、交通大学、浙江大学、厦门大学等高校都给他免试入学的资格，他都放弃了，并通过自己的努力，以第一名的成绩考取了中央大学工学院，修读机械系。读专业课的同时，他不忘博览群书，初步接触了马列主义理论。

1922年，焦伯荣出生在江苏涟水的一个普通人家。他家境贫寒，请不起塾师，父亲就在家里教他识字读书，直到焦伯荣八岁，才把他送进马圩小学读书。焦伯荣进入小学后，成绩很好，每门功课都是九十分以上，很招老师喜欢。幼时的焦伯荣富有正义感，他觉得老师们在学校打骂学生不对，就仗义执言，据理力争，常常把老师们弄得下不了台。他说："学生读不出，你打他，他就更糊涂，不该打！"老师们经常找他的父亲告状，为此他经常受到责骂。15岁时，焦伯荣本来没想报考中学，恰好遇上淮安中学招生，他的同学和他开玩笑拉他一起报考，他就去报名考试了。没想到发榜的那天，他发现自己居然考了第一名！父亲觉得他是一个可造之才，遂节衣缩食，供他继续读书。全面抗战爆发后，淮安中学迁到了重庆，和其他学校组成了江苏省立旅川临时中学。家境贫寒的焦伯荣，经过多方筹措，才勉强凑齐了去重庆的路费。学校里的老师同学都给了他很大的帮助，他平时靠写一些稿件来补贴生活。中学毕业后，1943年10月，焦伯荣以优异的成绩考进了中央大学历史系。

二

赵寿先进入中央大学读书后，生活十分清苦，只能依靠翻译一些书籍来维持学业。他非常珍惜宝贵的学习机会，连课间十分钟的休息时间，也用来做练习。在身边进步同学的影响下，赵寿先开始大量阅读马列书籍，渐渐地，他明白了救国救民的真理，很快成为学生运动的骨干。当时，中央大学工学院学生的人数占全校的三分之一，是第一大院，但是工学院的学生在中央大学的学生运动中没有发挥主力军的作用。赵寿先和其他进步同学分析后，认为缺少一个有力的组织，中共地下党组织在中央大学建立了由进步青年学生组成的“新民主主义青年社”（简称“新青社”），赵寿先加入了中国民主同盟，他和“新青社”的何赐文等来往甚密，不久也加入了“新青社”。赵寿先和“新青社”的社员们商量，决定把工学院的进步组织取名为“工社”，既体现学院特点，也和巴黎公社同音。在征得上级党组织的同意后，1946 年 3 月，“工社”召开了成立大会，15 名工学院学生参加，赵寿先主持了会议。会上，赵寿先被选为首届总联络人。“工社”成立后，发展很快，到五二〇运动前，社员已经达到了七八十人，每个系都有一个工社小组，成为中央大学学生运动的主力军。1946 年秋，中央大学迁回南京。美军士兵欺侮北京大学女学生沈崇的事件发生后，赵寿先带领工社成员，联合女同学会和其他院系的同学，与金陵大学等其他高校学生联合举行了三次抗暴大游行，一次比一次声势浩大，产生了深远的影响。国民党当局为了坚持独裁统治，在昆明制造了“一二·一”惨案，赵寿先发动同学写慰问信，带头在慰问信上签名，发动同学捐款，声援昆明的师生。在中央大学学生自治会理事会的建立过程中，“工社”和“新青社”、民盟地下支部等进步社团，最终在竞选中取得了胜利，理事会主席都是“工社”成员。“工社”成员后来全部加入了中共领导的“新青社”，赵寿先在学生运动中的领导作用得到了党组织的高度认可。

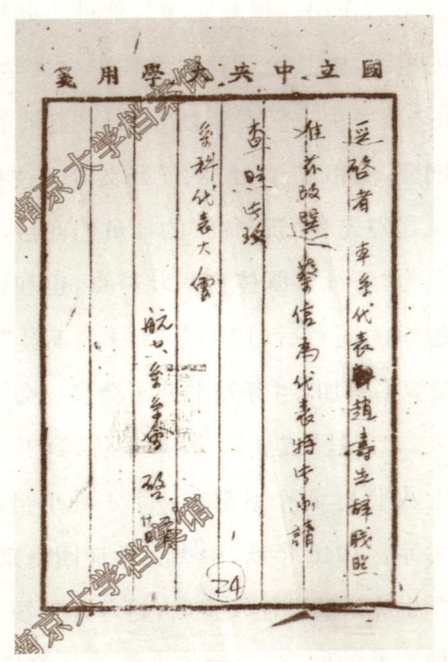
國立中央大學用箋

逕啓者 本系代表趙壽先辭職照
准 [illegible]改選[illegible]信高代表特[illegible]請
查照為荷
系科代表大會
航空系系會 啓 廿[illegible]

国立中央大学工学院航空系系会准许赵寿先辞去系科代表函

1947 年 4 月，中央大学的学生在党组织的领导下，开展了“反饥饿、反内战、反迫害”的请愿斗争，赵寿先作为学生领袖积极响应党组织的号召。5 月 20 日，中央大学和南京其他高校的进步学生，在国民参政会开幕时发动了声势浩大的游行示威活动。为了组织好游行队伍，赵寿先担任了纠察队队长。反动军警对示威学生进行了疯狂的镇压，赵寿先在搏斗中多处受伤。事后，他在给姐姐的信里写道："一个阶段又一个阶段不断地奋斗，只会把人锻炼得更坚强，现在没有什么可怕"，"既想做一个人，就必须做成那种类型的人，任何困难在所不辞，我的想法就是如此"。五二〇事件后不久，全国学联成立，赵寿先由于在运动中形成的巨大威望，被推为理事。他参加了全国学联针对国民党当局镇压学生的罪状收集工作，参与讨论了全国学联发表的《为魏特曼特使来华发表声明》《中国学生联合会为受政府无理非法压迫致魏特曼将军书》等文件。

郑显芝进入中央大学机械系读书后，虽然读的是工科，但他喜好文史，经常阅读进步书刊，很快参加了学校里的进步学生组织，积极参加学生运动。郑显芝才华横溢，多才多艺，能歌善舞，曾经组织过基督教青年歌咏会，参加者达到百人以上，他亲自担任指挥，教同学们演唱进步歌曲。他还通过出墙报和编印小报的方式，宣传进步思想。郑显芝和中央大学其他进步学生组织发动了多次学生运动，比如抗议美军暴行等等。每次运动他都冲在前面，起到了很好的表率作用。他对革命的艰巨性有理性的认识，对革命最终胜利充满了信心。他曾经在给一个同学的诗中这样写道："罗马城不是一天建成的，搬运金字塔上的一块顽石，埃及人支付了整整二十载。别轻视那潺潺细流，一年年的，他将到达大海。”郑显芝的堂兄郑文敏在南京任宪兵少尉，执勤时经常看到郑显芝带头游行示威，好意劝阻，几次对他说，这样做会有生命危险，但是郑显芝丝毫不为所动。

焦伯荣在专业学习之余，大量阅读马列书籍，参加进步学生组织的活动，积极参加各种学生运动。在其他进步学生的影响下，他参加了中央大学“新青社”“工社”组织的游行示威、散发传单等活动。有一次，为了躲避国民党军警的搜捕，他非常巧妙地躲在救护车上，趁着救护车上街时，在车上大把大把地散发传单，他的这种机智的做法，在进步学生中传为美谈。还有一次，国民党反动军警忽然冲进了中央大学的校园，一下子抓走了多名学生，他积极参与营救被捕同学，作为和政府谈判的八名学生代表之一，与当局据理力争，理屈的当局无言以对，不得不释放被捕学生，斗争取得了胜利。

赵寿先、郑显芝和焦伯荣是同学好友，也是并肩作战的战友，他们一起组织和参加学生运动，他们经常活跃在中央大学的校园。三个人后又都到上海，继续成为战友和同志。

赵寿先大学毕业后，到上海高级机械职业学校担任教师。上海是各民主党派反对国民党独裁统治的中心，由邓演达先生创建的农工民主党发挥了重要的作用，发展了大批有觉悟的工人、青年，开展了各种有声有色的反独裁、争民主自由运动，影响很大。

赵寿先为了开展革命工作,1947 年 9 月,加入了农工民主党。10 月,赵寿先加入了他孜孜以求的中国共产党,为此非常兴奋,他在给家人的信中说:“今后当共勉励,完成抱负,他日能造福于人民,事无大小,皆英勇之举耳。”1948 年,农工民主党上海市党部成立了青年委员会,赵寿先担任青年委员会主任委员。他充分运用在中央大学开展学生运动的经验,在上海的各大中学校做进步师生的工作,并在中国共产党的领导下,成立了“新民主主义青年联盟”,简称“新青联”。“新青联”在复旦大学、同济大学、大夏大学、上海音乐学院等各大中专院校发展和团结了一大批进步青年。同时,他还担任中国民主同盟上海市第二区分部委员,负责《沪盟通讯》的编辑发行工作。

郑显芝 1946 年大学毕业后,放弃了去南洋深造的机会,他在给亲友的信中说:“在这动荡的年代,国内政治急剧转变之秋,我是不会离开祖国的。”他去了上海高级机械职业学校教书。1947 年年底,郑显芝加入了中国共产党。1948 年 2 月,郑显芝在赵寿先的影响下,加入了农工民主党,任上海市党部青年委员会委员,在赵寿先的领导下,一起开展“新青联”的工作。

焦伯荣毕业后在南京女子中学任教,后转到上海女子中学任教。郑显芝邀请焦伯荣和他一起住在上海高级机械职业学校的宿舍里,和他一起加入了中国民主同盟,并介绍他加入了农工民主党和“新青联”。不久,焦伯荣光荣地加入了中国共产党。焦伯荣在

“新青联”担任宣传部部长，具体负责《新青联丛刊》的编印工作。当时，上海的工作环境非常险恶，特务到处抓捕进步人士。焦伯荣隐蔽在上海郊区一个偏僻的地方，白天刻蜡版，晚上搞印刷，第二天再把装订好的资料送到各个联络点，从不叫苦叫累。赵寿先、郑显芝、焦伯荣再次成为并肩作战的战友。他们一起到各个学校去做青年学生的工作，举办各种学生活动，宣传进步思想，“新青联”的工作如火如荼地开展起来。

三

1946 年，中共党员叶以群组织新群出版社、文光书店、天下图书公司、正风出版社等，成立了上海利群书报联合发行所，秘密发行《整风文献》《新民主主义论》等进步书刊。1948 年 10 月 12 日，上海警备司令部稽查处查获了利群书社从香港订购的一批进步书刊，由此按图索骥，查到了上海地下学联的秘密发行点——黄河书店。敌人在这里布下了天罗地网，只要进书店的人，进一个抓一个。就这样，共产党员、农工民主党党员和“新青联”的成员，先后有 100 多人被逮捕。10 月 18 日，郑显芝被特务们逮捕，焦伯荣在通知一名单线联系的同志转移时，也不幸被捕。10 月 31 日，特务们在闸北区南星路 14 号又抓走了赵寿先。

入狱后，赵寿先、郑显芝、焦伯荣等人都受到了严刑拷打，灌辣椒水、坐老虎凳、电刑等各种酷刑轮番上阵，可是他们意志坚定，坚贞不屈。敌人知道赵寿先是“新青联”的领导，把他单独关押在稽查处第一大队的一个房间里，妄图从他口中获得更多的消息，对他动用了重刑。赵寿先为了保护同志，严守党的秘密，想方设法把他被捕的消息送了出去。趁看守不注意，他把眼镜掰成两半吞进了腹中，锋利的镜片把他的喉管划得鲜血直流，他疼得昏迷了过去。特务慌忙把他送到医院抢救。11 月 24 日凌晨，赵寿先偷偷打开窗户，最后看了这个世界一眼，然后义无反顾地从楼上纵身跃下，一头撞到了水泥地上，当场壮烈牺牲。殉难的前一个晚上，他对同牢房的小周说：“革命的道路不是平坦的，总会遇到坎坷。你转告同志们吧，不要灰心，不要急躁，要经得起考验，要总结经验教训，继续前进”，“特务给了我两条路，一条是毁灭，一条是投降，做他们的走狗。我选择前一条路，你要设法告诉我们的战友，把一切统统推到我一个人身上，要争取让更多的人活下来，继续工作”。他本来想给女朋友小叶写几句话，当小周找来纸笔时，他又不写了，让小周转告小叶：“不要挂念我，要坚强地活下去。”他曾经给战友留下了一张纸条，上面这样写着：“我被捕，受酷刑，一度自杀未果，恐续受刑，生死未卜，无畏，望勇敢生活，我没有泪，只有满腔怒火。”他牺牲后，和他有关系的上海中共地下组织丝毫没有受到破坏，和他有关系的南京学联、中大“新青社”、中大党组织也同样没有丝毫损失。和他一起被关押的战友，听到他的噩耗后，与敌人斗争的意志更坚定了。负责审讯赵寿先的特务头子听说他死了，暴跳如雷，把看守他的两个特务狠狠地责罚了一顿。

1948 年 12 月，郑显芝、焦伯荣和其他在利群书报案中被捕的同志们，一起被转移到了淞沪警备司令部继续关押。由于立信会计学校被捕的人比较多，在中国共产党的领导下，民主人士、立信会计学校校长潘序伦和教务长甘允寿积极开展营救工作，并通过新闻媒体发布“立信会计学校二十多人无辜被捕”的消息，争取社会各界同情。在狱中的同志们，积极开展斗争，通过绝食、“罢点名”等方式，向监狱当局施加压力。当时，李宗仁刚刚代理总统，为了维护政府形象，在舆论的压力下，他被迫先后释放了一部分人，但是郑显芝和焦伯荣仍然在押。他们在狱中不畏强暴，严守秘密，坚持斗争，教难友们唱革命歌曲，鼓舞革命斗志。

1949 年 5 月 2 日，郑显芝和焦伯荣被移送到南市蓬莱区警察分局。移交文件中称，他们犯了危害国家的罪名，经过法院审判，应送到监狱执行，就这样，他们被送到了提篮桥监狱。在法院判决书上，郑显芝和焦伯荣被判有期徒刑三年。当时，南京已经解放，上海眼看就要解放，大家对胜利充满了信心。没想到，垂死挣扎的敌人却以屠刀相向，在 5 月 9 日晚，把郑显芝、焦伯荣等 12 名革命者押到浦东戚家庙残忍地杀害了。烈士们在光明的前夕英勇地倒下了！

上海解放后，市长陈毅曾经对郑显芝烈士的牺牲表示哀悼，指示一定要找到遗体妥善安葬，并特地拨出专款治丧，有一万多人参加了追悼会。

赵寿先、郑显芝、焦伯荣三位英烈鞠躬尽瘁，虽死犹生。他们的光辉事迹永远激励着后来人！

德撼山岳照青史——王峻昆

王峻昆(1913—1948),男,号仑峰,曾用名王晓东、王东峰,河南南召人。1920年,进私塾读书。小学时,就读于南召县第二完小——李青店小学高级班。1930年,考入南阳河南省立第五中学。1933年,考入开封河南省立第一高级中学。1935年,参加“一二·九”运动,担任敢死队班长。1936年,考入河南大学理学院物理系,由于参加进步活动受到威胁。1937年,考入国立中央大学理学院化学系。1938年,接受党组织的领导,回南召县从事抗日救亡活动,担任地方自治政府第三区团第八大队大队长;6月,加入中国共产党。1939年,任中共马市坪区委军事委员,一年后担任区委书记。1942年,到中共中央机关党委宣教科任科长,后在整风运动中任中央总学委巡视员。在大生产运动中,研制出手摇双轮纺线车和脚踏自动绕线车,被评为特等劳动英雄。1945年,任东北热东专署民政教育科长等职,参加土改运动。1948年,任华北大学副校长。在赴任前一天,因别人枪支走火而死。1950年中共中央东北局追认其为革命烈士、模范共产党员。

1913年，王峻昆出生于河南省南召县崔庄乡王老庄一个比较富裕的家庭。1920年，他进当地的村办私塾学习。1929年，考入南召县第二完小——李青店小学高级班。在小学读完初级班后，就读于南召县第二完小高级班。1930年，考入南阳河南省立第五中学读初中。1933年，以优异的成绩考入开封河南省立第一高级中学。1935年，"一二·九"运动爆发后，党组织领导发动开封进步师生开展声援活动，王峻昆积极参加游行示威，并自愿报名担任敢死队班长，他们冲破国民党当局军警的层层阻拦，一直到达河南省政府门口，自发开展绝食请愿活动，并到南关车站组织卧轨斗争。1936年，王峻昆考入河南大学理学院物理系。他积极参加进步活动，对日本帝国主义侵占东北、华北的侵略行为非常愤慨，对国民党当局的不抵抗政策表示严重的不满。他的言行引起了国民党地方当局的注意，认为他是一个异端分子。有一天，王峻昆在学校里收到了一封匿名信，信里居然夹了一颗子弹。为了安全起见，王峻昆被迫离开了河南大学。1937年，他考入国立中央大学理学院化学系。

七七事变发生后，中央大学搬迁到重庆，王峻昆积极参加抗日救亡活动。当时，在学生中普遍流行"出川杀敌"的口号，王峻昆热血沸腾，积极响应，和10多名同学一起准备到抗日前线保家卫国。正准备行动的时候，中共地下党员、北京大学学生袁宝华、郭以青等回到南阳开展工作，在他们的劝说下，王峻昆于1938年春，回到故乡南召，在党的领导下，在伏牛山一带开展抗日救亡活动。

当时，南召县成立了自治政府，领导者之一李益闻曾经是王峻昆的小学老师，他对这个得意门生一直非常赏识，对他弃笔从戎的满腔报国热情甚为嘉许，立刻任命他为第三区团第八大队大队长。王峻昆很珍惜这个机会，他刻苦学习军事知识，和队员们一起强化军事训练，苦练杀敌本领，给他们讲述抗日救亡的道理。在他的带领下，第八大队很快就成为一支作风过硬、战斗力较强的部队。1938 年 5 月，当地一个叫余坪的地方，地主王辅之颇有势力，他构筑了村寨堡垒，成立了自己的队伍，依仗实力拒不接受自治政府的管理，也不缴纳抗战经费，其他地主也纷纷效仿。擒贼先擒王，南召县自治政府决心先收服这个桀骜不驯的家伙，于是派出四个大队进行武力讨伐。战斗力最强的第八大队担任主攻，王峻昆根据所学军事知识，带领队伍首先占领了余坪的制高点，居高临下，攻击王辅之的队伍，打得王辅之的队伍只有招架之势而无还手之力，最后不得不投降。1938 年 6 月 6 日，在袁宝华、胡子云的介绍下，王峻昆通过组织考验加入了中国共产党。1939 年，中共马市坪区委成立，王峻昆由于出色的军事才能担任了军事委员。1940 年，他担任了区委书记。当地是山区，土匪众多，经常为非作歹，老百姓不堪其扰，王峻昆就带领队伍对他们进行讨伐，很快就将他们瓦解，赢得了当地老百姓的赞扬。老百姓专门给他立了一块“德撼山岳”的德政碑，他知道后坚决不让老百姓立，直到 1984 年，经南召县政府批准，当地乡政府为纪念烈士才把碑重新竖立起来。自治政府委任他兼任马市坪联保主任，相当于地方首脑。他任职后，推行减租政策，发展教育事业，当地群众纷纷感念。1942 年，八路军办事处准备在南召建一个中共河南省委武装干部训练班，消息不慎泄露，国民党当局责令南召县追查。王峻昆为了营救同志，暴露了身份，根据党组织的安排，到延安工作。

1942 年，王峻昆到延安担任中共中央机关党委宣教科科长。整风运动开始后，他又被委以重任，担任中央总学委巡视员。1943 年，王峻昆被康生扣上特务的帽子，被迫一边隔离审查，一边参加大生产运动。王峻昆始终没有动摇革命信念，为了提高棉纱产量和工作效率，他多方试验，终于研制出了手摇双轮纺线车和脚踏自动绕线车，大获成功，因此被评为特等劳动英雄。

1945 年，隔离审查结束后，王峻昆根据党组织安排，任东北热东专署民政教育科长、地区直属机关党支部书记、土改工作队长等职。他在土改工作中，为当地群众做了很多好事，深受群众的信任和爱戴。有一次，一户农民被错误地划为地主成分，他发现后立刻上门道歉。在他的努力工作下，党的土改政策深得群众的拥护，很快就推广开来。1948 年 12 月，王峻昆根据组织安排，调任华北大学副校长。在赴任的前一天晚上，王峻昆和爱人到地委办理组织关系，并和同志们告别。他和一名同志谈话时，那个同志玩枪时，一不小心走了火，正好击中王峻昆的咽喉要害。王峻昆垂危之时，依然为同志着想，他挣扎着写下：“湘，你的身体不好，要保重，一定要把三个孩子抚养成人”，“请组织上把我的历史弄清，作出结论”，“周是枪走火，不是有意打我，请组织上和你（王峻昆爱人）原谅他”，“我为人民奋斗十余年，今日死，我不甘心，我还能为人民服务，我死得太早了”。写完，王峻昆就永远离开了人世。中共热东地委给他召开了隆重的追悼大会，把他的遗体安葬在西女儿河畔的烈士陵园。

1950年中共中央东北局追认其为革命烈士、模范共产党员。王峻昆烈士的纪念碑上这样写着：“这种至死不忘的关心人民事业，贯彻了为人民服务的思想，充分地表现了共产党员高尚的品质。他的革命事迹永远为人民追念，他的英名永垂不朽！”

四一惨案同罹难——成贻宾、程履绎

成贻宾(1927—1949),男,江苏宝应人。小时候,他曾就读于江苏省立如皋师范附属小学、江苏省立扬州实验小学和宝应中学,曾短期担任职员。1947 年,进入中央大学电机系攻读。他参加党的外围进步组织新青社,是电机系进步学生社团"电社"的重要骨干,积极参加党领导的学生运动。1949 年 3 月 31 日,在党的领导下,积极组织策划"四一"学生游行活动,后被暴徒殴打身负重伤,4 月 19 日抢救无效牺牲,被称为"雨花台最后一位烈士"。

程履绎(1922—1949),男,湖北应城人。先在应城县读小学,后在应城县私立西河中学读初中。1943 年,考入中央大学理学院物理系。后因经济原因休学一年,在重庆私立道南学校任教。进入中央大学读书后,积极参加党组织领导的学生运动。1949 年 4 月 1 日,参加游行示威时,被暴徒殴打,次日牺牲。

一

江苏省宝应县氾水镇，自古以来就是黄金水道京杭大运河上的一颗璀璨的明珠，这里交通便利，地理条件优越，有“金氾水”之称，是著名的古镇。氾水镇小桥流水，风景优美，颇有江南水乡的味道。1927 年 7 月的一天，小镇上的一户人家有一个婴儿呱呱落地，他就是成贻宾。成贻宾从小聪明伶俐，教书的伯父非常喜爱这个侄儿，在成贻宾牙牙学语时，就开始教他背诵诗词。据后人回忆，成贻宾 4 岁时，就已经能和伯父对一些简单的对联，当地人称“小神童”，伯父经常对别人夸赞他“孺子可教”。5 岁时，成贻宾进入幼稚园。一年以后，他直接进入当地镇上的小学读书，读书算是很早的了。他父亲迫于生计，先后到扬州、如皋一带讨生活，年幼的成贻宾也随家迁移。他曾经在江苏省立如皋师范附属小学、省立扬州实验中学读书。11 岁的时候，成贻宾小学毕业，成绩优异。家里商量了一下，为了能够给他提供一个相对稳定的学习环境，不再走马灯似的换学校，决定让他在宝应中学读初中。可是初中没读完，成贻宾还是换了学校。1940 年，成贻宾读了两年初中后，父亲又到南京去讨生活，全家再次搬迁，家人觉得南京的教育肯定比家乡更好，于是又给成贻宾转学到南京模范中学。成贻宾很快就适应了南京的学习生活，他优异的成绩令老师们对这个苏北乡下来的孩子刮目相看，给他在学校申请了免费就读的特殊待遇。1946 年，成贻宾中学毕业，按他的中学成绩，完全可以考上一个很好的大学，但是当时，他的家庭经济已经十分困难，懂事的成贻宾为了不给家庭增加额外的负担，选择了工作，他到镇江谋得了一个小职员的职位。他一面辛勤工作，一面准备入学考试。一年后，他同时报考了北京清华大学、浙江英士大学和国立中央大学，以优异的成绩同时被三所大学录取。成贻宾觉得北京太远，来回路费花销较大，在南京读书不但花费少，而且离家近便于照顾家庭，于是就近选择了中央大学。据成贻宾烈士的二嫂回忆，成贻宾不但帅气、聪明、和善，而且学习成绩非常好，是一个上进的美少年。

1922 年 9 月 3 日，程履绎出生于湖北省应城县城东附近的老屋湾村，他在兄弟姐妹五人中排行老大，是家中长子。父亲程镇藩曾经接受过中等教育，是当地的一名教师，思想进步，与当地共产党员成为好朋友，接受了革命思想。在父亲的熏陶下，年幼的程履绎从小就体会到劳动人民的疾苦，富有同情心，为老百姓经受的苦难而难过，悄悄地

成贻宾烈士佩戴过的国立中央大学校徽

在年幼的心底埋下了追求公平、正义的种子。1931 年,程镇藩在应城县教育局的资助下,顺利考上了南京金陵大学农学院。去南京上学前,他对爱子程履绎说,他要去南京了,从武汉坐船顺江而下,很快就能到南京了。年仅十岁的程履绎牢牢地记住了南京这个名字,那时的他,绝对不会想到,日后自己也会去南京读书,并且永远安息在那个江畔古老的城市。

程镇藩入学不久,就发生了九一八事变,他和爱国进步学生一起参加了声势浩大的游行请愿活动。回到家里,和年幼的程履绎讲述他在南京的所见所闻。程履绎在父亲的影响下,对日本帝国主义者充满了憎恨。程镇藩学成后,回到家乡先后担任林场主任和苗圃技术员,他把程履绎带在身边,程履绎因此在应城县私立西河中学读了初中。1938 年,程镇藩到宜昌从事新兵训练工作,举家随迁。程履绎考上了离宜昌不远的汉阳湖北省立高级工业职业学校,这所学校旨在培养国防有关的工业职业技术人才。随着抗战形势的变化,汉阳高工从宜昌经三峡搬迁到了巴东县,不久又迁到了彭水县一个叫高谷场的地方。年少的程履绎此时已经感受到战乱之苦。

二

1942 年的暑假,在南京读书的成贻宾回到家乡宝应县,在这里他遇到了一生挚爱彭毓芬,上演了一段血色浪漫的佳话。当时,16

岁的彭毓芬正好在河边洗衣服，美丽的少女辛勤劳作的场景，一下子就深深地吸引了青春洋溢的少年，彭毓芬对温文尔雅的成贻宾也很有好感，少男少女一见钟情。按照当时的社会习俗，成贻宾回到家里就告诉父母，请他们托人去彭家提亲。两家人都对这桩婚事很满意，双方很快就订了婚约。1944 年，年仅 17 岁的成贻宾一方面出于对未婚妻的眷念，另一方面出于对光明事业的孜孜追求，充满真情实感地写下了著名的《给未婚妻的信》。在信里，成贻宾用“十大信条”，进行“自我革命”，表达他对未来的向往和规划。他的“十大信条”是这样说的：

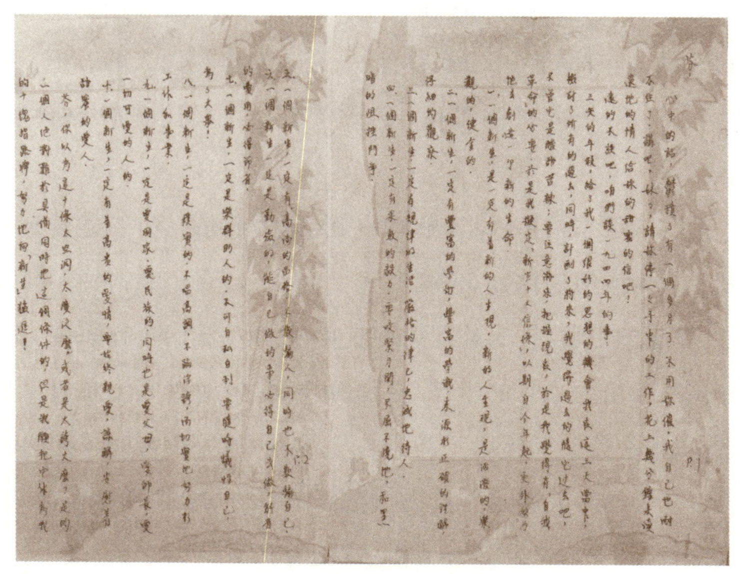

芬：

心中的話，積攢了有一個多月了，不用你催，我自己也耐不住了。講吧，妹妹，請妹停一停手中的工作，花上幾分鐘來讀遠地的情人給妹的甜蜜的信吧！

遠的不談吧，咱們談一九四四年的事。

三天的年假，給了我一個很好的思想的機會，我在這三天當中，檢討了所有的過去，同時，計劃了將來，我覺得過去的隨它過去吧，不管它是酸甜苦辣；要注意將來，把握現在，於是我覺得有自我革命的必要，於是我擬定，新年十大信條，以期自今年起，更努力地去創造一個新的生命。

一、一個新生，是一定有着新的人生觀，新的人生觀，是活潑的，樂觀的，健全的。

二、一個新生，一定有豐富的學問，豐富的學識，來源於正確的詳晰、仔細的觀察。

三、一個新生，一定有規律的生活，嚴格的律己，寬誠地待人。

四、一個新生，一定有果敢的毅力，平收緊了關，不屈不撓地，和黑暗的惡勢力鬥爭。

P.1

五、一個新生，一定有高尚的品格，不欺騙人，同時也不欺騙自己、

六、一個新生，一定是勤苦的，能自己做的事，必得自己去做，輕者的專用，必得除去。

七、一個新生，一定是樂群的人的，不可自私自利，要隨時犧牲自己，為了大眾！

八、一個新生，一定是務實的，不唱高調，不論什麼，都切實地努力於工作和事業。

九、一個新生，一定是愛國家，愛民族的，同時也是愛父母，愛師長，愛一切可愛的人的。

十、一個新生，一定有着高貴的愛情，要始終執愛，誠摯，忠貞着他的愛人。

芬，你以為這十條太空洞，太廣泛麼，或者是太誇大麼？是的，一個人絕對難於具備同時把這個條件的，但是我願把中外有我的十條指路牌，努力把向「新生」接近！

P.2

成贻宾烈士写给未婚妻的信

“一、一个新生,是一定有着新的人生观。新的人生观,是活泼的、乐观的、健全的。二、一个新生,一定有丰富的学术、丰富的学识,来源于正确的理解、仔细的观察。三、一个新生,一定有规律的生活,严格地律己,忠诚地待人。四、一个新生,一定有果敢的毅力。要咬紧牙关,不屈不挠地和黑暗的阻挫斗争。五、一个新生,一定有高尚的品格,不欺骗人,同时也不欺骗自己。六、一个新生,一定是勤俭的,能自己做的事,必得自己去,能省的费用,必得节省。七、一个新生,一定是乐群助人的。不可自私自利,要随时牺牲自己,为了大众!八、一个新生,一定是朴实的。不唱高调,不蹈浮夸,而切实地努力于工作和事业。九、一个新生,一定是爱国家、爱民族的,同时也是爱父母、爱师长、爱一切可爱的人的。十、一个新生,一定有着高贵的爱情,要始终亲爱、谅解、安慰着甜蜜的爱人。”

给情人的书信里,没有卿卿我我、你侬我侬。我们能看到的,有成贻宾对生活的向往,包括高贵的爱情、高尚的品格、有规律的生活、勤俭的习惯;有他对事业的态度,包括朴实的工作态度、正确理解观察获得的丰富的学识;更加重要的,是他对人生观、价值观的理解,他在信条里提出了新的人生观、果敢的毅力、爱国爱民的信仰。一个年轻人超越年龄的成熟跃然纸上,这成了他短暂的一生为之奋斗的信条。这“十大信条”没有什么空话套话,没有说什么大道理,完全是成贻宾发自内心的真诚的思考。在今天看来,依然没有过时,对年轻人来说仍然有重要的参考价值和借鉴意义,充满了昂扬向上的力量。

考入国立中央大学后,成贻宾把彭毓芬也带到了南京,两个人不仅一起生活,他还鼓励彭毓芬学习更多的文化知识。他让彭毓芬学习幼儿教育,将来可以做一名教师。成贻宾未婚妻彭毓芬之女周小梅说,据她母亲回忆,成贻宾和彭毓芬在南京,生活上互相照顾,思想上一起进步,堪称一对模范爱侣:“我母亲与成贻宾在最好的年华相知相爱。2008 年,母亲临终前,还叫着成贻宾的名字,念念不忘她英年早逝的爱人。”根据彭毓芬回忆,他们两个是十分恩爱的穷学生,成贻宾在学习之余,利用闲暇时间出去打工赚钱,给两个人改善伙食。他十分心疼这个和他一起背井离乡到外地的未婚妻,经常把好吃的省给她吃,两个人相敬如宾。冬天的时候,彭毓芬的手上容易生冻疮,成贻宾就从来不让她洗衣服,自己抢着洗。彭毓芬对成贻宾的革命活动十分支持,在他的影响下,不仅接受了进步思想,还会做一些幕后工作。“四一”惨案发生后,彭毓芬在第一时间赶到了现场,并和同学一起把伤势严重的成贻宾送到了医院。周小梅说:“我母亲得到噩耗,立即赶去,只见他血流不止,已经生命垂危,母亲哭着给他洗换下来的血衣,不眠不休地伺候了他几天几夜”,“成贻宾牺牲后,我母亲终日以泪洗面。直到 1956 年,她才嫁给了我父亲。和父亲结婚后,母亲一直把这份感情深埋心底”。2008 年,彭毓芬直到弥留之际,才对女儿说起了英年早逝的爱人，她把成贻宾的事讲给女儿听，并说："成贻宾是多么好的一个人啊，如果他不那么早牺牲，一定是一名优秀的科学家，能为祖国作出很多贡献。"彭毓芬过世后，周小梅给她整理遗物时发现了她珍藏了近一个甲子的珍贵资料，包括许多发黄的照片、书信，甚至还有成贻宾牺牲时的血手绢。周小梅被他们刻骨铭心的爱情深深打动，表示非常羡慕他们纯粹高贵的感情。她在退休后，和成贻宾的几个侄儿先后去了宝应、镇江、南京等地，寻访成贻宾留下的足迹，把彭毓芬保存的遗物捐献给雨花台烈士纪念馆，还把自己的女儿带去了雨花台，给她讲述这段可歌可泣的血色浪漫故事。

三

成贻宾的理想，是为社会多做点事，他曾经在《生之原理读书报告》中写道："人生的理想何在？人生的理想即在为社会服务。"说到更具体一点的理想，成贻宾一直希望能够在长江上建一个水力发电站，以便更好地解决中国经济发展的能源问题。很多年后，三峡水利枢纽工程建成了，足以告慰烈士的在天之灵。1947 年，他根据自己的志向，进入国立中央大学工学院电机系就读。进入梦寐以求的中央大学后，成贻宾刻苦地学习科学文化知识，积极参加社会活动，在学校地下党组织的感召下，较系统地学习了马列著作，接受了革命理想教育。他参加了党的外围组织新民主主义青年社，同时，还是电机系的进步社团——“电社”的重要骨干成员，在班里、系里都是活跃分子，经常带领和组织同学们一起参与革命活动。在党组织开展“护校迎解放”活动中，他带领同学们一起抗议国民党的迁校阴谋。

程履绎在汉阳高工毕业后，曾经到咸丰修车总厂实习，他觉得只有一些职业技术知识还远远不够，于是萌生了继续求学的念头。他曾经考入位于重庆的国立交通大学，他对亚洲排名第一的国立中央大学非常向往，选择继续复习备考。1943 年，程履绎考上了中央大学理学院物理系。父亲程镇藩把所得微薄薪水，几乎全部用来支援抗战事业，根本无力支付程履绎的学费。程履绎决定先休学一年，挣一些钱缴学费。他到四川南川私立道南学校谋得了一个教师的职位，教授算术、代数、几何、英语等课程。这所学校是中国共产党在南川县的活动基地，校长思想进步，师生比较容易接触到马列书籍和进步报刊，程履绎深受熏陶，在这里初步接触了共产主义思想。学校对他很关照，不仅给他解决了食宿，还给了他不菲的薪水，他很快就积攒到了一笔学费，如愿以偿地进入了中央大学。1946 年，程履绎和爱人在武汉参加了集体婚礼，不久就顺江而下，迁居南京，继续读书。抗战胜利后，人民并没有迎来期待中的好日子，物价飞涨，通货膨胀，老百姓仍然生活在水深火热之中。程履绎目睹身边不少优秀同学由于经济拮据，不得不含泪退学，渴望改变现状的社会思潮在中央大学校园涌动，同学们成立了新民主主义青年社，广泛宣传共产主义思想。程履绎积极参加新青社活动，很快被《毛泽东自传》等进步书籍深深地吸引，他不仅自己阅读，还把一些进步书籍与家人分享。据弟弟程整绎回忆，他阅读的第一本马列书籍就是程履绎带给他的。每次寒暑假放假回家，程履绎就会向家乡的亲朋好友们宣传革命道理，对大家说："要参加国民党，还不如参加共产党。"他的父亲程镇藩一直在为党工作，多次利用自己公开的身份，营救共产党员和革命人士。程履绎回到家乡，也曾担任父亲的助手，协助做一些革命工作。程履绎曾经写道："我们所以困苦，就是把'我'看得太重，须从'小我'的圈子里解放出来，丢开自己来看自己，须在'大我''小我'之间有所抉择，才能在生死之际非常坦然。"不久，他以生命践行了他的人生格言。

四

中央大学迁回南京后，程履绎非常珍惜宝贵的学习机会，他的同学回忆说，每天下午做实验，程履绎总是和他一起去。当时实验仪器很陈旧，经常会出现很多误差，程履绎总是耐心地做下去。学习之余，他和进步的同学们经常在宿舍里针砭时弊，讨论国家的前途。他的舍友中，有气象系地下党员王世平，接受党的领导、从事革命工作的经济系学生石念曾等人，根据他们的回忆，程履绎是非常活跃的进步分子。艰苦的生活影响了程履绎的健康，他不得不延期毕业，在位于四牌楼文昌桥的宿舍中，一面学习，一面从事革命活动。1948年年底，程履绎因为健康问题再次回家乡休养。不久，中国共产党领导的人民军队在辽沈、淮海、平津三大战役中取得了决定性胜利。程履绎在同学的来信中得知，解放军已经完成了进攻南京的军事准备，中央大学正经历着生死攸关的护校斗争。当时，中央大学校方根据国民党当局的要求，准备把学校迁到福建，以郑集为首的师生们反对搬迁。中大地下党组织把进步师生团结起来，领导了这场护校斗争。程履绎不顾自己的病体，下定决心返回母校参加这场斗争。3月下旬，此时他已经有了一个牙牙学语的可爱的儿子，他不顾家人的劝阻，毅然决然地告别了亲人，离开了家乡。没想到这一别就是永别！他到武汉的码头购买长江客轮的船票，售票员告诉他，这是去南京的最后一班船了，而且以后这班船就停航了。程履绎十分高兴，觉得自己很幸运，能赶上最后的航班。妻子黎芙英曾对他的儿子说："要是你爸爸没有赶上最后一班船，就不会牺牲了。"

1949年3月1日，中华全国学生联合会第十四次代表大会召开，提出了国民党统治区的学生运动的主要任务，是要揭穿国民党反动政府的虚假和平，并为争取实现毛泽东主席新提出的八项条件而奋斗，要对国民党的反动统治以各种形式进行坚决的斗争。南京的进步学生在地下党组织的领导下，积极响应。中共南京市委学生工作委员会大专分委会经过研究，计划在国民政府法定的3月29日青年节，举行全市大专学校学生的大团结晚会，并在会上开展宣传发动工作。当天，南京市的大专学校墙外都贴满了“反饥饿、反内战、反迫害”等标语。南京各个大专学校成立了南京区大专学生“争生存”联合会，发表了成立宣言，末尾这样写道：“为生存，为自由，为权利，我们不惜任何牺牲，作坚决的斗争！”晚上，各个大专学校的进步师生代表，聚集在中央大学操场上，成贻宾和程履绎也和同学们一起参加了活动。他们参加了庄严的宣誓仪式，和大家一起高呼：“反饥饿！反迫害！争生存！争自由！争真和平！绝不妥协！绝不退让！”成贻宾和程履绎还饱含着热泪，和大家一起高声齐唱《团结就是力量》。

3月30日，中共南京市委大专分委认为大团结晚会非常成功，要趁热打铁，利用4月1日南京国民政府代表到北平与中共和谈的有利时机，举行“反对假和平，要求真和平”的全市大中学生游行。中央大学学生自治会积极响应党组织号召，发动进步学生参加游行活动，成贻宾、程履绎非常积极地表示，要求参加游行活动。3月31日，成贻宾和电机系三九级的40名同学一起，在中央大学地下党员成有庆、王仁道等同志的组织下，在中央大学中山院的一楼教室，开会讨论“四一”游行的问题。成贻宾在会上慷慨陈词，揭露国民党当局假和谈的阴谋，号召同学们一起积极参加游行活动。党组织对他信任有加，让他加入了游行宣传组，他连夜和同学们制作标语、小旗等，为游行做好宣传准备。据地下党员王海彬回忆，程履绎对游行活动一开始就表示自愿参加，不用做任何思想动员工作。此时，中共南京市委得知此事后，认为南京解放在即，这个时候发动大规模游行示威，容易激怒敌人采取极端报复行为，于是让大专分委通知学生，可是由于时间紧迫，各校学生已经做好了上街游行示威的准备。

4 月 1 日清晨，从南京市各个学校赶来的学生，聚集到中央大学操场，准备开展游行示威。中央大学校务维持会常委、德高望重的胡小石教授来到大礼堂门口，对领头的学生代表说，首都卫戍司令部司令已经给他打了电话，如果学生们举行游行，他们就会开枪镇压。他流着泪说："你们都是我的学生，徒手对付不了那些屠夫，一旦发生了流血事件，我向你们的父母无法交代啊！"但是当时的形势已经如箭在弦，不得不发，党组织还是决定顺应学生们的意愿，开展游行活动。参加游行的计有中央大学、金陵大学、政治大学等校四千多名学生，其中中央大学学生就有两千两百多人。国民党军警把中央大学校门团团围住，妄图阻止游行队伍。激情澎湃的同学们，集体冲破了反动军警的阻挠，成贻宾、程履绎和大家一起毅然决然地冲出了校门。程履绎一面举着标语牌，一面高喊着口号。游行队伍群情激昂，到达成贤街国民政府教育部门口示威，然后游行至新街口、太平路（今天的太平南路）等闹市区，再到金陵大学的大操场，下午两点左右才解散。学生们在回校的途中，国民党军警发动了有预谋的袭击，国立戏剧专科学校的学生在乘坐卡车回校时，在大中桥被国民党军官收容总队袭击，很多人被抓到卫戍司令部。反动当局开启了镇压学生的序幕。成贻宾和程履绎刚回到宿舍准备休息，就听到了敲脸盆的声音，几个同学愤慨地讲述了戏校学生被镇压的事，大家非常愤怒，决定去总统府请愿，要求释放被捕学生。这时，国立政治大学的学生也被暴徒们殴打了。成贻宾、程履绎和几百名中央大学的同学组织起来，一起到总统府门前的广场，要求当局释放被捕学生。国民党的军警们紧紧地把守在总统府门口，双方对峙了一个多小时。这时，忽然有几辆满载国民党官兵的卡车驶了过来，一群穷凶极恶的军人在门口跳下车来，拿着棍棒二话不说就向手无寸铁的学生们冲了过来！他们像猛兽一样疯狂地追打年轻的学生。学生们为了保护自己，直接冲进了总统府。反动军警并没有停止施暴，一直追了进来，继续殴打同学。程履绎一面保护女同学，一面撤退，高声喊着："停止暴行！"歹徒们揪住在后面掩护的成贻宾、程履绎几个人一阵毒打，程履绎的高度近视眼镜也被打坏了。成贻宾和程履绎等学生被打倒在地后，反动军警依然没有住手。据程履绎的同学陈道元回忆，军警在程履绎倒地后，还肆意地对他进行践踏。直到多名同学被打伤，总统府卫队开枪制止，军警才离开。

根据《中央大学向国民党教育部留京办事处陈述"四一"血案学生被反动军人殴打伤亡的呈文》，"事后检查受伤男女学生人数，受轻伤者谭良平等十一人，经府中分别派车送往鼓楼医院及中央医院医治，并将未受伤者用车送回校。截至四月二日下午八时，重伤诸生中有程履绎一名不治身死”。据统计，共有 200 多名学生在惨案中受伤，中央大学有 47 人受伤，政治大学有 73 人受伤，建国法商学院有 14 人受伤，戏剧专科学校有 60 多人受伤，其中 6 人重伤，边疆学校等学校都有学生受伤。成贻宾在弥留之际，喃喃说道：“小草不怕暴风雨吹打，人民总要站起来的！”据程履绎的同学陈道元回忆，他们俩在一辆车上被送进医院，程履绎对他说：“我是程履绎，我疼啊！”另一同学陈方培回忆说，程履绎被送进鼓楼医院后，并没有被认为受了致命伤，所以和众多的受伤学生一起被放在了走廊上，不久他就昏迷不醒。他的血衣被同学翟宏如带回保存。第二天下午六点二十分，程履绎因伤势过重，不幸去世，同学们不由得失声痛哭。4 月 11 日，南京各大学校举行了“四一”烈士追悼大会，追悼程履绎烈士，胡小石教授含泪写下了挽程履绎同学联，催人泪下：“你死，死得好惨，惨无人道；我哭，哭不出来，来悼英灵。”4 月 19 日，成贻宾虽经多方抢救，终因为脾脏严重破裂，医治无效而牺牲。此时，距离南京解放只剩下 4 天，渡江战役即将迎来胜利，成贻宾因此被称为“雨花台最后一位烈士”。

1950 年的清明节，学校的师生们把成贻宾烈士的遗体，迁葬到了南京城外的雨花台，成贻宾和程履绎两位烈士的血衣被永久地保存在雨花台烈士纪念馆内。

长留英名在人间——白深富

白深富(1917—1949),男,又名白石坚、白一民,四川璧山(现归辖重庆)人。自幼聪颖,从小入私塾读书,后入璧山县立第一高级小学。1932 年,考入重庆联中,3 年后免试直升本校高中。1938 年,考入重庆中央大学教育系,入校后,积极参加党组织领导的抗日宣传队,主办校壁报社,宣传抗日主张。1939 年,加入中国共产党。1943 年,回老家璧山,以教师身份为掩护,继续为党工作。1944 年,根据组织安排,考取国民政府粮食部陪都贫民供应处。1945 年,任璧山县教育科长,其间,发展安排了多名地下党员到中小学,组织了群力社、新璧社、璧民社等党领导的群众组织。1948 年,任中共璧山特支委员;同年 8 月被捕,被关押在渣滓洞集中营,和难友发起成立“铁窗诗社”。1949 年 11 月 27 日,在渣滓洞大屠杀中被敌人杀害。

一

1917年12月19日，白深富出生于四川省璧山县丹凤乡的一个普通农民家庭。他6岁时进私塾读书。1930年，白深富以优异的成绩考入璧山县立第一高级小学。1932年，他又顺利考入重庆联立中学（简称重庆联中）初中部，在初中九班读书。1935年，以优异的成绩免试直升本校的高五班就读。重庆联中历史悠久，有着光荣的革命传统。1911年辛亥革命时，同盟会的会员在该校担任校长和教导主任，这所学校成为地下革命指挥部，为推翻清朝地方政府统治，成立军政府做出过重大贡献。五四运动时期，萧楚女等人在该校担任教师，恽代英曾经来这里演讲马列主义，这所学校也是最早建立党团组织的中学之一。抗战初期，这所学校依然是一所著名的进步学校，学校图书馆可借阅《大众哲学》《新经济学大纲》《辩证唯物主义与历史唯物主义》等马列书籍，还有像鲁迅、巴金、郭沫若等著名进步作家的文学名著。学校里有救亡读书会、人人读书会等进步学生组织，经常邀请社会名流到学校演讲，周恩来、郭沫若、邹韬奋、沈君儒等都到该校演讲过。周恩来曾给该校学生题词："伟大的抗战时代，不能使它空空过去，青年们要学习学习再学习！"白深富也是读书会的一员，他自己也曾组织过秘密读书会。在读书会里，白深富阅读了不少马克思主义的政治经济学著作，逐步接受了共产主义思想。抗日战争爆发后，白深富积极参加抗日救亡活动，迅速成长为一名学生读书会的青年抗日骨干。

高中时，白深富曾经写过一篇《救国不忘读书论》的文章，他这样写道："日军纵横于国境，敌机翱翔乎天空，炮声隆隆，震耳欲聋，炸弹爆裂，地拆谷崩，烽火千里，举国皆惊。""然则当此之时，暴露日军之暴行，激动国民之公愤，使踊跃输将慷慨上阵者，非我青年学子之责任乎？清查仇货，肃清汉奸，组织民众，训练民众，非我青年学子之责任乎？是故今日吾人不可以读书为已足而置国事于不闻问也！"白深富在呼吁青年学子起来进行抗日活动时，不忘提醒青年学子好好学习，日后为社会做贡献。"若吾学子出其区区之学以振鸣于世，其声必渺，而其效必微矣。则何不自惕励学，自敦品以求后日造福利于社会乎！"据白深富在重庆联中的校友彭伯通回忆，有一次，白深富主持了抗日民族统一战线标语问题的辩论，给他留下了深刻的印象。

1938 年 9 月，白深富以优异成绩考入重庆中央大学教育系，在江北县的柏溪分校就读。白深富一进学校，就开始寻找志同道合的朋友，当时刘明章是法学院政治学专业的新生，两人很快就走到了一起，组织进步同学，开展革命活动。彭伯通考入中央大学法学院经济系后，和白深富再次成为同学，关系一下子就亲密了很多，也和他们走到一起。白深富积极向党组织靠拢，参加党组织领导的学生运动，他的出色表现很快引起了党组织的重视。1939 年春，在中共党员张仲明的介绍下，白深富光荣地加入了中国共产党，并化名白石坚，属于中央大学柏溪分校地下党支部，还担任了小组长。

柏溪支部要求每个学生党员一定要认真学好功课，要有中上的成绩，得到老师、同学的好感和认可。当时支部共有12名党员，大部分人的英语成绩都不太好，在支部的激励下，大家都认真学习功课，一年后都取得了不错的成绩。党支部还要求每个党员都能为同学们做好事，白深富作为小组长，经常自己带头工作。在迎接新同学入学时，帮他们引路、搬东西；在平整学校大操场时，主动带其他党员一起去拉石碾，一边干活一边高唱抗战歌曲，引起了数百人的关注；建立了消费合作社，办学生伙食团，帮助学生争取更好的待遇。通过这样一些工作，白深富及其所在的党支部很快就在同学中树立起了威信。柏溪支部要求每个人在系里、寝室里、同乡同学中至少交四五个朋友，这样就形成了一个追求进步的青年组织——地下学联，白深富在地下学联中非常活跃，很快成为地下学联的骨干。1939年五四青年节前夕，中共中央南方局青年工委书记蒋南翔应柏溪支部的邀请，来到沙坪坝井口河边的竹林里，给地下学联的同学们做报告。那天一大早，在支部领导的带领下，白深富和地下学联的廖炎樵、涂家琛等30多人，一起前来听报告。蒋南翔给大家讲了武汉、广州等地失守后抗战的形势，给大家介绍了八路军和新四军的英勇抗战事迹，指出抗日战争必然取得胜利，前途一定是光明的。参会的学生们问他：青年该怎么办？蒋南翔说，中国的青年是革命的先锋，一定要十分关心国家民族的危亡，一定要把天下兴亡的重任担在肩上，凡是有利抗战的事都要支持，凡是不利抗战的都要抵制。白深富和地下学联的同志们听了蒋南翔的报告，抗日救国热情高涨，信心满满地回到学校。当时彭伯通已经结婚，还在学校附近租了一个房子，他的家就成了进步学生经常聚会的场所。白深富经常和一些进步同学到他家里开会。

柏溪支部还成立了由白深富和涂家琛负责的柏溪壁报社，只要有重大事件发生，或者在重要节假日，壁报社就会编辑出版专刊。比如，有专门讨伐汪精卫叛国出走的专刊，1939 年元旦出版的“坚持团结抗战、反对妥协投降”的专刊，挽留艾伟院长、拥护艾伟院长的专刊等。每期壁报专刊，内容丰富翔实，可读性强，深受同学的欢迎。有一次，中央大学党支部，以中大学生自治会的名义，专门邀请了中共中央南方局书记、国民政府军事委员会政治部副部长周恩来到校演讲。当时演讲的地点在中央大学沙坪坝校区的一个饭厅里，讲题是“抗战的形势和任务”，柏溪支部动员全体党员参加，积极发动进步师生前去听讲，白深富也聆听了这次演讲。当柏溪分校的师生来到会场时，已经是人山人海，甚至连窗台上和附近马路上都挤满了人。周恩来在演讲中指出，只有坚持抗战，才能取得中华民族解放战争的胜利，他还批判了速亡论和速胜论，指出中国的抗日战争是长期的、持久的，困难也是会不断出现的，我们要正视困难，有勇气去克服这些困难，抗战由防御阶段转为相持阶段，大家要做好反击的准备，迎接胜利的到来。周恩来同志的演讲，为中国抗战的形势做了一个清晰客观的判断，使大家进一步认清了抗战的前途。师生听完演讲后，都纷纷说："共产党真了不起，他们有办法！中国有了共产党，就有了希望！"白深富听完演讲后触动很大，更加坚定了抗战必胜的决心，也坚定了信仰共产主义的决心。此后，邓颖超、郭沫若、黄炎培、邹韬奋、蔡廷锴等人都先后到中央大学演讲，柏溪支部的党员都会组织大家前去听讲。柏溪党支部还发起了柏溪剧社、歌咏队、女同学会等组织，积极开展抗日救亡宣传，白深富都积极投身其中。

有一次学生自治会改选时，学校里国民党、三青团派学生阴谋夺取领导权，就事先采取了"亮身份"的做法，要到会代表报名说"我是国民党员或三青团员"。白深富对此采取了坚决的抵制，他当场就说："我不是国民党员，也不是三青团员，我是系里的同学们推选出来的代表。谁能积极做抗日工作，谁能热心为群众服务，谁就会受到同学们的欢迎和拥护，谁就可能进入学生自治会，不应分什么国民党、三青团！"1940 年夏，白深富介绍了同学陈如元加入中国共产党。不久，他又介绍自己的中学同学兼璧山县的同乡邓元瑞和谭绍镕入了党。1940 年秋天，白深富进入沙坪坝中央大学本部学习，他的组织关系随之也转到了沙坪坝支部。这个支部被称为中大新支部，由柏溪分校转到沙坪坝校本部的三年级师范学院和二年级文、法、理、工、农等学员中的党员组成，新支部书记是刘兆丰，支委有屈德先，党员有张仕焜、白深富、涂家琛等，统归于中央大学党总支。当时，由于党组织的秘密工作做得不够，很多党员同志身份都暴露了，被学校里的国民党、三青团盯梢和监视，党组织为了保存有生力量，被迫让大量党员撤退。

二

1941 年，皖南事变发生，国民党开始大肆迫害共产党人，国民党统治区的白色恐怖日益严重，中共中央南方局审时度势，停止了党的活动，并安排绝大多数党员撤离重庆，自找隐蔽的地点。中共沙磁区委决定把各个支部“搞红了的，暴露了”的同志从重庆撤退出去。白深富在学校的革命活动被敌人察觉，他根据组织的安排，在共产党员张兴富的介绍下（根据周学庸的回忆），到四川广安的载英中学教书。1942 年，他又到重庆适存高商校、私立璧南中学、辅仁中学担任教师。据彭伯通回忆，1942 年冬的某一天，白深富忽然到他家，那是白深富离开重庆后两个人的第一次见面。当时，白深富已经和上级党组织失去了联系，非常焦急。他在给彭伯通的信中表达了苦闷的心情，彭伯通就写信给他打气，说寂寞和失望是极短暂的现象。1943 年，彭伯通的儿子满月，白深富和一些中大撤退出来的同学一起来庆贺。白深富表示，自己要坚持革命，一心跟着共产党走。他还跟彭伯通开玩笑，说要赶紧找个对象生个女儿，两个人好做亲家。此后，他们两人经常见面。白深富在辅仁中学时，曾经写过一首抗战歌曲，自己作词作曲，唱给彭伯通听，还给他背了他给学生的题词“叛逆性愈强，创造性愈深，现实事物的支持者，定是庸才”。有一次，白深富对彭伯通说：“革命斗争是长期的，短时期还无力夺取国民党的政权。我们身在国民党统治区，进行革命活动必先生存下来，如果能够设法争取在国民党阵营里立定脚跟隐蔽下来，积蓄力量，做长期打算，借用他们的力量，利用他们的矛盾，干我们的工作，岂非更为有利?”白深富一直在寻找党组织关系，有一次遇到好朋友，也是他介绍入党的陈如元，说：“我和上级的关系断了，你的关系自然也跟着断了(两人单线联系，白是陈的上线)，我们应当设法去找关系，不知你有无线索。”这个时候，陈如元已经和中共中央南方局青年工作的负责人刘光取得了联系，并在他的安排下担任了四川省立教育学院青运组长。此后，刘光就一直领导他们，直到 1946 年，刘光接受组织安排到上海工作，白深富再次失去了和党组织的联系。

1943 年年初，白深富回到故乡璧山县璧南中学任教，并担任教导主任一职。几个月后，他又调到巴县辅仁中学担任教师。1944 年上半年，白深富根据刘光的安排，参加了国民党高等文官考试。根据陈如元的回忆，有一次刘光把他和白深富找过去，说需要有一个人参加国民党高等文官考试，问两个人谁的功课更好。陈如元说白深富的更好，其实陈如元的功课也很好。由于白深富没有拿到大学文凭，先通过了检定考试及格后，才参加了高等文官考试，结果他凭借扎实的功底，以第五名的成绩，考到了国民政府粮食部陪都贫民供应处。10月，他到位于重庆南岸区的小温泉“中国国民党中央政治学校公务员训练部”接受培训，学习结束时，白深富由于表现突出，结业考试成绩名列第三，受到了学校教育长陈立夫的召见。不久，他就担任了国民政府粮食部陪都贫民供应处的科员。1945年7月，白深富利用中央政治学校同学、时任璧山县县长王槐的关系，到璧山县政府担任教育科长。白深富利用自己担任教育科长的职务便利，积极为党组织做工作，他紧紧地团结开明士绅，不断安插地下党员和进步青年到各个中小学教书，宣传抗日救亡的革命思想。

党员黎连汉回忆说：“白深富曾在好几个中学任教，在教师和学生中传播进步思想，广交朋友。”白深富的三弟白深家从四川大学毕业后，回到县里担任三青团干事长，兄弟俩一起开展革命事业，形势更加有利了。1947年春，他把地下党员文静波安排到国立青木关中学担任教师。文静波属中共重庆市工委书记刘国定领导，他对于白深富的脱党问题，进行了详细的了解，经过一年多的观察和了解情况，基本上弄清楚了，白深富是由于离开了中央大学无法和党组织联系而脱党，此后他积极与刘光联系，再次和党组织接上了关系，刘光离开重庆后他才再次和党组织失去了联系。文静波把白深富的情况向刘国定书记做了详细的汇报，并引荐了白深富。1948 年 1 月，刘国定代表中共重庆市工委，恢复了白深富的党籍，白深富顿有倦鸟归林之感，激动地热泪夺眶而出。同年 3 月，中共重庆市工委准备成立中共璧山县特别支部，这也是第三次建立中共璧山特支，张铭新任书记，白深富把张铭新安排到璧山中学担任教师，作为掩护革命的身份。中共璧山特别支部成立后，共有 5 名共产党员，白深富被编在第一组，担任支部委员，直接受张铭新同志领导。据彭伯通回忆，白深富到重庆经常住在他的家里，曾经谈到打进国民党内部后如何利用派系斗争进行工作。有一次谈到国民大会代表选举，白深富说他利用地方势力的内部矛盾，帮助比较开明的人士竞选，一举取得了胜利。据郑履中回忆，白深富在璧山担任教育科长时经常借一些革命书刊如《李有才板话》《大众哲学》等给他看，还及时帮助他改正缺点，比如不要在大庭广众下乱发议论，说话要考虑时间、地点和对象等。有一次，璧山县政府的两个官员在饭桌上大放厥词，肆意诋毁中国共产党和人民军队，郑履中很气愤，但又不好正面驳斥，白深富以子之矛攻子之盾，驳得两个反动官员辞穷理屈，又不授人以柄。后来，白深富安排郑履中去青木关小学担任校长，而郑履中只想到外地读书深造，白深富就耐心地跟他说："读书是为了将来更好地为社会服务，现在社会急需人手，现在就能为社会做贡献不是更好吗?"郑履中在他的劝说下去了青木关小学。为了办好学校，白深富不仅给郑履中解决了编制和经费的问题，还给他派了几个追求进步的青年骨干教师，为他添翼。据郑履中回忆，1948 年春，他在白深富那里见到了中共璧山县特支书记张铭新，张铭新很有学者风度，吃完饭后，白深富对郑履中说，张老师有个学生邓启明要到他那里教书，请他安排。邓启明是地下党员，到青木关小学后开展了大量革命活动。当时，白深富已经在璧山县的青年教师中建立了一些进步群众组织，比如群力社、新璧社、璧民社等，还在县政府附近开了一家"璧民茶社"，经常开展一些革命活动。

1946 年 6 月，国民党撕下假和平的面具，悍然向解放区发动进攻，全面内战爆发。1947 年 2 月，在重庆的中共四川省委和新华日报社被国民党反动派查封，国民党反动军警在全市进行大规模的逮捕镇压，整个重庆都处于白色恐怖之中。7 月，重庆地下党的同志创办了《挺进报》，宣传解放军在各个战场上取得胜利的消息，发行量每期达到几百份，不仅在地下党员内部发行，还逐渐扩散到了党领导的积极分子手里，极大地鼓舞了地下工作者的斗志。1948 年 2 月，重庆市委根据川东临委的指示，要把《挺进报》寄给国民党的官员，实行所谓的攻心战，国民党重庆行辕主任朱绍良和重庆市市长杨森等高级官员都收到了报纸。朱绍良对此勃然大怒，立刻让军统西南局的特务头子徐远举严查。4 月，狡猾的敌人抓住了中共地下党员城区支部书记任达哉(《红岩》中叛徒蒲志高的原型)，按图索骥，先后把刘国定等中共重庆市委的同志几乎全部抓住。

由于叛徒出卖，供出了重庆地下党的组织名单，包括中共璧山县特支的名单。7 月，张铭新在璧山中学上课时，被重庆警备司令部的宪兵抓走。白深富同志得知这一消息后，立刻告诉文静波，要他马上转移到其他地方，同时安排了璧山县的蒋德刚、邓领章、唐玉辉等同志转移。张铭新被捕后，郑履中和他的父亲（白深富父亲的好友）一起商量。张铭新的父亲告诉郑履中，白深富一直在为共产党工作，璧山县党部书记长何能和三青团的国民党头目徐昌梁都很清楚，而且早就向上面汇报过，中统特务何树人等人想挤掉白深富的教育科长，正阴谋整垮他。过了几天，郑履中在茶楼遇到白深富，见他处变不惊，谈笑风生，郑履中劝他赶紧离开璧山，白深富却说："我现在还不能走，我还介绍有二十多个老师在璧山，不能把他们丢下不管！"郑履中告诉他已经通知邓启明转移，白深富很高兴，说这就对了。临别时，白深富对郑履中说："还是回去把学校办好，无论干什么，还不都是为了将来！"白深富如果跟着他们一起转移，就不会被抓走，他觉得他在璧山县国民党内部已经有了较好的基础，还可以继续战斗。8 月 18 日，白深富在县参议会宿舍被捕，被囚禁在重庆歌乐山脚下的中美合作所渣滓洞集中营。据彭伯通回忆，他在白深富被捕前曾经到重庆来，带着给别人买的一包枸杞，路过第一模范市场，当时他正好在报社当记者，在采访回来的路上碰到了白深富，两个人就在中央银行门口的长椅上谈了一阵，结果就成了两个人的永别。

三

在狱中，面对敌人的严刑拷打，白深富始终保持自己的革命气节，坚贞不屈。他和难友刘振美等人共同成立了“铁窗诗社”，歌颂光明即将到来，敌人终将失败。1949 年的春节，渣滓洞集中营把 200 多名所谓的“政治犯”放出牢房，举行春节联欢活动。一直被关押在牢房里的难友们终于见到自己的同志，十分兴奋，他们互相拥抱，说着激励祝福的话语。当天，春节联欢活动上的压轴节目，就是大家秘密商量过的，宣告“铁窗诗社”的成立。在渣滓洞楼上的一室，杨虞裳、白深富、何敬平、刘振美等 20 人组成了“铁窗诗社”。在诗社的成立大会上，杨虞裳朗诵了鲁迅写的七律《惯于长夜过春时》，何雪松朗诵了《灵魂颂》，白深富和张郎生、陈丹墀等人都朗诵了自己的诗作。这是狱中一个重要的秘密组织，在渣滓洞集中营那种人间地狱，大家通过写诗来鼓舞斗志，继续和敌人作不屈不挠的斗争。刘振美说：“组织诗社的目的，是要以诗歌作为斗争武器，把竹签笔当作战鼓，揭露敌人的罪行，迎接革命的胜利。”杨虞裳号召难友们都拿起笔来战斗，“既要无情揭露敌人，又要写出我们的理想、未来和狱中生活”。他们没有笔，就用竹签竹筷磨尖做成笔，没有墨，就用破棉絮和纸屑烧焦拌水做成墨，没有纸，就用烟盒、草纸、白衬衣片做成纸。著名的现代诗《把牢底坐穿》就是何敬平烈士在渣滓洞集中营里写下来的。那个时候，几乎每个人都有自己的作品。诗社成了共产党员们在狱中斗争的重要精神支柱，敌人对难友们写的诗篇十分惧怕，经常到牢房里搜检，甚至还对难友们进行搜身，只要发现难友们的诗，就会立刻拿走烧掉。但难友们毫不气馁，一支竹签笔被搜走了，又会做成另一支竹签笔。他们中的大多数人，都在后来的大屠杀中牺牲了，成为在黎明前倒下的革命烈士，他们那些从灵魂深处写出来的诗却永远留存了下来。

白深富烈士曾经写过一首题为《花》的诗："我爱花。我爱洋溢着青春活力的花，带着霜露，迎接朝霞。不怕严寒，不怕黑暗，最美丽的花在漆黑的冬夜开放。它是不怕风暴的啊！风沙的北国，盛开着美丽的矫健的百花。我爱花。我爱在苦难中成长的花，即使花苞被摧残了，但是更多的更多的花在新生。一朵花凋谢了，但是更多的花将要开放，因为它已变成下一代的种子。花是永生的啊！我爱花，我爱倔强的战斗的花。花是无所不在的，肥沃的地方有花，贫瘠的地方有花。在以太里，有无线电波交织的美丽的花；在一切的上面，有我们理想的崇高的花。我爱花，我愿为祖国，开一朵绚丽的血红的花。"

白深富诗中的花，是革命的象征，是崇高的理想之花，寄托了他为革命事业甘于奉献一切乃至牺牲自己宝贵生命的大无畏精神。新中国成立后，他的这首《花》曾被编入小学语文课本，成为教育儿童的生动教材。解放战争后期，中国人民解放军在著名的三大战役之一淮海战役中取得辉煌的胜利，难友们十分高兴，纷纷写诗庆祝。白深富同志的兴奋之情难以言表，也特地写了一首诗来庆祝：“只为祖国不为家，消灭群凶与爪牙；正气歌声震寰宇，要叫铁树开红花。”诗篇饱含了革命的浪漫主义和乐观主义精神。

1949 年 10 月，毛泽东主席已宣告中华人民共和国成立，但重庆还没有解放，解放军的炮声已经传到了渣滓洞集中营。当时，渣滓洞集中营的一段围墙在长期的风雨侵蚀下坍塌了，由于围墙没有修好，集中营连续很多天都不准犯人出来放风，再加上房间内空气浑浊，很多难友们都生了病。难友们纷纷组织起来，向监狱当局抗议，要求尽快修好围墙。为了修好围墙以防犯人逃跑，同时还想乘机从中捞钱贪污，国民党管理监狱的所长李磊决定让犯人来修围墙，还让特务们去歌乐山附近的农民家里借来了锄头等工具。难友们都想借着修围墙的机会，出来放放风，透透气，就踊跃报名参加修围墙的活动。可是，李磊不用年轻力壮的“犯人”，而是特意挑选了白深富和杨虞裳、刘振美等一些刚受了酷刑和身体有病的难友们，目的是防止犯人趁机越狱。

特务们虎视眈眈地监视，白深富和难友们开始一起修建围墙。中途休息的时候，杨虞裳、白深富和陈丹墀三个人坐到了一起，杨虞裳偷偷对白深富说，围墙不要修得太牢固，以免影响后面的越狱，陈丹墀也说：“只能应付了事，不可筑得太牢，形势发展快，万一有一天……”他做了一个用手推倒围墙的动作，白深富对此也深表赞同。他们偷偷和一起修围墙的难友们商量了，决定采取“粗夯轻筑”的方式，故意使围墙外实内松，他们在墙泥里掺杂了很多的砂石、沙土和烂草，把它们修到围墙的夹心层里，敷衍了事把围墙修好了。当时，中共川东特委一直在联系帮助集中营的同志们越狱，他们让杨虞裳绘制一张地形图送出去。杨虞裳、陈丹墀和白深富等人认真商量后，把在修补围墙时看到的渣滓洞集中营的位置及敌人的警戒情况、附近的道路偷偷画了下来，并在围墙倒塌处做了一个红色的箭头标记，作为越狱的出口。敌人原来也就打算敷衍了事，验收后表示满意。一些不明真相的难友对参与筑墙的白深富等人说了一些讽刺的话，说这是筑墙自围，就像木匠给自己做枷锁一样。白深富和杨虞裳为了消除同志们的误会，特地写了两首诗，解释其中的奥妙。《咏筑墙自围二首》，其一：筑墙自围莫笑咱，只为挣断铁锁枷；越狱脱险成功日，神州开遍自由花。其二：板筑缘在墙坍塌，砸烂铁锁折断枷；作茧自缚非夙愿，碧血丹心换中华！不久这段围墙又坍塌了一个小缺口，这次敌人发现了他们的意图，要求他们重建时不得偷工减料。他们在重建时，在敌人的眼皮底下，还是偷偷地尽可能地把围墙做得瓤一点。大屠杀发生时，有 15 个难友幸运地从这里逃了出去。如今，在渣滓洞集中营的遗址，紧靠楼下男牢房过道终点的围墙顶端，有一个地方用虚线做了标记，那里有一个不规则的缺口，最宽的地方有两公尺左右，这就是当年勇士们越狱逃走的地方。

11 月 27 日，国民党反动派在大溃败前，疯狂屠杀狱中的共产党人，白深富同志在这场屠杀中不幸遇难。重庆解放后，白深富的父亲在白深富一位朋友的陪伴下，从璧山老家来到重庆，寻找儿子的遗体，结果没有找到。他的这个朋友在“三反”“五反”运动中，发现了叛徒刘某。1951 年，这个出卖白深富的可耻的叛徒和其他 3 名叛徒被重庆市人民法院判处了死刑，得到了应有的下场。

1980 年，白深富的朋友到烈士纪念碑前缅怀烈士的光辉事迹，读到白深富同志的《花》一诗后，忍不住泪如雨下，和诗一首：“我曾追诉为君雪，欲见故人觅不得；长恨终天洒泪雨，惟踪君志向花说。”

白深富烈士光荣地牺牲了，他用自己的生命为祖国的解放事业开出了一朵绚丽的花，他的英名就像花儿一样年复一年盛开在神州大地！

歌乐山上埋忠骨——谭讷

谭讷(1923—1949),男,原名谭世贵,四川彭山人。1940年,他进入彭山县中学读书,因参加学潮被开除;同年7月,考入四川省立眉山中学高中部。1943年,考入中央大学政治系,系统阅读过马列主义著作。1945年,随中央大学迁回南京。毕业后,曾在南京、上海等地工作。1948年9月,担任重庆英才中学教师。1949年,组织领导英才中学四一惨案后援会;同年6月被捕,11月27日牺牲于歌乐山松林坡。

1923年，谭讷出生于四川省彭山县。在他很小的时候，他的父亲就被国民党抓了壮丁，兄弟三人全部由母亲养大成人。少时艰难的生活，使谭讷深切体会到底层民众的苦难，也磨炼出了他坚韧不拔的品格。

1940年，谭讷初中毕业后，进入彭山县中学读书。入学后，在进步同学的带领下，他参加了反对教育局侵吞学生经费的斗争。当时，进步学生为了反对贪污和法西斯式教育，组织了为期两周的罢课。谭讷积极参与其中，由于表现突出，结果被校方开除。同年7月，他考入四川省立眉山中学高中部继续学业。他在校期间，学习成绩很好，关心时事，阅读进步书刊，参加学生运动。眉山中学校方受国民党当局的指派，在学生中广泛组织“三青团”，谭讷对此非常不满，不仅拒不参加，还讽刺三青团的所作所为。他在暑假回家时，和进步同学一起组成了“彭山旅省暑期同学会”，编印内部刊物，交流学习心得，他们还面向大众举办文化补习班，教大家读书认字，宣传抗战救国思想。

1943年，谭讷考入国立中央大学政治学系。在校期间，他受到进步同学的影响，接触到了共产主义思想，视野愈加开阔。在他们的关心帮助下，他系统地阅读了不少马列著作，对共产主义事业充满了向往。1945年，中央大学迁回南京，谭讷也跟随学校东迁，继续未完的学业。大学毕业后，谭讷曾任彭山县女中文史教师、南京东方中学教师等。1948年6月，谭讷返回重庆，9月，担任重庆英

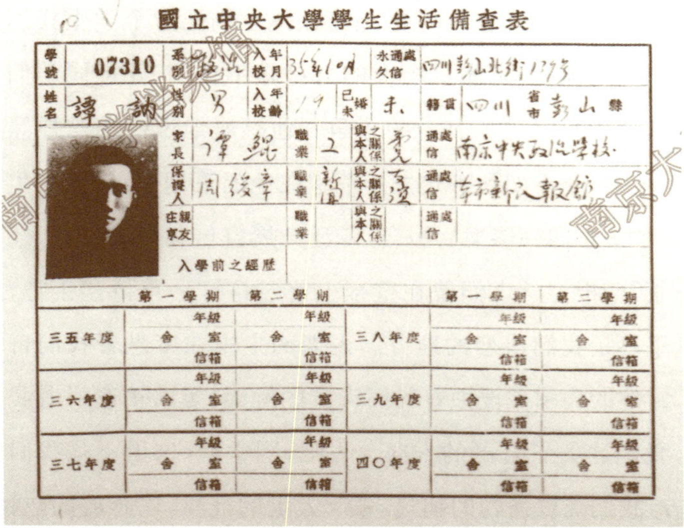

谭讷在国立中央大学时的学生生活备查表

才中学教师，秘密成立进步组织“拓荒社”。他因知识渊博，讲课幽默风趣，很受学生喜爱。他教育学生们不能一心只读圣贤书，要关心国家大事，要“风声雨声读书声声声入耳”。他告诉学生，自己原名叫谭世贵，后来自己改名为谭讷，讷的意思取之于“敏于行而讷于言”，意思就是少说多做。他还风趣地告诉学生们，虽然改了名字，但是“无论怎么样，我仗义执言的习惯，总是改不掉的”。

1949 年南京四一惨案发生后，在重庆地下党的领导下，重庆大中学校师生掀起了声援南京学生运动的浪潮。一些进步师生组织的秧歌队来到英才中学门口进行宣传，校方却紧闭校门，生怕师生受到影响。英才中学的一个学生冲开了大门，结果反而被校长一顿训斥并毒打。谭讷知道这个消息后，立刻把这个学生找到自己的宿舍里，对他说，光靠一个人的力量是不行的，要把同学们都组织起来，才能开展更加有力的斗争。他感慨地说："在这样黑暗的统治下生活，还不如到东北去开荒。"在他的策划下，进步学生们成立了英才中学四一惨案后援会，广泛开展宣传和发动工作，还创办了"拓荒"壁报。学生们曾在壁报上写过这样一首诗："去吧，同学们，这里不是我们留恋的地方。古老的尘埃在窒息着我们自由的呼吸，封建的病菌在侵蚀着我们青春的健康，黑暗正遮拦着我们的双眼，我们迷失了自己的方向。去吧，同学们，这里不是我们留恋的地方，我们要以蓬勃的朝气，张起人世的征帆，以奔放的热情，冲破世间的惊涛骇浪，那海洋的彼岸，那无涯的绿洲，才是我们新生的地方。""四·二一"重庆全市学生开展大游行，谭讷和学生们一起，来到黄桷垭广益中学和其他学校的师生们汇合，参加了这场斗争。他带领老师们，开展了要求增加工资的斗争，由此激怒了校方，被英才中学校长刘典青告密。

6 月 26 日，国民党特务突然搜查了谭讷的宿舍，搜出了《大众哲学》《列宁主义问题》等进步书籍，以此为由抓走了他，并把他关押在"新世界"看守所。他被捕后，英才中学的师生们打算花钱来营救他，谭讷坚决地予以谢绝。11 月 27 日，谭讷牺牲于重庆歌乐山松林坡。

1981 年 11 月 25 日，重庆市民政局批准谭讷为革命烈士。

碧血如花迎黎明——郭重学

郭重学(1923—1949),男,化名郭习之、郭雨,四川宜宾人。曾就读于富顺初级中学。1939年,考入自贡市蜀光中学,其间曾因家贫在盐务局工作一年后继续学业。1943年,考入中央大学政治系,曾担任学生自治会副理事长。1947年1月,南京大专院校召开抗议美军强奸北大女学生沈崇的示威游行,郭重学被推选为大会主席团副主席,负责起草《大会宣言》《告社会人士书》等文件;同年7月,在党组织的安排下,他到上海工作,并加入中国共产党。1948年4月,根据组织安排到重庆建川中学从事教育工作,化名郭雨,后到新桥适存商业高中担任教导主任;同年9月7日,在从事革命活动时被敌人逮捕,关押在渣滓洞集中营。1949年11月27日,在"11·27"大屠杀中英勇就义。

郭重学，1923 年 9 月 4 日出生于四川省宜宾县双石铺（现属于自贡市沿滩区）一个小地主家庭。虽然家里有一些土地可以收租，但郭重学家里有 8 个兄弟姐妹，负担很重，家庭仍然较为贫困。他小学时在镇上读书，成绩优秀，在当地很有名气。曾就读于富顺初级中学，由于积极参加进步学生运动，被学校开除。1939 年，他高分考入著名的自贡市蜀光中学。由于家庭困难，无力承担学费，郭重学被迫中途辍学，到自贡市盐务局担任了一年的职员，攒足了学费后，继续高中学业。盐务局当时是一个收入颇丰的好差事，亲友们都觉得他放弃工作很可惜，郭重学却有解救苍生的远大志向，他对大家说："在那儿工作，只是个人职业暂时得到解决，但成千上万人找不到事情做，怎么办？我自己也难保哪一天不被资本家撵走。""中国地大物博，人口众多，小小的日本鬼子就敢欺负我们，这种状况不改变行吗？我要上大学，学政治。"

1943 年，郭重学如愿以偿地考入国立中央大学政治系。他在学校里是四川同乡会副主席，四川同乡会是当时中央大学最大的学生组织之一。郭重学富有正义感，为人又十分热情，在同学中很有号召力。他还和中国共产党的外围组织"新青社"有着密切的联系，在"新青社"的动员下，参加了中央大学第一届学生自治会的选举，担任学生自治会副理事长。抗战胜利后，中央大学迁回南京，郭重学和几个学生自治会的同学一起忙于搬迁的具体事务，直到最后一批才离开重庆。到了南京后，郭重学在学校附近租了一间房子，作为学生自治会的办公场所。为了做好学生自治会工作，他经常工作到深夜。为了筹备话剧《风雪夜归人》《过客》等，他通宵达旦地工作。

1946 年 9 月 12 日，郭重学赠送给女友一本英文书，他在扉页中题词说："以庸俗的 interpreter 心理来读英语，和以研究态度、以求深刻了解异国语言与文化的初衷，是有明显的差别的，这差别也就是殖民地奴隶嘴脸与人类理想追求者的特殊标帜。我知道你是后者，而且我希望你痛恨前者。"这个题词里，郭重学英文学习的价值观里充分体现了崇高的民族气节。1946 年 12 月，美军强奸北大女学生沈崇事件发生后，全国广大师生群情激奋，发起抗议美军暴行的运动。南京大专院校的师生积极响应，召开抗议美军强奸女大学生沈崇的大会，郭重学对美军暴行异常愤怒，拍案而起，亲自参加起草响应通电、《大会宣言》《致蒋介石书》《告社会人士书》《致司徒雷登抗议书》《致美国人士书》等文件，被推选为大会主席团副主席。郭重学的活跃表现，引起了国民党反动派的高度警觉，他们准备对他下毒手。幸亏有人给他通风报信，郭重学匆忙之中只好躲到中央大学附属医院，在一个浴缸里睡了一晚后离开南京，到一个籍贯是安徽明光的同学家中寻求帮助。他在同学父亲的安排下，在明光中学担任教师。过了一段时间，他决心寻找党组织。

1947 年 7 月，在党组织的安排下，郭重学来到了上海。上级组织觉得他是四川人，对重庆很熟悉，决定派他去重庆工作。他在去重庆前，由刘宪贞和陈荷夫介绍，在上海虹口公园加入了中国共产党。

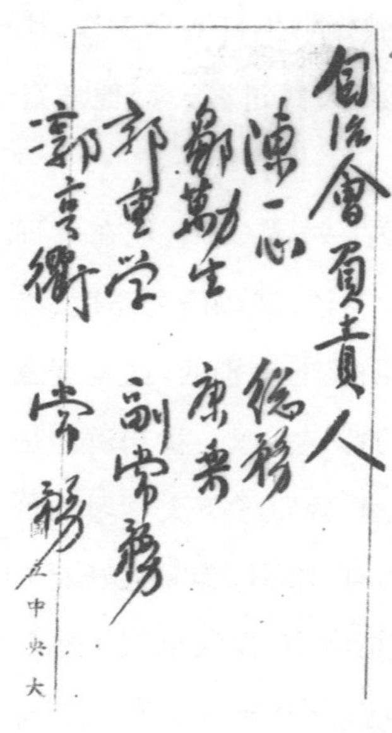
自治會負責人
總務 陳一心
康樂 鄒萬生
副常務 郭重学
常務 [illegible]
國立中央大

郭重学烈士参加国立中央大学自治会档案

1948 年 4 月，根据党组织的安排，郭重学到重庆建川中学担任教师，这时他化名郭雨。暑假结束后，他又来到新桥适存商业高中担任教导主任。9 月 7 日，他在从事革命活动时被敌人逮捕，关押在渣滓洞集中营楼下 7 室。他和楼阅强、丁鹏武被称为“楼角钉”，经常和特务们开展针锋相对的斗争，郭重学善于出主意，楼、丁二人口才了得，经常把特务们辩得哑口无言、理屈词穷。郭重学还经常在狱中给大家讲授艾思奇的《大众哲学》，他的讲解不是枯燥的理论，而是结合了很多事例，非常生动形象，难友们都很信服。其中一个叫杨子龙的农民游击队员，居然也把深奥难懂的哲学课听得津津有味。他用黄泥做成粉笔，把罗世文、车耀先等狱中党支部党员写的诗词写在地板上，教难友诵读，激励大家的斗志。1949 年 11 月 27 日，他在“11・27”大屠杀中英勇就义。据逃出去的难友回忆，在最后一刻还听见郭重学大喊：“打倒国民党反动派！”

1950 年，重庆市人民政府追认郭重学为革命烈士，从此烈士长眠在歌乐山烈士陵园里，受万人景仰。

无产青年近卫军——胡南

胡南(1919—1949),女,原名胡永萱,曾用名胡启芬、胡其芬,湖南长沙人。1925 年,在北京师范大学附属小学读书。1929 年,随家迁至南京。1931 年,以优异成绩考入江苏省立南京女中读书。1936 年,从南京女子中学高中部肄业,随兄姊参加学生运动。1937 年,回湖南加入伤兵之友社。1938 年,加入中国共产党,后考入国立中央大学经济系,后转入复旦大学外文系,参加孙塞冰领导的文摘社,后到新华日报社工作,协助编辑“妇女之路”版。1940 年,到重庆新华日报社工作。1941 年,进延安鲁迅艺术学院学习。抗战胜利后,作为工作人员参加国共谈判。1948 年,任中共重庆市委妇委书记,同年被捕,囚于中美合作所渣滓洞集中营。1949 年 11 月 27 日,英勇就义。

一

胡南出生于1919年4月26日，在家中排行第三，上面还有哥哥姐姐。父亲胡彦博早年曾在日本留学，为人十分正直，当时在北京任职；母亲肖石莼性情豪爽，很有同情心，对胡南产生了很大的影响。胡南6岁时，进入北京师范大学附属小学读书，跟大姐胡永芬、哥哥胡笃亮学习英语。1929年，胡南10岁，胡彦博工作变动，举家迁至南京，她随父前往。小学毕业后，她以优异的成绩考入了著名的南京女中。在南京女中读书期间，胡南阅读了很多经典文学名著，如《子夜》《母亲》《毁灭》等优秀文艺作品。在进步老师和同学的影响下，胡南还仔细阅读了毛泽东的《论反对日本帝国主义的策略》和斯诺的《西行漫记》等书籍，激发了她追求正义的热情。

1936年，胡南从南京女子中学高中部肄业，在哥哥姐姐的影响下，积极参加进步学生运动。1937年，卢沟桥事变发生后，胡彦博举家迁回原籍湖南省长沙市，胡南到长沙后不久，就参加了白雪剧团、长沙抗敌后援会救护训练班、伤兵之友社等抗日团体。当时，中共中央长江局在湖北汤池举办了农村合作社人员训练班，专门培养党的地方干部。1937年12月，胡南参加了训练班的学习，系统地接受了马列主义教育。1938年年初，年仅19岁的胡南光荣地加入了中国共产党。同年秋，她考入国立中央大学经济系，在中央大学重庆柏溪分校学习。中国共产党在中央大学柏溪分校设立了党支部，第一届党支部共有 12 名党员，胡南担任党小组长。由于胡南各项能力都很出众，不仅会写抗日救亡宣传文章，还擅长演讲，吹拉弹唱也样样都拿得出手，多才多艺，因此，她很快就被推选为中央大学女同乡会会长。

1939 年 9 月，胡南考入位于重庆北碚的复旦大学文学院新闻学系，考出了综合成绩 75.2 分的高分。她到北碚以后，继续在党的领导下积极参加学生运动，表现十分出色，曾经参加孙塞冰领导的文摘社。1939 年年底，国民党反动派再度破坏国共合作，掀起了第一次反共高潮，在重庆大肆抓捕共产党人。胡南由于活动频繁，共产党员身份暴露，上级党组织为了她的安全，让她撤出复旦大学，调到中共重庆新华日报社工作，协助编辑“妇女之路”版。1940 年 9 月，《新华日报》根据周恩来指示成立了资料研究室，英文功底扎实的胡南成为《新华日报》资料研究室的一名英文翻译，并从此改名“胡南”。胡南在为《新华日报》翻译英文稿件的同时，还在组织的安排下，帮助其他进步报纸翻译英文稿件，比如《新民报》，这也是一份进步报纸。胡南在做完《新华日报》的工作后，每天还要挤出时间为这家报纸翻译英文电讯稿。

皖南事变发生后，中共中央南方局决定精简新华日报社的工作人员，胡南根据党组织的安排，被送到延安继续学习。她到延安后，先是进了延安鲁迅艺术学院学习，然后发挥专业特长，在国际问题研究室担任秘书。

1945年12月,周恩来率领中共代表团到重庆参加政治协商会议,胡南作为中共代表团工作人员一同前往。当时邓颖超领导妇女组的工作,胡南为了掩护身份,以"胡南"这一名字成为周恩来、邓颖超家的"家庭成员"。如今,在重庆"红岩革命烈士纪念馆"里,胡南烈士的照片简历上,户主姓名写着"周恩来"。

1946年5月,胡南作为参加国共谈判的中共代表团工作人员来到南京梅园新村,在南京工作了一段时间。

1947年2月,胡南根据上级党组织安排,到重庆从事地下工作,公开身份是基督教青年会干事,兼国民党一位官员的家庭教师。此时,她又改名为胡启芬。她的主要工作,就是每天深夜秘密收听和抄录新华社广播的新闻与文稿,通过党的地下秘密渠道,送给党的地下刊物《反攻》和《挺进报》。与此同时,她还经常把外文报纸上一些国民党不许刊发的国际新闻翻译出来,提供给当时的进步报纸,为呼吁民众起来推翻反动当局作舆论宣传。

1948年年初,胡南被任命为中共重庆市委妇委书记。同年4月,因为叛徒告密,胡南被国民党当局逮捕,并关押在中美合作所渣滓洞集中营。

二

胡南被抓进监狱后，敌人对她软硬兼施，用尽各种方法逼迫她投降。在高官厚禄面前，她毫不动心，连正眼也不瞧一下，严刑拷打之下，她坚贞不屈，就算浑身是伤也绝不屈服。作为一名有10年党龄的老党员，她还和江竹筠等成立了狱中党支部，是女牢的主要领导者之一，组织难友们继续在狱中开展斗争。她对被关进监狱缺乏斗争经验的女同志，始终以革命乐观主义精神开导她们，传授给她们应付敌人盘问和刑讯逼供的方法，在她们受到折磨后，帮助她们调养身体，从精神上鼓励她们。胡南的姐姐当时是重庆一家医院的医生，她就请姐姐探监时带来各种药物和食品，然后分发给大家。胡南还充分发挥自己的文艺特长，经常教难友们唱革命歌曲，把这作为狱中的一项重要思想政治工作，她教大家唱《青年近卫军》，这首歌一度成为渣滓洞集中营里面最流行的歌曲之一。狱中的难友都对她十分尊重，视她为知心大姐，有什么难事、烦心事都会跟她说，胡南总是开导她们，帮助她们疏导情绪、克服困难。

胡南在做好组织难友们开展狱中斗争的同时，还千方百计为越狱做准备。她通过较长时间的观察，认为监狱里的医生刘石人是一个善良的人，他不怕背上“通共”的嫌疑，同情“犯人”，为他们多争取一些医疗条件。于是，胡南就借着看病的机会，对他进行了策反。她对刘石人晓之以理动之以情，跟他说，如今国民党在战场上节节败退，共产党迟早会赢得天下，希望他能够帮助共产党做工作，将来有个好的结局。果然，刘石人被胡南成功策反。他帮助狱内地下党和狱外成功建立了联系。不久，监狱里一个叫黄茂才的看守也被胡南争取了过来，他帮助狱内地下党送信给重庆大学的地下党组织，开辟了另一条秘密通道，形势向好的方面发展。

1949 年 8 月，监狱管理方突然宣布停止放风，还把渣滓洞集中营的看守都进行了调换，开始有计划地屠杀共产党人。11 月 19 日，黄茂才接到了被遣散回家的通知，他立即告诉了胡南。胡南以吉祥的名字，给党组织写了一份最后的报告，让黄茂才带出去。报告中先分析了严峻的形势："10 月 20 日歌乐山难友公开被枪决 10 人后，11 月 14 日又秘密于白公馆附近电刑房内烧死 50 人，江姐亦在其中，我们无限沉痛。又闻所内传说即将结束，除 17 人决定释放外。其余还有第三、第四批或将处决。"然后，又陈述了关于营救出狱的设想："公开争取，切实保障政治安全，秘密谈判以保障张群及徐远举将来优厚待遇，作为将来交换条件。徐远举掌握生杀大权，这样可以拖延处决，等待大军到来。此外希望派人到禁区来工作，我们侧边有一炭厂，是私人经营。同时我们尽量争取监视我们的友军，在局势紊乱、内部时机成熟时，盼外面朋友亦设法布置抢救我们。我们立即积极进行了解周围情况，有充分了解时，再设法通知你。"黄茂才把信送给了重庆医科学校的学生况淑华，况淑华立即把信交给了川康特委派驻沙磁区工作组的负责人刘康。由于黄茂才已经离开了监狱，党组织已经无法把营救计划告诉监狱内的胡南他们，但是他们仍然积极着手营救的准备工作，在短短几天内，就召集了武装人员准备劫狱，还千方百计地筹集到50两黄金作为劫狱经费。不幸的是，1949年11月27日，敌人提前实施了大屠杀计划，300多位中共党员和革命志士遇害，胡南未能幸免，营救最终失败。

据渣滓洞唯一脱险的女同志盛国玉回忆，监狱里一共有20多名“女犯人”，11月27日当天，敌人开始疯狂的屠杀，胡南那时正好在牢门口观察敌人的动静，她看到敌人的机枪瞄准过来时，就明白了一切，立刻带头高喊：“打倒国民党反动派！”一时之间，狱中同志们都跟着她喊起来：“共产党万岁！”周恩来、邓颖超同志听到消息后，对胡南的不幸遇害深感悲痛，在北京遥寄哀思。

天地可鉴忠烈心——王延曾

王延曾(1926—1949),化名林允中,江苏泰州人,出身书香门第,幼从父亲读书,先后在泰州中学读初中,在扬州中学读高中。1945年考入上海光华大学,隔年转入金陵大学,就读于农学院农业经济系。1946年年底,美军士兵强奸北京大学女学生事件发生,王延曾参加抗暴反美大游行。1947年五二〇爱国学生运动中,王延曾参加金大学生运动校内外的宣传工作。1948年2月,加入中国共产党,不久辍学离开金陵大学,受中共南方局的安排前往武汉地区从事党的地下工作。一次深夜回住所,翻墙误入国民党"剿总"大院,不幸被捕,组织虽设法营救,但没有成功。他在武汉解放前夕被国民党当局杀害,年仅23岁。

王延曾，曾化名林允中，江苏泰州人。王家以耕读传家，富裕殷实，父亲善诗文，王延曾自幼随父开蒙，习诵经典，打下较好的国学基础。初中时，王延曾进入当地最好的学校泰州中学读书，学习成绩优异，高中时考入扬州中学。

1937年，全面抗日战争爆发，不到一年，泰州沦陷，已经懂事的王延曾目睹异族入侵，敌伪作歹，山河破碎，百姓流离失所，积愤怀忧，与亲友常谈抗日救国的宏愿。新四军东进北上，在苏中地区积极抗日，深得百姓拥护，王延曾不再悲观，看到了抗战胜利国家重建的希望，也增强了自己效法前贤、精忠报国的决心。

1945年，迎来抗战胜利，王延曾也于这一年考入上海光华大学。第二年秋季学期，转入金陵大学农学院，就读于农业经济系。入学后，王延曾积极要求上进，加入金陵大学进步学生组织“狂狷社”，参与该社组织的读书会和时事研讨会，参与壁报和油印小报的编辑工作。他广泛阅读社会主义理论的书籍，博览革命书刊，逐步树立起革命的人生观和世界观，确立对共产主义事业的崇高信仰。1946年年底，美国士兵强奸北京大学女学生，激起全国范围内青年学生抗暴反美游行。王延曾不满国民党当局依靠美援发动内战，遂组织同学，走上街头，参加反美示威游行。1947年五二〇爱国学生运动中，王延曾积极投入“反饥饿、反内战、反迫害”的宣传工作，为书写标语、印刷和散发传单，废寝忘食，夜以继日地忙碌，是金陵大学五二〇爱国学生运动的活跃分子。1948年2月，王延曾在上海参加党组织培训后，加入了中国共产党。不久，他接受中共中央南方局的派遣，中辍学业，告别金大校园，前往湖北省国民党统治区的农村地区为迎接解放大军渡江做准备工作。在湖北期间，他化名林允中，曾在武汉地区中共武汉市委书记陈克东的直接领导下，从事党的地下工作。

1948 年冬，王延曾秘密联系武汉地区社会民主人士，策划活动方案，向社会民主人士宣传全力保护武汉城，迎接人民解放军进城和武汉解放。一天晚上，工作至深夜的王延曾在回寓所时，因寓所距离围墙较远，王延曾就自己登墙，翻身而下，不曾想月黑风高，竟误入国民党“围剿总司令部”大院，被卫兵捕获。王延曾帽子里藏着活动方案和社会民主人士的名单，为了保护这些社会民主人士，王延曾迅速吞咽了名单，卫兵用手撬开他的嘴，被王延曾狠狠地咬了一口，敌人一无所获。被捕后，王延曾不承认自己是共产党员，也拒不说出党的机密。在法庭上，王延曾抗议国民党当局非法拘押，不承认自己有罪，不接受法庭审讯。在狱中，他秘密向难友宣传国共内战的形势，揭露国民党的腐败统治，宣传中国将在共产党领导下迎来新生，组织难友与看守人员斗争，对狱卒做策反工作。

武汉的中共党组织得知王延曾被捕的消息后，主要负责同志亲自组织力量，积极营救，最终没有取得成功。1949 年 5 月，王延曾同志在武汉解放前夕被国民党残忍杀害，血洒江城，牺牲时年仅 23 岁。

一腔热血洒红岩——赵晶片

赵晶片（1917—1949），男，又名赵丕州，四川开县人。抗战时期，就读于万县金陵大学附中。1943年，考入国立中央大学数学系。1947年，从中央大学毕业后，赵晶片先后在上海昆山中学、重庆开县中学任教，参加吃大户斗争。1948年4月，加入中国共产党，领导开县中学生开展了反对校长贪污的学潮。根据党组织安排，他不久调入重庆南开中学，继续开展学生运动。1949年6月14日，赵晶片被捕，关押在渣滓洞集中营；11月29日，被杀害于重庆歌乐山松林坡刑场。

1917 年，赵晶片出生于四川开县一个普通的手工业者家庭。他从小家庭贫困，十分珍惜来之不易的学习机会，他学习刻苦，成绩优异。小学毕业后，赵晶片考入万县师范学校，后来一度转学到武昌。抗战爆发后，武汉失守，他又转到了位于重庆万县的金陵中学，饱受动荡之苦。赵晶片在外求学期间，受到进步思想的影响，读中学回家过寒暑假时，经常宣传抗日思想。他教小学生们歌唱《流亡曲》等抗日爱国歌曲，还组织小朋友们编演宣传抗日话剧，到各处去演出。小学生们年龄小，走不了那么远的路，他就用革命道理勉励他们，甚至还经常背着他们去演出。

中学毕业后，赵晶片为了攒学费，先工作了一段时间。1943 年，他如愿以偿以优异成绩考取了中央大学数学系。他在上学之余，经常利用假期去做家教或当代课老师，以积攒学费。赵晶片心灵手巧，不仅自己洗衣做饭，还会替人织毛衣，因为他平易近人，大家都笑称他为“赵大姐”。抗战胜利后，中央大学迁回南京，赵晶片也随校来到南京继续求学，艰难地上完了大学。

大学毕业后，赵晶片先到上海昆山中学担任教师。不久，他的母亲身体不好，急需家人照料，他毅然回到开县中学任教。

赵晶片深深理解普通劳动者的生活疾苦，对国民党反动派腐朽黑暗的统治深恶痛绝。在开县工作期间，他接受了共产主义思想，经受了党组织的考验，1948 年 4 月，光荣地加入了中国共产党。根据党组织的安排，赵晶片利用开县学生自治会改选的机会，动员

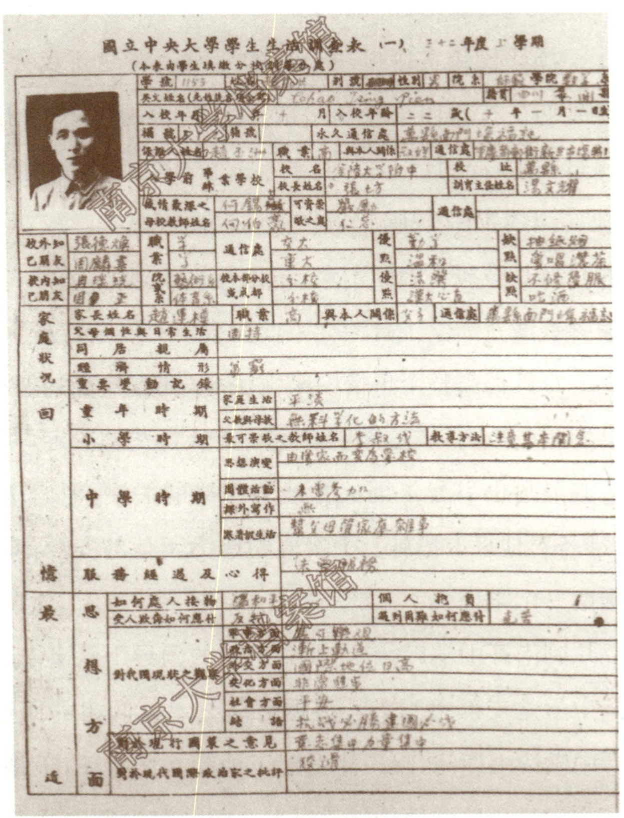

國立中央大學學生生活調查表（一） 三十二年度上學期

（本表由學生填繳分校訓導分處）

學號 1153　姓名　別號　性別 男　院系 師範學院[illegible]系

英文姓名（先姓後名須用正楷） Chao Tsing Pian　籍貫 四川[illegible]

入校年月　年十月　入校年齡 二二歲（十年一月一日生）

補號　備號　永久通信處 萬縣[illegible]

保證人姓名　職業 商　與本人關係　通信處

入學前畢肄業學校　校名　校址 萬縣　校長姓名　訓育主任姓名

感情最深之母校教師姓名　可資景仰之處　通信處

校外知己朋友　職業 學　通信處 交大　重大　優點　缺點

校內知己朋友　院系　校本部分校或先修部 分校　優點　缺點

家庭狀況　家長姓名　職業 商　與本人關係 父子　通信處 萬縣南門[illegible]

父母個性與日常生活

同居親屬

經濟情形

重要變動記錄

回憶　童年時期　家庭生活 平淡　父親與母親

小學時期　最可崇敬之教師姓名　教導方法

中學時期　思想演變　團體活動　課外寫作 無　寒暑假生活

服務經過及心得

最近思想方面　如何應人接物　受人欺侮如何應付 反抗　個人抱負　遇到困難如何應付

對於我國現狀之觀感　軍事方面　政治方面 漸上軌道　外交方面 國際地位日高　文化方面　社會方面 平安　結論 抗戰必勝建國必成

對於現行國策之意見

對於現代國際政治家之批評

赵晶片烈士填写的国立中央大学学生生活调查表

学生党员参选，成功夺得了学生自治会的领导权。学生自治会成立不久，通货膨胀，物价飞涨，校方增加收取学生们的伙食费，大幅增加了贫寒学子的负担，引发学生们不满。赵晶片经过深入了解，发现该校校长居然私自挪用学生们预缴的伙食费，在外面做生意牟利。他立刻向上级党组织汇报了此事，根据党组织的安排，他精心筹划了一场反校长贪污挪用公款的斗争。在迎新晚会上，赵晶片带领学生们在礼堂向全校师生散发传单，揭露校长的丑行。他还在演出过程中，冲到台上去，唱歌揭露校长的贪污挪用行为。在他的带领下，学生们一致唱起了自编的歌曲："去找学校算账，求真相求真相!"校长被搞得狼狈不堪，不由得恼羞成怒，下令停课让学生们回家筹钱缴费。学生自治会乘此机会，写了《告全县父老书》，向全县的老百姓揭露整个事情的来龙去脉，揭露校长的恶行，校方迫于社会舆论的压力，被迫做了停止增交伙食费的决定，斗争取得了胜利。赵晶片也引起了国民党地方当局的关注，他们认定赵是共产党，准备对他采取措施。上级党组织为了他的安全，安排赵晶片到重庆南开中学任教。

赵晶片到南开中学后，继续在党组织的领导下从事革命工作，担任南开中学党支部负责人。根据著名艺术家阎肃的回忆，他在重庆南开中学读书期间，赵晶片发现了他的文艺特长，于是经常让他参加一些文艺节目，比如唱《黄河大合唱》，演讽刺蒋介石的话剧《张天师做道场》等。赵晶片为他打开了另一扇门，让他看到了"山那边"的戏剧，如《兄妹开荒》等现代革命戏剧，对他日后的文艺创作产生了深远的影响。阎肃还回忆，赵晶片还经常给他们看《新华日报》，推荐他们读进步书刊。直到赵晶片被抓走，阎肃才知道他是一个共产党员。

1949 年 4 月，在党的领导下，重庆举行声势浩大的全市学生罢课斗争，声援此前被反动当局镇压的南京学生运动。赵晶片积极参加了这次斗争，他冲锋在前，高呼革命口号，高唱革命歌曲，引起了国民党反动派的仇恨。6 月 14 日，敌人抓捕了赵晶片，先把他关押在新世界看守所，后来又把他关到渣滓洞集中营。11 月 29 日，凶残的敌人把赵晶片杀害于重庆歌乐山松林坡刑场。

重庆南开中学为了纪念在历次革命斗争中牺牲的烈士，专门建立了烈士纪念碑，碑文中写道："红岩先烈，慷慨领航。莘莘儿女，英姿飒爽。"赵晶片作为红岩先烈之一，他的光辉事迹将一直流传下去。

匡时救世勇献身——韦延鸿

韦延鸿(1920—1949),男,四川南川县人。1935 年,考入重庆市立中学。1938 年考入重庆市联合中学。1942 年考入国立中央大学师范学院数学系。1945 年,韦延鸿报名参加了“知识青年远征军”,被编入教导三团。1946 年夏,又回到中央大学继续学业。1947 年春,参加南京学生组织的“反饥饿、反内战、反迫害”示威游行。毕业后,到重庆南开中学任教。1948 年 5 月,加入中国共产党。1949 年 6 月 14 日,韦延鸿被捕,11 月 29 日牺牲于重庆歌乐山松林坡刑场。

1920 年 6 月，韦延鸿出生于四川省南川县一个知识分子家庭。父亲韦稚吕是一个教育工作者，从小就让韦延鸿受到了严格的训练。1935 年，韦延鸿以优异的成绩考入重庆市立中学，这所中学民主氛围比较好，对韦延鸿产生了潜移默化的影响。他的同窗好友兼入党介绍人胡晓风回忆，重庆市立中学在跳伞塔旁的小山坡上，教室楼上就是周恩来的办公室。他和韦延鸿组成自强读书会市中小组，办“铁牛”壁报宣传抗日思想，还定期上街张贴。1936 年鲁迅先生去世时，韦延鸿参加了在重庆的鲁迅先生追悼会，深切表达对这位文学巨匠的哀思。1938 年考入重庆市联合中学，这所学校有很多进步老师，也建立了地下党组织。10 月，周恩来到学校给全校师生演讲，鼓励大家要热爱祖国，为抗战多做贡献，这次演讲对韦延鸿的触动很大。不久，党组织领导重庆联中的学生开展学生运动，校方借机开除了几十名学生，韦延鸿和其他同学一起到校长室静坐示威，整整一个通宵。在社会舆论的压力下，学校方面被迫取消了开除学生的决定。

1942 年，品学兼优的韦延鸿考入国立中央大学师范学院数学系。1945 年，韦延鸿报名参加了“知识青年远征军”，被编入教导三团。1946 年夏，又回到中央大学继续学业。1947 年，在党组织的领导下，韦延鸿和其他进步同学参加了南京学生组织的“反饥饿、反内战、反迫害”示威游行，这次游行遭到了国民党当局的疯狂镇压，韦延鸿也被反动军警打伤，这更加坚定了他反抗黑暗统治的决心。

大学毕业后，韦延鸿来到重庆南开中学任教。不久，他就参加了中共地下党组织在南开中学成立的“新教育研究会”，研究会名义上研究新的教育方法，实际上是秘密开展党的活动。韦延鸿表现出色，上级党组织批准了他的入党申请。1948 年 5 月，在胡晓风等同志的介绍下，韦延鸿光荣地加入中国共产党。据他的学生回忆，韦延鸿虽然是数学老师，但经常在课堂上讨论时局。当时，国民党统治腐败无能，通货膨胀、物价飞涨，老百姓普遍生活困难，甚至连饭都吃不饱。有一次，韦延鸿在给学生们讲函数时，出了一道题目：“如果每月物价递涨 50%，则一年后将上涨多少倍？两三年后是什么情景？”把思政引入了数学教学，启发大家更深层次的思考。

1949 年 4 月，韦延鸿和赵晶片等共产党员积极组织重庆各大中学校的师生，开展声援南京学生的活动，他们到处张贴“严惩凶手”“抗议镇压学生运动”等宣传标语，走上街头游行示威。南开中学的师生们在重庆大学团结广场集合，在沙坪坝经汉渝路市一中、中央工校游行示威。韦延鸿不顾个人安危，和吕朝玺、李越等其他同志一起组织纠察队，带头走在游行队伍的前面。他们高呼革命口号：“严惩‘四一’血案凶手！”“争取温饱！争取生存！”“打倒官僚豪门！”革命行动引起了原本就穷途末路的国民党当局的高度惊恐，他们开始了大规模的搜捕行动。南开中学一名老师被捕后，有人劝韦延鸿赶紧去外地避避风头，并给他买好了火车票，但是他表示自己要坚持留下来斗争。

6月14日，韦延鸿和赵晶片几乎同时被捕。当天上午，教数学的韦延鸿刚上完一节课，在教师休息室休息，等着上第二节课，国民党特务就持枪闯了进来，把他抓走。当时愤怒的学生们高喊："抓老师了！抓老师了！"自发前来阻挡特务们的暴行，特务们惊慌失措，急忙把韦延鸿塞进汽车，一溜烟儿地跑了。韦延鸿先被关押在看守所，不久又转移到渣滓洞集中营。他被捕期间，在罗汉寺看守所被严刑拷打，历经坐电椅等酷刑，始终威武不屈，拒不在"悔过书"上签字，保持了共产党员的崇高气节。11月29日，韦延鸿和赵晶片等同志被国民党反动派枪杀于重庆歌乐山松林坡刑场。

新中国成立后，韦延鸿和赵晶片都被追认为革命烈士，在重庆南开中学烈士碑上，镌刻着他们的名字，永远被后人所铭记！

冒死护厂除炸药——古传贤

古传贤(1922—1949),男,曾用名古九德,四川隆昌人。曾经在界市小学读书,后进入隆昌县中读初中,之后考入成都蜀华高中。1941 年考入国立中央大学机械工程系。1945 年,考入国民政府航空机械人员训练班,分配到国民政府空军署设计科工作。不久,因不满内战政策,到重庆 29 兵工厂一所担任副工程师。1949 年 11 月,国民党撤退前准备了几十吨炸药炸毁工厂,古传贤组织护厂队员,冒死把炸药搬出去;30 日,由于工厂爆炸,他英勇牺牲。1950 年 2 月,经重庆市人民政府批准,追认他为革命烈士。

1922年，古传贤出生于四川省隆昌县蔡家寺乡一个叫白梓园的地方。他家里有少量土地，父亲患有重病，生活很困难。他自幼聪明，在界市小学读书，学习成绩一直名列前茅。小学毕业后，他在叔父资助下，到隆昌县初级中学学习。后来，又在蒋意诚先生的资助下，到成都蜀华高中学习。1941年，古传贤高中毕业，考入国立中央大学机械工程系。

1945年4月，古传贤以高分考入国民政府航空委员会举办的航空机械人员训练班。短期培训后，由于表现出色，他被分配到国民政府空军署设计科，担任空军上尉机械师。抗战胜利后，被派到北平工作。古传贤在那里目睹了国民党大员们是怎样忙着把胜利果实据为己有的，他们疯狂为自己捞好处，琢磨票子、车子、房子，个人大发横财，根本不顾老百姓的死活，又悍然发动内战，再次把国家推向灾难深渊。虽然对国民党当局非常不满，想摆脱军事机关，但是国民党空军总署是一个高度保密机构，有“站着进去，躺着出来”的说法。1947年上半年，古传贤被派到南京工作，他向一直资助他完成学业的蒋意诚先生表达了自己不愿在军中工作的想法，蒋先生就找到自己的同乡好友、时任南京司法行政部人事处科长程尊汉帮忙。程尊汉恰好和空军总署人事处科长杨伯康是隆昌县界市小学的同学，同乡同学情谊深厚，杨伯康曾为蒋介石开过专机，在国民党空军中人脉深厚。他们为了帮助古传贤完成心愿煞费苦心，古传贤先是请假回家结婚，然后假传死讯，在当地的官方报纸《隆昌人报》上刊登古传贤翻车而亡的新闻。蒋意诚以古传贤父亲古应亨的名义给航空总署报了死亡文书，还寄了《隆昌人报》作证。如此这般，古传贤好不容易改换了身份。他在中央大学冯简教授的介绍下，到重庆 29 兵工厂一所（交流发电厂）担任副工程师。

古传贤在 29 兵工厂里结识了中共地下党负责人刘家彝，在他的影响下，渐渐地接受了共产主义思想。1949 年 11 月，国民党撤离重庆前，蒋介石对这个昔日的“陪都”下达了彻底炸毁、不留给共产党一点有用的东西的命令。国民党军统局局长毛人凤根据这个命令，部署了炸毁重庆兵工厂、电厂和其他重要设施。重庆地下党组织开展了针锋相对的斗争，为了保护这些重要设施，他们广泛发动工人群众，开展护厂斗争。29 兵工厂作为生产武器的重要工厂，早已被毛人凤列入了毁灭计划。28 日，29 兵工厂被下令全厂停工，全体工人和家属统统被赶到了厂外面一个抗战时期的防空洞里，国民党交通警备旅接管了工厂，还下令解散了工人护卫队。第二天上午，该厂其他工人都在反动军警的逼迫下不得不离开工厂，古传贤带领几十名护厂队员，以供水电的理由在敌人的刺刀前坚守岗位。下午 4 点左右，荷枪实弹的敌人把古传贤等人押送出厂，然后运来了几十吨的烈性炸药准备炸毁工厂。他们连夜把炸药安放在锅炉房、平炉车间、轧钢车间、发电厂等工厂的重要部位，还安装了定时引爆装置，然后仓皇而逃。看到这个情况，古传贤在刘家彝的带领下，立刻和 20 多名护厂队员，带着扁担箩筐等，冒死到工厂里面，把炸药往外搬。到 30 日清晨的时候，他们已经把炸药搬出去了一半。但是，狡猾的敌人把爆炸定时器安放得很隐秘，他们始终没有找到。7 点多钟，锅炉房的炸药被运出去了，大家又开始搬运发电机房的 100 多箱炸药。8 点左右，定时引爆器启动，工厂发生了剧烈的爆炸，古传贤和刘家彝等 16 位同志英勇牺牲。事后，遗体难以辨别，最后发现一根皮带是古传贤经常用的，才得以认定。古传贤牺牲的时候，父母健在，白发人送黑发人，古传贤跟妻子王秀珍刚刚结婚才一年多，还有一个在襁褓中的孩子。

1950 年 2 月，经重庆市人民政府批准，古传贤被追认为革命烈士。

参考文献

一、资料

1. 史料

当阳市老区建设促进会编:《瓦仓起义史料集》,2007 年。

广西壮族自治区妇联编:《广西妇女运动史料(1925—1937)》第一辑,1983 年。

国营长安机器制造厂重庆江北区政协文史资料研究委员会:《江北区文史资料·长安之路》,1992 年。

侯清泉:《贵州近现代人物资料续集》,中国近现代史史料学学会贵阳市会员联络处编,2001 年。

湖北省民政厅编:《湖北革命烈士诗抄》,湖北人民出版社,1990 年。

江苏省委党史工作委员会等编:《江苏党史资料》总第三十二辑,1989 年。

江苏省档案馆、安徽省档案馆编:《档案史料选编:渡江战役》,1989 年。

江苏省档案馆编:《档案馆里的江苏〈江苏经济报·江苏档案〉专版100期集萃》,东南大学出版社,2015年。

江苏省政协文史资料委员会:《江苏文史资料集萃·政治卷》,1995年。

江苏省政协文史资料委员会:《江苏文史资料》第106辑,1986年。

锦西市历史学会:《锦西地方史文集》第2集,1999年。

厉华、王庆华主编:《囚歌:白公馆、渣滓洞革命烈士诗文集》(下),兵器工业出版社,1997年。

孟宪杰著:《鄂西北革命史稿》,中国地质大学出版社,1998年。

《南大百年实录·中央大学史料选》,南京大学出版社,2002年。

南京大学高教研究所校史编写组编:《金陵大学史料集》,南京大学出版社,1989年。

宁波市文化局:《宁波市革命文化史料汇编》,1992年。

雨花台烈士陵园管理局编:《雨花英烈家书》,南京出版社,2016年。

《语文新课标必读丛书》编委会编:《革命烈士诗抄》,西安交通大学出版社,2013年。

张明观著:《柳亚子史料札记三集》,上海人民出版社,2017年。

中国人民政治协商会议连云港市委员会学习文史资料委员会编:《连云港近现代人物:连云港文史资料》第17辑,1983年。

中国人民政治协商会议四川省隆昌县委员会、文史资料研究委员会编:《隆昌文史资料选辑》第7辑,1986年。

中国第二历史档案馆编:《中华民国史档案资料汇编》第五辑第三编,江苏古籍出版社,1999年。

中国人民政治协商会议应城市委员会文史资料委员会、应城市第一高级中学编:《应城文史资料·应城一中专辑》第16辑,1997年。

中共黄梅县委党史资料征集编研委员会办公室编:《黄梅县革命史资料》第一辑,1984年。

中共冀鲁豫边区党史工作组办公室:《中共冀鲁豫边区党史资料选编》第四辑(下册),山东大学出版社,1992年。

中共江苏省委组织部等编:《中国共产党江苏省组织史资料》,南京出版社,1993年。

中共南京市委党史工办、南京市档案局:《南京党史资料》第13辑,1986年。

中共南通县委党史办公室、南通县民政局编印:《革命英烈传》,1985年。

中共荣昌县委党史工作委员会编:《中国共产党荣昌县地方党史资料选集(1926—1949)》第一集,1987年。

中共上海市统战部统战工作史料征集组编:《统战工作史料选辑》第3辑,1984年。

中共咸宁市委党史办公室、咸宁市地方志办公室:《何功伟烈士纪念文集》,中国医药科技出版社,1990 年。

中共岳阳地委党史办、中共平江县委党史办编:《平江惨案资料汇编》,1985 年。

中共中央组织部、中共中央党史研究室、中央档案馆编:《中国共产党组织史资料》第一卷,中共党史出版社,2000 年。

中共重庆市沙坪坝区党史办公室编:《沙坪坝区党史资料汇编》第 1 辑,1987 年。

中共重庆市委党史研究室主编:《临刑寄语——巴渝革命烈士书信选》,成都科技大学出版社,1991 年。

中国革命博物馆编:《革命烈士遗书选》,贵州教育出版社,1997 年。

中国科学院近代史研究所南京史料整理处编:《南京“四一”学生运动史料》,年代不详。

中国人民政治协商会议潜山县委员会文史资料委员会:《潜山文史资料》第 2 辑,1991 年。

中国人民政治协商会议湖北省宜昌县委员会文史资料研究委员会编:《宜昌县文史资料》第 5 辑,1990 年。

中国人民政治协商会议江苏省溧阳县委员会文史资料研究委员会:《溧阳文史资料》第 8 辑,1990 年。

中国人民政治协商会议江苏省泰兴县文史资料研究委员会

编:《泰兴文史资料》第 2 辑,1985 年。

中国人民政治协商会议辽宁省海城市委员会文史资料工作委员会编:《海城文史资料》第 2 辑,1988 年。

中国人民政治协商会议辽宁省义县委员会文史资料委员会:《义县文史资料》第 8 辑,1994 年。

中国人民政治协商会议南召县委员会文史资料委员会:《南召文史资料》第 2 辑,1987 年。

中国人民政治协商会议上海市委员会、中国农工民主党上海市委员会:《上海文史资料选辑》第 85 辑,1997 年。

中国人民政治协商会议四川省璧山县委员会文史资料委员会:《璧山县文史资料选辑》第 6 辑,1992 年。

中国人民政治协商会议四川省璧山县委员会文史资料委员会:《璧山县文史资料选辑》第 3 辑,1990 年。

中国人民政治协商会议四川省内江市委员会文史资料研究委员会:《内江文史资料·纪念“七·七”抗战五十周年专辑》第 2 辑,1987 年。

中国人民政治协商会议四川省永川县委员会文史资料组:《永川县文史资料选辑》第 1 辑,1985 年。

中国人民政治协商会议天津市委员会文史资料委员会编:《天津文史资料选辑(第 126 辑):孙中山挽联选编》,天津人民出版社,2018 年。

中央档案馆:《革命烈士传记资料》,中共中央党校出版社,1983年。

中央档案馆、湖北省档案馆:《湖北革命历史文件汇集》,1984年。

中央档案馆等编:《上海革命历史文件汇集:团江苏各地委、特支、独支(1923年—1926年)》,1988年。

中央文献研究室、中央档案馆《党的文献》杂志社等编著:《红色书信·革命英烈卷》,贵州人民出版社,2012年。

周勇主编:《君从何处来——重走湖广填四川移民之路采访纪实》,重庆出版社,2015年。

2. 地方志

安徽省潜山县地方志编纂委员会编:《潜山县志》,社会科学文献出版社,1993年。

《博白县志》编纂委员会编:《博白县志》,广西人民出版社,1994年。

《常州市天宁区志》编纂委员会编:《常州市天宁区志》,方志出版社,2002年。

湖北省恩施土家族苗族自治州地方志编纂委员会编:《恩施州志》,湖北人民出版社,1998年。

江苏省地方志编纂委员会编:《江苏省志 90 人物志 2》,凤凰出版社,2008年。

南召县史志编纂委员会编:《南召县志卷 33 人物》,中州古籍出版社,1995 年。

《平陆县志》编纂委员会编:《平陆县志》,中国地图出版社,1992 年。

四川省《隆昌县志》编纂委员会编纂:《隆昌县志》,巴蜀书社,1995 年。

四川省《南川县志》编纂委员会编纂:《南川县志》,四川人民出版社,1991 年。

孙永峰:《澄迈县人物志》,海南出版社,1993 年。

陶人观:《中国民主党派上海市地方组织志》,上海社会科学出版社,1998 年。

徐州市史志办公室编:《中国共产党徐州地方史》第 1 卷,中共党史出版社,2003 年。

周太彤、胡炜:《黄浦区志》,上海社会科学出版社,1996 年。

《中国共产党湖北志》编委会编:《中国共产党湖北志》,中央文献出版社,2007 年。

《自贡市自流井区志》编纂委员会编:《自贡市自流井区志》,巴蜀书社,1993 年。

3. 其他

曹大臣:《南京百年城市史(1912—2012)·社会团体卷》,南京出版社,2014 年。

常连霆主编，中共山东省委党史研究室编：《中共山东编年史》第 1 卷，山东人民出版社，2015 年。

常连霆主编，中共山东省委党史研究室编：《中共山东编年史》第 3 卷，山东人民出版社，2015 年。

常连霆主编，中共山东省委党史研究室编：《中共山东编年史》第 4 卷，山东人民出版社，2015 年。

重庆市南开中学、南开校友会重庆分会编：《重庆南开中学建校五十周年纪念专辑(1936—1986)》，1988 年。

车吉心、梁自絜、任孚先编：《齐鲁文化大辞典》，山东教育出版社，1989 年。

大众日报社报史编纂委员会编：《大众日报回忆录》第二集，山东人民出版社，1998 年。

顾永棣编：《徐志摩全集·书信卷》，浙江人民出版社，2015 年。

广东省丰顺年鉴编纂委员会编：《丰顺年鉴(1997—1998)》，1998 年。

何东、杨先材、王顺生：《中国革命史人物词典》，北京出版社，1991 年。

湖北省地方志编纂委员会：《湖北省志人物志稿》第一卷，光明日报出版社，1989 年。

江苏省博物馆学会编：《江苏博物馆年鉴(1984—1985)》，1985 年。

江苏省妇女联合会编:《江苏妇女运动史》,中国妇女出版社,1995 年。

江西省万安县文史档案局编:《中国共产党万安历史(1919—1949)》第 1 卷,中共党史出版社,2011 年。

李盛平:《中国近现代人名大辞典》,中国国际广播出版社,1989 年。

林韩璋主编:《丰顺人物辞典》,中山大学出版社,1996 年。

刘洪安、王生炳主编:《中华青年英烈辞典》,湖北人民出版社,1991 年。

马苏政:《战斗在大江南北:新四军一师老战士回忆录》,解放军出版社,2001 年。

《眉山市人物志》编辑委员会编:《眉山市人物志》,方志出版社,2013 年。

南京市地方志编纂委员会编:《南京报业志》,学林出版社,2001 年。

山东师院聊城分院中文系编:《鲁迅杂文辞典》,山东教育出版社,1986 年。

上海市新四军暨华中抗日根据地历史研究会编:《华中抗日斗争回忆》第八辑,1987 年。

石西民、范剑涯编:《新华日报的回忆续集》,四川人民出版社,1983 年。

孙文治主编:《东南大学校友业绩丛书》第1卷,东南大学出版社,2002年。

熊月之主编:《上海名人名事名物大观》,上海人民出版社,2005年。

《徐高师110年(1906—2016)》,中国矿业大学出版社,2016年。

叶绪昌:《江苏革命史词典》,南京大学出版社,1993年。

于岸青:《一张报纸的抗战——大众日报社史撷英》,山东人民出版社,2018年。

张海赴、佟佳凡、公方彬:《中华英烈词典(1840—1990)》,军事译文出版社,1991年。

中共葫芦岛市委党史研究室编:《葫芦岛党史人物传》第二卷,2003年。

中共江苏省委党史工办秘书处编:《开创新局面　再铸新辉煌:2003年全省党史工作会议文集》,2003年。

中共江苏省委党史工作办公室编:《江苏省革命遗址通览》,中央党史出版社,2014年。

中共江苏省委党史工作办公室:《中共江苏地方简史(1921—2012)》,中共党史出版社,2013年。

中国版画年鉴编辑委员会:《中国版画年鉴1986》,辽宁美术出版社,1987年。

中国人民政治协商会议江苏省通州市委员会文史资料委员会:《通州文史》第11辑,1994年。

中国新四军和华中抗日根据地研究会编:《新四军和华中抗日根据地人物辞典》,中共党史出版社,2016年。

周川:《中国近现代高等教育人物辞典》,福建教育出版社,2018年。

朱斐主编:《东南大学史(1902—1949)》第一卷,东南大学出版社,1991年。

二、 著作

北京图书馆社会科学参考组《革命烈士传》编委会资料组编:《革命烈士传记资料目录》第一辑,解放军出版社,1986年。

本书编写组编著:《不忘初心使命永恒:永葆共产党人对理想信念的坚贞》,研究出版社,2018年。

蔡大泽主编:《宜昌英烈》,1992年。

蔡佑祥著:《信念的较量:鲜为人知的红岩故事》,重庆出版社,2015年。

《长寿工业》编辑委员会编:《长寿工业》,重庆出版社,2015年。

重庆市总工会工运史研究组、西南师范学院历史系:《重庆工人运动大事记:新民主主义革命时期》,1984年。

谌虹颖:《放歌天地间——艺坛将星阎肃》,黄山书社,2017 年。

邓永斌编:《通山之光》,湖北人民出版社,2002 年。

丁亚平:《中国电影通史》,中国电影出版社,2016 年。

鄂豫边区革命史编辑部编:《中原英烈》(下),湖北人民出版社,1995 年。

高志中编:《向党旗宣誓:老一辈革命家入党故事》,四川人民出版社,2010 年。

《革命烈士传》编辑委员会编:《革命烈士传》第九集,人民出版社,1991 年。

共青团江苏省委:《金陵风雨》,中国青年出版社,1983 年。

共青团四川省委青运史研究室编:《追求之歌——四川青年英烈》,四川人民出版社,1987 年。

郭淑文:《文化震传》,江苏人民出版社,2018 年。

海城市民政局:《海城英烈》,1994 年。

何定华主编,湖北省中共党史人物研究会、湖北省民政厅编:《湖北英烈传》第 1 集,湖北人民出版社,1984 年。

何兰生编著:《中国抗日将领英烈谱》(下),团结出版社,2014 年。

胡国铤、凌步机主编:《中央苏区著名英烈》,中共党史出版社,2016 年。

胡华:《中共党史人物传》第 18 卷,陕西人民出版社,1983 年。

胡卓然:《程履绎传》,江苏人民出版社,2017 年。

湖北省宜都市老区建设促进会编:《宜都红色印记》第一辑,2014 年。

华彬清、钱树柏主编:《南京大学共产党人(1922 年 9 月—1949 年 4 月)》,南京大学出版社,2002 年。

江苏省档案局编:《档案记忆 · 红旗飘飘(人物篇)》,东南大学出版社,2018 年。

金大业等编写:《中华人物故事全书 · 爱国志士卷》,中国少年儿童出版社,1995 年。

金一南、顾之川主编:《英雄赞歌:少年诵读版》,广东人民出版社,2019 年。

李兆钧主编:《永恒——南阳党史人物》第 1 辑,河南人民出版社,1987 年。

梁成琛、王庆猛:《贺瑞麟传》,江苏人民出版社,2016 年。

梁振球、钟业昌:《在红色的海南岛上:琼崖革命遗址寻访》,海南出版社,2012 年。

辽宁省革命烈士事迹编纂办公室编:《辽宁英烈》第五辑,1986 年。

林彦:《黑牢诗话》,重庆出版社,1983 年。

刘会军:《蒋介石与戴笠》,团结出版社,2018 年。

陆亚:《刘重民传》,江苏人民出版社,2017 年。

罗柄权、王慧君主编:《解放战争时期的南京学生运动》,南京大学出版社，2002 年。

罗银胜：《中国现代会计之父潘序伦传》，立信会计出版社，2018 年。

吕东来：《台儿庄大战中的中共党员》上，团结出版社，2018 年。

马士弘口述，张建安采写：《百岁追忆》，生活书店出版有限公司，2014 年。

穆欣：《隐蔽战线统帅周恩来》，中共党史出版社，2018 年。

南通博物苑编：《南通博物苑百年苑庆纪念文集》，文物出版社，2005 年。

宁乡人民革命史编写组：《宁乡人民革命史》，湖南人民出版社，1983 年。

欧阳淞主编：《中国共产党人的故事》第 1 辑，中国方正出版社，2018 年。

逄立左主编：《福建英烈传略》（中），福建教育出版社，2015 年。

上海市浦东新区文物保护管理所编：《浦东文化遗产·不可移动文物》，上海古籍出版社，2016 年。

蜀光中学校、蜀光中学自贡校友会编：《蜀光人物——建校八十周年暨张伯苓接办蜀光七十周年纪念文集》，2007 年。

孙久全主编：《中共襄阳人物》，武汉出版社，1992 年。

王大智、廖华卿、肖子兵主编：《鄂南英烈》，武汉大学出版社，1992 年。

王德滋编:《南京大学百年史》,南京大学出版社,2002 年。

王夫玉编著:《第三党历史》第 2 版,东南大学出版社,2016 年。

王健英著:《中国红军人物志》,广东人民出版社,2000 年。

王俊德著:《葫芦岛英烈》,2000 年。

王晓华、俞前、张庆军著:《天下南社》,团结出版社,2019 年。

王性初主编:《为革命献身的湖北省委书记》,湖北人民出版社,2001 年。

王运锋、马振行编著:《红岩精神·民族之魂卷》,内蒙古少年儿童出版社,2003 年。

王志民主编:《山东重要历史人物》第 7 卷,山东人民出版社,2009 年。

闻慧斌著:《天下为公中山陵》,南京出版社,2018 年。

无锡市史志办公室编:《永不磨灭的记忆——无锡地区革命遗址和纪念设施》,世界知识出版社,2007 年。

吴志斌、许祖云:《顾衡传》,江苏人民出版社,2016 年。

新华社新闻研究所编:《新华社烈士传》,新华出版社,2016 年。

徐仲林、熊明安、李定开、张藩编写:《中国教育家传略》,云南人民出版社,1983 年。

阎宇:《阎肃人生》,青岛出版社,2016 年。

杨顺仁编注:《囚歌》(增订本),重庆出版社,1983 年。

余三定、周淼龙主编:《何建明评传》,重庆出版社,2014 年。

余晓堰、肖建军主编:《修礼正仪》,重庆大学出版社,2019 年。

张卫、冉启虎编著:《解放重庆》,重庆大学出版社,2009 年。

张泽贤:《文学研究会与现代文学丛书》,上海远东出版社,2019 年。

张真:《银幕艳史:都市文化与上海电影(1896—1937)》增订版,上海书店出版社,2019 年。

赵翰章、傅维利主编:《中国著名中学》,大连出版社,1988 年。

赵瑱著:《陈君起传》,江苏人民出版社,2016 年。

浙江省中共党史学会、浙江现代革命历史文化研究基地:《红色名人印迹》,浙江人民出版社,2014 年。

郑嘉善编著:《巧联妙对》,星光出版社,1977 年。

中国人民政治协商会议松江县委员会文史组:《松江文史》第 3 辑,1983 年。

中共安庆市委党史办公室:《皖江怒潮》,安徽人民出版社,1992 年。

中共博白县委员会:《八桂先驱》,广西人民出版社,1988 年。

中共大渡口区委党史研究室编:《中国共产党重庆历史大事记(1929—2006)·大渡口区卷》,重庆出版社,2017 年。

中共党史人物研究会编:《中共党史人物传》第 56 卷,陕西人民出版社,1996 年。

中共德州地委党史资料征集研究委员会:《民心自有功臣碑》,1989 年。

中共德州市委党史研究室:《德州党史人物传略》第 1 辑,2004 年。

中共海南省委党史研究室编:《中国共产党早期的海南人》,海南出版社,2011 年。

中共江苏省委党史工办、中共南京市委党史工办、雨花台烈士陵园管理局编:《雨花魂》,中共党史出版社,2015 年。

中共江苏省委党史工作办公室:《江苏省红色旅游指南》,江苏人民出版社,2014 年。

中共江苏省委党史工作办公室编:《江苏党史知识简明手册》,中共党史出版社,2012 年。

中共江西省委党史研究室编:《江西英烈》,江西人民出版社,1989 年。

中共昆山市委党史办公室、昆山市民政局编:《昆山英烈》,南京出版社,1993 年。

中共辽宁省委党史研究室编:《先锋颂:辽宁优秀共产党员风采录》,辽宁人民出版社,2006 年。

中共南京市委党史办编:《南京人民革命史》,南京出版社,1991 年。

中共南京市委党史工作办公室编:《南京人民革命史党员干部读本》,中共党史出版社,2011 年。

中共南京市委党史资料征集编研委、南京雨花台烈士管理处编:《南京英烈》第 2 辑,1989 年。

中共宁波市委党史研究室:《宁波中共党史人物(1925—1949)》,宁波出版社,2015 年。

中共山东省委党史研究室编:《中共山东英烈大典》,2002 年。

中共四川省委组织部红岩英烈编写组:《党没有忘记他们——红岩英烈(下)》,四川人民出版社,1986 年。

中共泰安市委党史征集研究办公室、泰安市民政局编:《泰安先驱》第三集,黄河出版社,1996 年。

中共泰兴县委党史办公室、泰兴县民政局合编:《泰兴县革命烈士传》第一辑。

中共铁岭市委党史研究室编:《红色风景——铁岭革命遗址概览》,2013 年。

中共铁岭市委党史研究室编:《铁岭党史人物传》,中国社会出版社,2007 年。

中共玉林市委党史办公室著:《中国共产党玉林历史》第 1 卷,广西人民出版社,2010 年。

中共重庆市委党史工作委员会编:《重庆的解放》,重庆出版社,1989 年。

中共重庆市委宣传部、中共重庆市委党史研究室编:《红岩英烈 11 · 27 殉难烈士永垂不朽》,重庆出版社,1999 年。

中共自贡市委党史研究室:《盐都英烈》,四川人民出版社,

1991 年。

中国民主同盟上海市委员会编:《沪盟先贤》,群言出版社,2016 年。

中国青年出版社编写组:《青年英烈》,中国青年出版社,1990 年。

中国人民抗日战争纪念馆编著:《抗战英烈谱》,团结出版社,2016 年。

中国人民政治协商会议重庆市沙坪坝区委员会文史资料委员会:《怀沙坪 忆当年》,1989 年。

中国中共党史人物研究会编:《中共党史人物传:统战与国际友人卷》,中共党史出版社,2010 年。

中华人民共和国民政部:《中华著名烈士》,中央文献出版社,2000 年。

三、文章

曹必慧:《回忆王崇典同志》,中共阜阳地委党史办公室、中共颍上县委党史办公室编:《丹心谱——皖西北党史人物传》(第二辑),安徽人民出版社,1992 年。

陈世宗、修跃先:《你们活在我们的记忆中——记陈景星、石璞烈士》,辽宁省革命烈士事迹编纂办公室编:《辽宁英烈》第三辑,辽宁人民出版社,1984 年。

窦昌熙:《我所了解的王崇典》,中共阜阳地委党史办公室、中共颍上县委党史办公室编:《丹心谱——皖西北党史人物传》(第二辑),安徽人民出版社,1992 年。

贵阳市政协文史和学习委员会编著:《血洒南京的贵阳籍中共党员文化震》,《贵阳历史人物丛书·综合卷》,贵州人民出版社,2005 年。

金建陵:《顾衡烈士在太和的战斗岁月——谨以此文纪念顾衡烈士殉难 70 周年》,《党史纵览》2003 年第 11 期。

南京师范大学附属中学校友会编:《悼念校友吴光田烈士》,《青春是美丽的》,贵州人民出版社,1992 年。

齐从谦、齐新安:《齐国庆:英雄血染雨花台》,《党史纵览》2019 年第 7 期。

韶芳:《碧血丹心——记石璞殉难前后》,中国人民政治协商会议铁岭市银州区委员会文史资料委员会编:《银州文史资料》第二辑,1986 年。

申春:《顾衡:英雄血洒雨花台》,《党史纵览》2010 年第 1 期。

孙焕臻、黄健中:《文化震同志英名长存》,《贵阳文史》总第 8 辑,1998 年。

孙景洵:《怀念烈士赵寿先同志》,《上海民盟专辑》2006 年第 3 期总第 119 辑,2006 年。

孙兰兰:《寻找雨花烈士亲人续》,《现代快报》2008 年 3 月 14 日。

王昭全:《傲骨丹心——顾衡》,中国人民政治协商会议南京市雨花台区委员会文史委员会:《雨花文史》,1991 年。

吴志斌:《顾衡烈士的初心之路》,《世纪风采》2019 年第 8 期。

徐超山、刘宗德、魏继先:《血洒雨花台,英名传江淮——记齐国庆烈士》,中共阜阳地委党史办公室、中共颍上县委党史办公室编:《丹心谱——皖西北党史人物传》(第二辑),安徽人民出版社,1992 年。

徐宗士:《回忆顾衡烈士》,中共南京市委党史编写领导小组办公室、南京市档案局编:《南京党史资料》第 9 辑,1985 年。

章华明著:《一腔热血化碧涛》,《刘湛恩纪念集》,上海交通大学出版社,2011 年。

赵勤轩、康青星:《统战先锋泰州谈判》,《朱克靖传》,江苏人民出版社,2016 年。

周桂发主编:《争民主投身学运 守秘密舍身取义——记赵寿先烈士》,《上海高校英烈谱》,复旦大学出版社,2011 年。

朱华锦:《大革命时期的英烈——刘重民》,《世纪风采》2002 年第 4 期。

庄小军、王平、邓攀:《中共南京市历届党代会》,《金陵瞭望》2006 年第 18 期。

索　引

F

G

H

J

Q

K

L

M

N

P

Q

S

T

W

X

Y

Z

后 记

2014年12月，习近平总书记在江苏考察时指出："在雨花台留下姓名的烈士就有1519名。他们的事迹展示了共产党人的崇高理想信念、高尚道德情操、为民牺牲的大无畏精神。要注意用好用活丰富的党史资源，使之成为激励人民不断前进开拓的强大精神力量。"总书记所说的1519名有姓名的雨花烈士中，包括了南京大学钟天樾、王崇典、齐国庆、黄祥宾、陈景星、石璞、吕国英、李林泮、顾衡、陈朝海和"雨花台最后一位烈士"成贻宾等十多位校友。在南京大学百廿校庆之际，撰著并出版包括牺牲在雨花台的47位南大英烈的传记，是整理、研究和利用身边的党史资源，为大学生党史教育提供鲜活教材的尝试。

南京大学有两个源头，一是源于1888年的金陵大学，一是源于1902年的三江师范学堂。三江师范学堂经历两江师范学堂，1914年改为南京高等师范专科学校，这是堪与北京大学对峙的现代大学，当时北京大学的蒋梦麟与国民政府教育总长等均敬称南高为"南大"。这一脉，经国立东南大学、国立第四中山大学、江苏大学、国立中央大学、国立南京大学，至1950年去掉"国立"，称南京大学。本书所记传的烈士，均于1949年年底之前牺牲，名之“南大英烈”，无论是立足当下，还是回溯历史，名实若合符节。

南大的校色是紫色，南大的校史浸染了红色。在南大历史上涌现出的革命烈士中，有南京地区最早的马克思主义的传播者，有南京地区最早的地方党团组织领导人，他们为了中国革命事业，或牺牲在敌人的刑场，或血洒救国抗敌的疆场，每一位烈士都有着独特的传奇人生，他们出师未捷身先死，虽死犹生，永垂不朽。他们的崇高理想、英雄事迹与革命精神，是南大人建设世界一流大学新百年路上的精神源泉。用文字传记他们的传奇，让青史与青山同在，后来者责无旁贷。母校百廿校庆前夕，我们三位历史学院的校友，不揣谫陋，为他们立传，敬仰前辈先烈，致敬母校南大。希望这第一部以南大英烈为专题的小书，让一切喜欢南大、热爱南大、关心和爱护南大的读者朋友，更多元地了解南大的历史，特别是南大人为民族独立、国家富强、人民自由浴血奋斗的光荣历史。

本书由杨金荣提出选题，除孙明忠、王延曾两位烈士的传记，其余均由顾武英执笔，闻慧斌和杨金荣先后统稿。撰著者力求寻找每一位南大英烈的身影，南京大学和雨花台烈士纪念馆提供的部分烈士的照片，虽然经岁月沧桑，依然风华正茂。对流传已久、漫漶不清的烈士照，出于敬重，特约请专业人士重新摹画，以再现烈士的青春浩然之气。烈士孙明忠的画像是根据江苏省常州市武进区民政局提供的画像临摹的，烈士王延曾、程镛之像系据传记文字进行的艺术创作。封面题签，由人文画家赵庆先生集自南京大学胡小石教授书法作品。胡小石教授不仅是著名书法家，也是书中不少烈士的老师。“四一”游行前夕，胡小石教授曾为中大爱国学子提供消息，敦劝他们讲究斗争策略。在纪念“四一”烈士追悼大会上，又亲笔撰写了悼念程履绎同学的挽联：“你死，死得好惨，惨无人道；我哭，哭不出来，来悼英灵。”国家痛失英才，先生痛失弟子，至今读来，依然泪目。

书稿从提出选题，确定大纲，到撰稿、统稿、审稿，历经 3 年。时间虽不仓促，但限于水平，一定还存在错误或不足，敬请读者不吝指正。

东南大学外国语学院陶源教授提供了俄罗斯国家社会政治历史档案馆藏“中国社会主义青年团第二次全国代表大会”的档案，南京大学档案馆为本书提供了珍贵的档案照片和文献资料，雨花台烈士纪念馆提供了部分烈士的图像资料，南京大学艺术学院研究生王筱笛在毕业前夕挤出宝贵时间为英烈增补画像，中共江苏省委党史工委党史专家田艳丽提出了宝贵的修改意见，南京大学历史学院、南京大学社会科学处和南京大学出版社为本书的出版提供支持，在此一并致谢。

2022 年 5 月 20 日

时南京大学百廿校庆

图书在版编目(CIP)数据

南大英烈 / 杨金荣，顾武英，闻慧斌著. —南京：南京大学出版社，2022.7

ISBN 978 - 7 - 305 - 25364 - 5

Ⅰ. ①南… Ⅱ. ①杨… ②顾… ③闻… Ⅲ. ①南京大学—革命烈士—列传 Ⅳ. ①K820.853.1

中国版本图书馆 CIP 数据核字(2022)第 009323 号

出版发行 南京大学出版社
社 址 南京市汉口路 22 号 邮 编 210093
出 版 人 金鑫荣

书 名 南大英烈
著 者 杨金荣 顾武英 闻慧斌
责任编辑 官欣欣

照 排 南京紫藤制版印务中心
印 刷 南京爱德印刷有限公司
开 本 880×1230 1/32 印张 13.625 字数 282 千
版 次 2022 年 7 月第 1 版 2022 年 7 月第 1 次印刷
ISBN 978 - 7 - 305 - 25364 - 5
定 价 68.00 元

网 址：http://www.njupco.com
官方微博：http://weibo.com/njupco
官方微信：njupress
销售咨询热线：(025)83594756